Physica-Lehrbuch

Physica-Lehrbuch

Basler, Herbert
**Aufgabensammlung
zur statistischen Methodenlehre
und Wahrscheinlichkeitsrechnung**
4. Aufl. 1991, 190 S.

Basler, Herbert
**Grundbegriffe der
Wahrscheinlichkeitsrechnung
und Statistischen Methodenlehre**
11. Aufl. 1994, X, 292 S.

Bossert, Rainer · Manz, Ulrich L.
Externe Unternehmensrechnung
Grundlagen der Einzelrechnungslegung, Konzernrechnungslegung
und internationalen Rechnungslegung.
1997, XVIII, 407 S.

Dillmann, Roland
Statistik II
1990, XIII, 253 S.

Endres, Alfred
**Ökonomische Grundlagen
des Haftungsrechts**
1991, XIX, 216 S.

Farmer, Karl · Wendner, Ronald
Wachstum und Außenhandel
Eine Einführung
in die Gleichgewichtstheorie
der Wachstums-
und Außenhandelsdynamik
2. Aufl. 1999, XVIII, 423 S.

Ferschl, Franz
Deskriptive Statistik
3. Aufl. 1985, 308 S.

Fink, Andreas
Schneidereit, Gabriele · Voß, Stefan
**Grundlagen
der Wirtschaftsinformatik**
2001, XIV, 279 S.

Gaube, Thomas u. a.
Arbeitsbuch Finanzwissenschaft
1996, X, 282 S.

Gemper, Bodo B.
Wirtschaftspolitik
1994, XVIII, 196 S.

Göcke, Matthias · Köhler, Thomas
Außenwirtschaft
Ein Lern- und Übungsbuch
2002, XIII, 359 S.

Graf, Gerhard
**Grundlagen
der Volkswirtschaftslehre**
2. Aufl. 2002, XIV, 335 S.

Graf, Gerhard
Grundlagen der Finanzwissenschaft
1999, X, 319 S.

Hax, Herbert
Investitionstheorie
5. Aufl., korrigierter Nachdruck
1993, 208 S.

Heiduk, Günter S.
Außenwirtschaft
Theorie, Empirie und Politik der
interdependenten Weltwirtschaft
2005, XII, 429 S.

Heno, Rudolf
**Jahresabschluss nach Handelsrecht,
Steuerrecht und internationalen
Standards (IAS/IFRS)**
4. Aufl. 2004, XIX, 535 S.

Hofmann, Ulrich
Netzwerk-Ökonomie
2001, X, 242 S.

Huch, Burkhard u. a.
**Rechnungswesen-orientiertes
Controlling**
Ein Leitfaden für Studium
und Praxis
4. Aufl. 2004, XX, 510 S.

Kistner, Klaus-Peter
Produktions- und Kostentheorie
2. Aufl. 1993, XII, 293 S.

Kistner, Klaus-Peter
Optimierungsmethoden
Einführung
in die Unternehmensforschung
für Wirtschaftswissenschaftler
3. Aufl. 2003, XII, 293 S.

Kistner, Klaus-Peter
Steven, Marion
Produktionsplanung
3. Aufl. 2001, XIII, 372 S.

Kistner, Klaus-Peter
Steven, Marion
**Betriebswirtschaftslehre
im Grundstudium**
Band 1: Produktion, Absatz,
Finanzierung
4. Aufl. 2002, XIV, 510 S.
Band 2: Buchführung,
Kostenrechnung, Bilanzen
1997, XVI, 451 S.

König, Rolf
Wosnitza, Michael
**Betriebswirtschaftliche
Steuerplanungs-
und Steuerwirkungslehre**
2004, XIV, 288 S.

Kortmann, Walter
Mikroökonomik
Anwendungsbezogene Grundlagen
3. Aufl. 2002, XVIII, 674 S.

Kraft, Manfred · Landes, Thomas
Statistische Methoden
3. Aufl. 1996, X, 236 S.

Marti, Kurt · Gröger, Detlef
**Einführung in die lineare
und nichtlineare Optimierung**
2000, VII, 206 S.

Marti, Kurt · Gröger, Detlef
**Grundkurs Mathematik
für Ingenieure, Natur-
und Wirtschaftswissenschaftler**
2. Aufl. 2003, X, 267 S.

Michaelis, Peter
**Ökonomische Instrumente
in der Umweltpolitik**
Eine anwendungsorientierte
Einführung
1996, XII, 190 S.

Nissen, Hans-Peter
**Einführung in die
makroökonomische Theorie**
1999, XVI, 341 S.

Nissen, Hans-Peter
**Das Europäische System
Volkswirtschaftlicher
Gesamtrechnungen**
5. Aufl. 2004, XVI, 362 S.

Risse, Joachim
**Buchführung und Bilanz
für Einsteiger**
2. Aufl. 2004, VIII, 296 S.

Schäfer, Henry
Unternehmensfinanzen
Grundzüge in Theorie
und Management
2. Aufl. 2002, XVIII, 522 S.

Schäfer, Henry
Unternehmensinvestitionen
Grundzüge in Theorie
und Management
1999, XVI, 434 S.

Sesselmeier, Werner
Blauermel, Gregor
Arbeitsmarkttheorien
2. Aufl. 1998, XIV, 308 S.

Steven, Marion
Hierarchische Produktionsplanung
2. Aufl. 1994, X, 262 S.

Steven, Marion
Kistner, Klaus-Peter
**Übungsbuch
zur Betriebswirtschaftslehre
im Grundstudium**
2000, XVIII, 423 S.

Swoboda, Peter
Betriebliche Finanzierung
3. Aufl. 1994, 305 S.

Tomann, Horst
Volkswirtschaftslehre
Eine Einführung
in das ökonomische Denken
2005, XII, 186 S.

Weise, Peter u. a.
Neue Mikroökonomie
5. Aufl. 2005, XI, 645 S.

Zweifel, Peter
Heller, Robert H.
Internationaler Handel
Theorie und Empirie
3. Aufl. 1997, XXII, 418 S.

Horst Tomann

Volkswirtschafts-
lehre

Eine Einführung
in das ökonomische Denken

Mit 56 Abbildungen
und 7 Tabellen

Physica-Verlag
Ein Unternehmen
von Springer

Dr. rer. pol., Universitätsprofessor Horst Tomann
Freie Universität Berlin
Boltzmannstrasse 20
14195 Berlin
E-mail: tomann@wiwiss.fu-berlin.de

ISBN 3-7908-1563-2 Physica-Verlag Heidelberg

Bibliografische Information Der Deutschen Bibliothek

Die Deutsche Bibliothek verzeichnet diese Publikation in der Deutschen Nationalbibliografie; detaillierte bibliografische Daten sind im Internet über http://dnb.ddb.de abrufbar.

Dieses Werk ist urheberrechtlich geschützt. Die dadurch begründeten Rechte, insbesondere die der Übersetzung, des Nachdrucks, des Vortrags, der Entnahme von Abbildungen und Tabellen, der Funksendung, der Mikroverfilmung oder der Vervielfältigung auf anderen Wegen und der Speicherung in Datenverarbeitungsanlagen, bleiben, auch bei nur auszugsweiser Verwertung, vorbehalten. Eine Vervielfältigung dieses Werkes oder von Teilen dieses Werkes ist auch im Einzelfall nur in den Grenzen der gesetzlichen Bestimmungen des Urheberrechtsgesetzes der Bundesrepublik Deutschland vom 9. September 1965 in der jeweils geltenden Fassung zulässig. Sie ist grundsätzlich vergütungspflichtig. Zuwiderhandlungen unterliegen den Strafbestimmungen des Urheberrechtsgesetzes.

Physica-Verlag ist ein Unternehmen von Springer Science+Business Media
springer.de

© Physica-Verlag Heidelberg 2005
Printed in Germany

Die Wiedergabe von Gebrauchsnamen, Handelsnamen, Warenbezeichnungen usw. in diesem Werk berechtigt auch ohne besondere Kennzeichnung nicht zu der Annahme, dass solche Namen im Sinne der Warenzeichen- und Markenschutz-Gesetzgebung als frei zu betrachten wären und daher von jedermann benutzt werden dürften.

Umschlaggestaltung: Erich Kirchner, Heidelberg
Herstellung: Helmut Petri
Druck: Strauss Offsetdruck

SPIN 11328971   42/3130 – 5 4 3 2 1 0 – Gedruckt auf säurefreiem Papier

*Für Karin, Till, Katja, Philip
und Moritz Leòn*

Vorwort

Dieses Lehrbuch ist für Studierende im ersten Semester geschrieben. Es führt in das ökonomische Denken ein, verzichtet aber weitgehend auf formale Begründung.

Die Volkswirtschaftslehre arbeitet weitaus mehr als die anderen Sozialwissenschaften mit mathematischen Modellen. Eine rigorose Modellanalyse ist für den Lehrenden bequem, erschwert es aber dem Anfänger ungemein, dieses Fach als eine Realwissenschaft zu verstehen. Am Fachbereich Wirtschaftswissenschaft der Freien Universität Berlin wurde deshalb mit einer Reform der Studienordnung im Jahr 2000 ein drei-semestriger Zyklus in Volkswirtschaftslehre eingeführt. In diesem Zyklus ist den üblichen (jeweils ein-semestrigen) Kursen mikroökonomischer und makroökonomischer Theorie eine allgemeine Einführung in die Volkswirtschaftslehre vorgeschaltet.

Das Buch ist aus den Vorlesungen zu dieser Einführung entstanden. Es gibt einen Überblick über die Fragestellungen der Volkswirtschaftslehre und stellt dabei die Bezüge der modernen Volkswirtschaftslehre zu den Klassikern des Faches her. In methodischer Hinsicht führt es in die Grundstruktur von mikroökonomischen und makroökonomischen Modellen ein. Das Lernziel ist hierbei vor allem, die Bedingungen der Modellanalyse sichtbar zu machen und damit den Geltungsbereich von Modellaussagen abzugrenzen. Dies wird an ausführlichen Beispielen aus der praktischen Wirtschaftspolitik demonstriert.

Eine Power-Point-Präsentation zum Lehrbuch kann von meiner Homepage http://www.wiwiss.fu-berlin.de/w3/w3tomann herunter geladen werden. Ebenso steht auf der Homepage eine Aufgabensammlung mit Lösungen zur Verfügung, die ich für den Kurs gemeinsam mit meinen Mitarbeitern, Herrn Dr. Udoy Ghose, Frau Dipl.-Volkswirtin Meike Söker und Herrn Dipl.-Volkswirt Marc Trausch entwickelt habe. Frau Dr. Elke Muchulinski hat Teile des Manuskriptes durchgesehen und Anregungen vermittelt. Das Formatieren und Editieren des Buches haben Herr stud. rer. pol. Boyko Amarov und Frau stud. rer. oec. Patricia Kaptouom besorgt.

Frau Barbara Utrecht hat das Buch geschrieben und zugleich auf seine Tauglichkeit für Anfänger getestet. Ihnen allen danke ich sehr herzlich für die gute Zusammenarbeit. Verbleibende Mängel gehen selbstverständlich zu meinen Lasten.

Berlin im Juli 2004   Horst Tomann

Inhalt

Vorwort VII

Vorbemerkungen: Volkswirtschaftslehre als Entscheidungstheorie
und Theorie der Interaktion.. 1

1 Grundfragen an die Volkswirtschaftslehre 5

    1.1   *Die Fragen nach den Ursachen des wirtschaftlichen
Wohlstandes und des Wohlstandsgefälles zwischen
verschiedenen Volkswirtschaften* 5

    1.2   *Die Frage, wie die Ansprüche auf wirtschaftlichen Wohlstand
in einer Gesellschaft verteilt sind* 9

    1.3   *Die Frage nach den Ursachen von Wirtschaftskrisen* 11

2 Methoden der ökonomischen Theoriebildung 19

    2.1   *Zur wissenschaftlichen Methode* 19

    2.2   *Instrumente der theoretischen Analyse* 20

    2.3   *Die Grenze der Produktionsmöglichkeiten* 23

    2.4   *Das Konzept der effektiven Nachfrage* 26

    2.5   *Werturteile in der Wissenschaft* 28

3 Das Theorem der komparativen Kosten 35

    3.1   *Absolute und komparative Vorteile* 35

    3.2   *Ricardos Gedankenexperiment* 35

    3.3   *Realeinkommenseffekte des Außenhandels* 39

4 Modelle der Marktpreisbildung (1): Der Auktionsmarkt 43

    4.1   *Die Akteure im Markt* 43

    4.2   *Bestimmungsgründe der Nachfrage und des Angebots* 44

    4.3   *Marktpreisbildung* 48

5 Das Elastizitätsmaß ... 55

- 5.1 Preiselastizität der Nachfrage ... 56
- 5.2 Preiselastizität des Angebots ... 63
- 5.3 Einkommenselastizität der Nachfrage ... 68

6 Staatliche Preisregulierung ... 71

- 6.1 Marktkonforme Eingriffe ... 72
- 6.2 Höchstpreise ... 74
- 6.3 Mindestpreise ... 78

7 Kostenfunktion und Angebot des Unternehmens im Konkurrenzmarkt ... 83

- 7.1 Gewinnmaximierung im Konkurrenzmarkt ... 85
- 7.2 Die Produktionsfunktion ... 86
- 7.3 Fixe und variable Kosten ... 87
- 7.4 Bestimmung des Gewinnmaximums ... 88
- 7.5 Grenzkosten und Angebotsfunktion ... 89

8 Modelle der Marktpreisbildung (2): Monopolpreisbildung und strategisches Preissetzen ... 93

- 8.1 Monopolpreisbildung ... 94
- 8.2 Wirkungen monopolistischen Verhaltens ... 101
- 8.3 Politökonomische Aspekte der Monopolmacht ... 103
- 8.4 Strategisches Preissetzen ... 105
- 8.5 Bilaterales Verhandeln ... 108

9 Modelle der Einkommensbildung 115

9.1 Aggregierte Nachfrage, Einkommen und Beschäftigung 116

9.2 Die Konsumfunktion 120

9.3 Das Gleichgewicht auf dem Gütermarkt
bei autonomen Investitionen 121

9.4 Staatshaushalt und Einkommen 122

9.5 Wirtschaftspolitische Bedeutung 122

10 Geld 125

10.1 Geldfunktionen 125

10.2 Geld, das man nicht selbst herstellen kann 126

10.3 Was bestimmt die Höhe des Zinses? 128

10.4 Die Investitionsfunktion 129

10.5 Die Interaktion zwischen dem Vermögensmarkt und
dem Gütermarkt 130

11 Arbeitsmarkt und Einkommensverteilung 139

11.1 Realeinkommen und Preisniveau 139

11.2 Der Arbeitsmarkt 140

11.3 Zur Erklärung von Arbeitslosigkeit 144

11.4 Theorien der Einkommensverteilung 147

11.5 Ökonomische Renten 151

12 Wohlfahrtsmessung (1): Inlandsprodukt und Nationaleinkommen 161

12.1 Die Volkswirtschaftliche Gesamtrechnung (VGR) als Konzept der
Wohlstandsmessung 162

12.2 Die Entstehungsrechnung 165

12.3 Die Verwendungsrechnung 170

12.4 Die Verteilungsrechnung 171

13 Wohlfahrtsmessung (2): Öffentliche Güter und externe Effekte ... 175

13.1 Drei Gründe für Marktversagen ... 175
13.2 Theorie des öffentlichen Gutes ... 177
13.3 Meritorische Güter ... 179
13.4 Externe Effekte ... 181
13.5 Verfahren zur Entscheidung über Nicht-Marktgüter ... 184

Sachverzeichnis ... 187

Vorbemerkungen: Volkswirtschaftslehre als Entscheidungstheorie und Theorie der Interaktion

Das ökonomische Prinzip

Entscheiden heißt zwischen Alternativen wählen. Da es nichts umsonst gibt, haben die Menschen täglich zwischen verschiedenen Gütern zu wählen, sie wählen aber auch zwischen Arbeitszeit und Freizeit und zwischen Konsum heute und Konsum morgen (Sparen). Auch Regierungen haben zwischen verschiedenen Zielen zu wählen, die sie nicht gleichzeitig erreichen können, beispielsweise zwischen sozialer Gerechtigkeit und wirtschaftlichem Wachstum. Die Entscheidung für Alternative A bedeutet also in der Regel den Verzicht auf Alternative B. Diesen Verzicht auf B bezeichnet man als die volkswirtschaftlichen Kosten von A (Opportunitätskosten). Menschen verhalten sich bei ihren Entscheidungen ökonomisch rational, wenn sie ihre Wahl so treffen, dass der Nutzen die Kosten übersteigt. Genauer: Stehen verschiedene Alternativen zur Wahl, so ist es rational, jene zu wählen, die bei gegebenem Mitteleinsatz den größtmöglichen Nutzen verspricht (ökonomisches Prinzip).

Darf's ein bisschen mehr sein?

Der Vergleich von Nutzen mit Kosten ist besonders dann als Entscheidungsregel geeignet, wenn es nicht um „Alles oder Nichts" geht. Im Wirtschaftsleben wollen die Menschen gewöhnlich nicht völlig auf eine Alternative verzichten, sondern sie suchen eine „optimale" Mischung, z.B. zwischen Arbeitszeit und Freizeit. Dieses Entscheidungsproblem lässt sich mit Hilfe des Marginalprinzips lösen. So vergleicht ein Arbeitnehmer den Nutzen einer zusätzlichen Stunde Freizeit („Grenznutzen") mit dem Einkommen, auf das er verzichtet, wenn er eine Stunde weniger arbeitet („Grenzkosten"). Das Verhältnis von Grenznutzen und Grenzkosten bei diesem Vergleich ist abhängig davon, wie viel Arbeitszeit bereits geleistet wird und auch davon, zu welcher Zeit gearbeitet wird. So ist die Bereitschaft, auch nachts oder sonntags zu arbeiten, offensichtlich gering. In den Tarifverträgen sind deshalb besondere Zuschläge für Überstunden sowie für Sonntags- und Nachtarbeit vereinbart worden. Der Staat gibt einen zusätzlichen Anreiz, indem er die Zuschläge für Sonntags- und Nachtarbeit von der Lohnsteuer befreit. Diese Politik erhöht die Opportunitätskosten der Freizeit. Arbeitnehmer sind also eher bereit, Überstunden bzw. Sonntags- und Nachtarbeit zu leisten. Die ökonomische Vernunft solcher Anreize ist dennoch sehr fraglich, denn vermutlich tragen sie dazu bei, dass die Anzahl der Arbeitsplätze sinkt und die Arbeitslosigkeit steigt.

Theorie der Interaktion

Solche indirekten Wirkungen wirtschaftlicher (und politischer) Entscheidungen kann die Volkswirtschaftslehre erklären, indem sie die Interaktion, das Zusammenwirken der vielen Einzelentscheidungen im Wirtschaftsprozess untersucht. Sie ist dabei in erster Linie Markttheorie, d.h. sie untersucht die Interaktion auf Märkten. Historisch hat sich gezeigt, dass der Markt das überlegene Organisationsprinzip ist, wenn es darum geht, wirtschaftliche Entscheidungen zu koordinieren (im Vergleich zu einer zentralen Planungsbehörde). Dafür gibt es eine Reihe von Gründen, aber ein Grund ist offensichtlich: In der Marktwirtschaft sind jene, die wirtschaftliche Entscheidungen zu treffen haben, besser über den Wert ihrer Alternativen informiert. Daher ist das Risiko kleiner, beim Abwägen von Alternativen falsche Entscheidungen zu treffen. Im Umkehrschluss ergibt sich daraus auch eine Rechtfertigung für staatliche Eingriffe in den Markt. Der Staat soll das Marktergebnis korrigieren können, wenn die Marktbewertung die Opportunitätskosten einer Entscheidung nicht richtig zum Ausdruck bringt („Marktversagen").

Mengen und Preise

Um zu allgemeinen Aussagen über die Interaktion auf Märkten zu kommen, abstrahiert die Volkswirtschaftslehre sehr stark von der Realität. Die mikroökonomische Theorie beschreibt die Marktbeziehungen als Preis-Mengen-Beziehungen. Ein Preis ist allgemein als das Austauschverhältnis zweier Güter definiert, d.h. der Preis eines Gutes bringt die Opportunitätskosten in Einheiten eines anderen Gutes zum Ausdruck. In der Geldwirtschaft werden die Preise aller Güter in Geldeinheiten ausgedrückt. Wie man sich denken kann, erleichtert dies wirtschaftliche Entscheidungen – im Vergleich zu einer „Tauschwirtschaft", in der kein Geld existiert. Damit eine Geldwirtschaft funktioniert, genügt es aber nicht, dass eine Notenbank Geld emittiert. Dieses Geld muss auch von allen, die wirtschaftliche Entscheidungen treffen, als solches akzeptiert werden. Die Nicht-Akzeptanz des Geldes („Kapitalflucht") kann eine Volkswirtschaft in eine schwere Krise stürzen, ein durchaus akutes Problem.

Produzenten und Konsumenten

Die mikroökonomische Theorie untersucht die Interaktion der Marktteilnehmer auf einem einzelnen Markt (→Modelle der Marktpreisbildung) und leitet daraus allgemeine Aussagen über die Volkswirtschaft ab. Die makroökonomische Theorie wählt dagegen von vornherein eine gesamtwirtschaftliche Perspektive, indem sie die Entscheidungen der einzelnen Marktteilnehmer zusammenfasst (Aggregation) und die Volkswirtschaft in idealtypische Sektoren einteilt. Die zentralen Sektoren oder – anders ausgedrückt – die typischen Akteure in makroökonomischen Modellen sind Produzenten (Unternehmen) und Konsumenten (private Haushalte). Ergänzend können der Staat und das Ausland als Sektoren hinzugefügt werden, die den Wirtschaftsprozess mit beeinflussen. Der Zweck der makroökonomischen Modelle ist die Erklärung der Einkommensbildung – wobei das Einkommen als ein aggregiertes Maß des wirtschaftlichen Wohlstandes definiert ist. Darüber hinaus lassen sich mit Hilfe dieser Modelle Aussagen über den Beschäftigungsstand bzw. die Arbeitslosigkeit oder die Entwicklung des Preisniveaus (ein Index, der die durchschnittliche Preisentwicklung anzeigt) ableiten. Unter der Annahme bestimmter Verhaltenshypothesen kommt man auch zu Aussagen über die Entwicklung der Einkommensverteilung.

Überblick über das Buch

Wir beginnen mit den Fragen, aus denen sich die Volkswirtschaftslehre als eine wissenschaftliche Disziplin entwickelt hat und die auch heute noch kontrovers diskutiert werden. Es ist dies die Frage nach den Ursachen des wirtschaftlichen Wohlstandes und seiner Verteilung und die Frage, wie Wirtschaftskrisen entstehen. Nachdem die Fragestellung umrissen ist, müssen wir klären, welche Werkzeuge („Instrumente") der Sozialwissenschaftler für seine Analysen benutzt. Dabei stoßen wir in den Sozialwissenschaften, die sich nicht mit der Natur sondern mit der menschlichen Gesellschaft befassen, auf ein spezifisches Werturteilsproblem. Im folgenden kurzen Kapitel 3 führen wir einen ersten Test in ökonomischem Denken durch. Das Theorem der komparativen Kosten macht Ökonomen in allen Diskussionen mit Globalisierungsgegnern und Protektionisten zu unverbesserlichen Optimisten. Der Rest des Buches ist zweigeteilt. In den Kapiteln 4 bis 8 beschäftigt uns die Frage, wie Märkte funktionieren. Wir untersuchen das Verhalten der Akteure auf einem Markt unter verschiedenen Annahmen und unterscheiden insbesondere, ob sie die Macht haben, den Marktpreis zu beeinflussen. Wir lernen dabei, die unterschiedlichen Marktergebnisse aus volkswirtschaftlicher Sicht zu beurteilen. In den Kapiteln 9 bis 13 untersuchen wir, „*how the economy works*" – wie das ein britischer Ökonom in unvergleichlicher Präzision genannt hat. Wir modellieren eine Volkswirtschaft aus drei idealtypischen Märkten, dem Gütermarkt, dem Vermögensmarkt und dem Arbeitsmarkt, um die Interaktion der Einzelentscheidungen abzubilden. Dieses einfache Modell einer Marktwirtschaft liefert einen konsistenten Rahmen für die Untersuchung des Wirtschaftsprozesses. Dabei geht es letztlich um die Frage, krisenhafte Entwicklungen zu erkennen und zu erklären und der Wirtschaftspolitik Indikatoren zur Beurteilung ihrer Maßnahmen an die Hand zu geben. Wir stellen abschließend das volkswirtschaftliche Rechnungswesen dar, das die Entstehung, die Verwendung und die Verteilung von Einkommen erfasst und prüfen die Frage, ob dieses Rechenwerk zu Aussagen über den wirtschaftlichen Wohlstand geeignet ist.

1 Grundfragen an die Volkswirtschaftslehre

1.1 Die Fragen nach den Ursachen des wirtschaftlichen Wohlstandes und des Wohlstandsgefälles zwischen verschiedenen Volkswirtschaften

Historische Perspektive: Klassische Politische Ökonomie

Adam Smiths „Inquiry into the Nature and Causes of the Wealth of Nations" aus dem Jahre 1776 markiert den Beginn der modernen Volkswirtschaftslehre. In seinem Werk fasst der schottische Moralphilosoph das Denken seiner Zeit zusammen und entwickelt eine Theorie der Marktwirtschaft. Drei Grundlinien sind hervorzuheben.

Geiz ist geil

Die Philosophen der Aufklärung, in Frankreich Montesquieu, in England David Hume, entwickeln ein neues Menschenbild, das Bild des Interessegeleiteten Individuums, das seine Leidenschaften bezähmt. Der Geiz, im 16. Jahrhundert noch die schwerste der Todsünden, wird im Gesellschaftsbild der Aufklärung, das den Menschen zeichnet, „wie er wirklich ist", auf das Eigeninteresse reduziert. Auf dieser Grundlage formuliert Adam Smith seine zentrale Verhaltenshypothese, das Interesse-geleitete, auf den Eigennutz gerichtete Streben und Wirken des Einzelnen fördere die allgemeine Wohlfahrt: „It is not from the benevolence of the butcher, the brewer, or the baker that we expect our dinner, but from their regard to their own interest".

In der Entscheidungslogik der modernen Volkswirtschaftlehre bleibt das Eigennutzstreben als Nutzenmaximierung der Menschen bzw. Gewinnmaximierung der Unternehmen die zentrale Verhaltensannahme.

Die unsichtbare Hand

Der Markt lenkt wie „eine unsichtbare Hand" das eigennützige Streben der Einzelnen in solche Tätigkeiten, für die ein Bedarf besteht und die deshalb honoriert werden. Zugleich – und hier ist Adam Smith ganz Moralphilosoph – wird das eigennützige Streben der Einzelnen durch Konkurrenz begrenzt. Ein wesentliches Element einer liberalen Wirtschaftsordnung, die dem Einzelnen Gestaltungsmöglichkeiten gibt, ist deshalb das Wettbewerbsprinzip. Wettbewerb ist gewährleistet, wenn der Zugang zu den Märkten nicht beschränkt wird – weder durch den Staat noch durch andere

Marktteilnehmer. Damit der Wettbewerb funktioniert und die unsichtbare Hand des Marktes nicht lahmt, bedarf es also bestimmter Spielregeln. Mehr noch: Alle Marktteilnehmer müssen bereit sein, die Spielregeln einzuhalten. Das ist ein grundsätzliches Problem, weil Regelverstöße oft nicht beobachtet werden können. In solchen Fällen bilden sich Konventionen heraus, deren Einhaltung überhaupt erst das wohlfahrtsfördernde Wirken der unsichtbaren Hand ermöglicht. Hier zeigt sich, dass die Verhaltensannahme des eigennützigen Gewinnstrebens die These von den Interessegeleiteten Individuen in unzulässiger Weise verkürzt. Die Philosophen der Aufklärung haben deutlich herausgearbeitet, dass es in einer zivilen Gesellschaft das Interesse des Einzelnen sein muss, Spielregeln einzuhalten. Dieser Zusammenhang ist paradoxer Weise nach dem Zusammenbruch des Sozialismus in Osteuropa beim Übergang zur Marktwirtschaft zu Tage getreten und hat seither wieder die Aufmerksamkeit der Wissenschaft gefunden. Die unsichtbare Hand des Marktes setzt Vertrauen voraus, die neuere Forschung spricht von „sozialem Kapital". Eigennütziges Verhalten im Sinne von persönlicher Bereicherung zerstört das Vertrauen und beeinträchtigt die Funktionsfähigkeit der Marktwirtschaft. Spektakuläre Beispiele solchen Verhaltens gibt es genug. In jüngster Zeit haben vor allem die Bilanzfälschungen bei Enron oder die Abfindungen bei der Übernahme von Mannesmann durch Vodaphone Aufsehen erregt.

Die Freihandelsthese

Die einzige Ursache wachsenden wirtschaftlichen Wohlstandes und technischen Fortschritts sieht Adam Smith in der zunehmenden Arbeitsteilung, die durch die Manufaktur ermöglicht wird. Er erkennt auch den *Zusammenhang zwischen der Expansion der Märkte und der Entwicklung der Arbeitsteilung*. Für die jungen Nationalstaaten des 18. und 19. Jahrhunderts ist sein Rat eindeutig: Öffnung der Grenzen und Expansion der Märkte durch Außenhandel. Adam Smith wäre heute ein überzeugter Vertreter der Globalisierung. Ebenso wie heute trifft die Freihandelsthese auch zur Zeit Adam Smiths auf Unverständnis. Es ist damals herrschende Ansicht, dass der Wohlstand einer Nation nicht einfach durch Expansion des Außenhandels erreicht wird, sondern durch einen Überschuss in der Handelsbilanz, d.h. einen Überschuss der Ausfuhren über die Einfuhren (Merkantilismus). Damit wird ein Protektionismus begründet, der die Einfuhren beschränkt und die Ausfuhren fördert. Mit beiden theoretischen Konzepten werden wir uns noch eingehend beschäftigen.

Internationale Wohlstandsunterschiede und Globalisierung

Unter Globalisierung verstehen wir eine weltweit zunehmende Verflechtung der Märkte, nicht nur der Gütermärkte, sondern insbesondere der Finanzmärkte. Der Beitrag der Politik zur Globalisierung ist, nationale Grenzen für den Handel und die Finanztransaktionen durchlässig zu machen, also Handelshemmnisse abzubauen und Beschränkungen des Kapitalverkehrs aufzuheben. Damit wird die Erwartung einer allgemeinen Steigerung der Prosperität und einer Verringerung der internationalen Wohlstandsunterschiede verbunden – ganz im Sinne der klassischen Freihandelsthese. Die Frage, ob sich mit der Globalisierung die internationalen Wohlstandsunterschiede verringern, wird aber auch heute kontrovers diskutiert. Nicht nur die so genannten Globalisierungsgegner, sondern auch manche Ökonomen sind der Meinung, dass die Vorteile aus einer Liberalisierung des internationalen Handels vor allem den reichen, technologisch und wirtschaftlich fortgeschrittenen Ländern zugute kommen, während die weniger entwickelten Volkswirtschaften immer wieder von Finanzkrisen heimgesucht werden, die sie in ihrer wirtschaftlichen Entwicklung zurückwerfen. In einer so kontrovers geführten Debatte, in der beide Lager gute Argumente anführen, ist es nützlich, die tatsächliche Entwicklung zu beobachten. Gibt es Hinweise darauf, dass das Wohlstandsniveau armer Volkswirtschaften im Zuge der Globalisierung steigt, nicht nur absolut, sondern auch relativ zu den reichen Volkswirtschaften?

Ein Indikator, den wir in diesem Sinne interpretieren können, ist das reale Bruttoinlandsprodukt eines Landes oder das (reale) Bruttonationaleinkommen der Einwohner dieses Landes (die Aussagefähigkeit dieser Indikatoren wird im Anhang zu diesem Kapitel erläutert, vgl. auch Kap. 12). Diese Indikatoren stehen, kurz gesagt, für die wirtschaftliche Leistung eines Landes bzw. die Versorgung der Einwohner mit Waren und Dienstleistungen. Einen Zuwachs von einem Jahr zum nächsten interpretieren wir als eine Wohlstandsmehrung. Die internationalen Wohlstandsunterschiede würden sich also im Zuge der Globalisierung verringern, wenn die Volkswirtschaften der armen Länder ein größeres wirtschaftliches Wachstum aufweisen als jene der reichen Länder. Stanley Fischer, ein amerikanischer Ökonom, der einige Jahre für den Internationalen Währungsfonds gearbeitet hat, hat diese Frage geprüft. Er hat untersucht, ob es im internationalen Vergleich einen systematischen Zusammenhang zwischen der Höhe des Pro-Kopf-Einkommens und der Rate des wirtschaftlichen Wachstums gibt. Die Daten sind interpretationsbedürftig – sie unterstützen die These aber eher als sie zu widerlegen.

8   Grundfragen an die Volkswirtschaftslehre

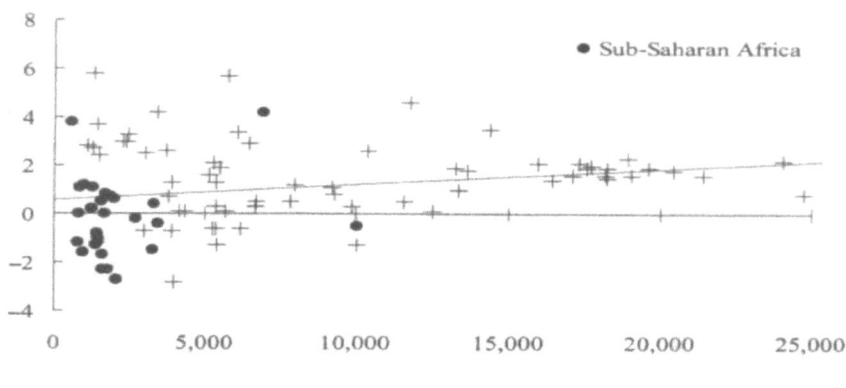

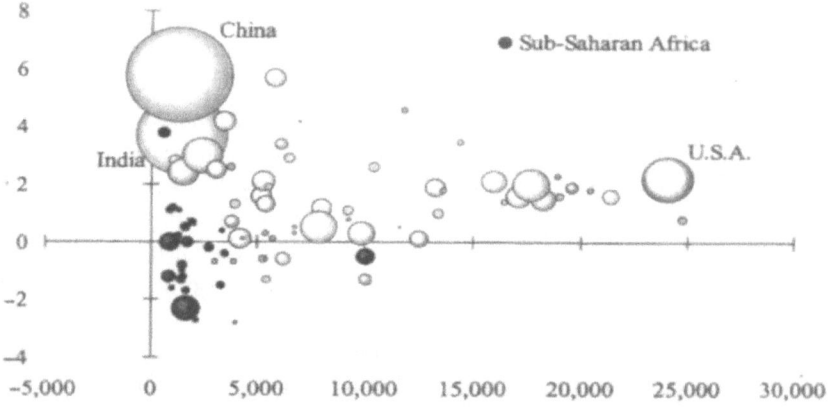

Reales Bruttoinlandsprodukt pro Kopf, 1980

Abb. 1.1 Durchschnittliches Wirtschaftswachstum pro Jahr in vH (1980-2000). Führt die Globalisierung zu Divergenz oder zu Konvergenz? Im internationalen Vergleich gibt es keine eindeutige Evidenz dafür, dass sich die Wohlstandsunterschiede verringern. Volkswirtschaften mit hohem Einkommensniveau (gemessen am realen Bruttoinlandsprodukt je Einwohner) haben in den vergangenen zwei Jahrzehnten ein nachhaltiges wirtschaftliches Wachstum erzielt, mit nur geringen Unterschieden. In der Gruppe der Länder mit niedrigem Einkommensniveau gibt es dagegen große Unterschiede in der wirtschaftlichen Entwicklung. In vielen Ländern, insbesondere in Afrika, hat die wirtschaftliche Leistung seit 1980 sogar abgenommen (oberes Bild). Das Bild ändert sich, wenn die Länderdaten mit der Bevölkerungszahl gewichtet werden (unteres Bild). Jetzt zeigt sich, dass große Länder wie Indien und China im Zuge der Globalisierung ihren Entwicklungsrückstand verringert haben.
Quelle: Stanley Fischer, Globalization and Its Challenges, American Economic Review, May 2003

1.2 Die Frage, wie die Ansprüche auf wirtschaftlichen Wohlstand in einer Gesellschaft verteilt sind

In der Marktwirtschaft werden wirtschaftliche Leistungen durch Geldzahlungen entgolten. Das Geldeinkommen richtet sich daher nach der in Marktpreisen bewerteten „Leistung" – und wer welche Ansprüche stellen kann richtet sich nach dem Geldeinkommen. Um das Verteilungsproblem zu erklären, muss die Volkswirtschaftslehre also zwei Fragen beantworten. Einmal, was unter „Leistung" zu verstehen ist, zum anderen, warum manche Leistungen höhere Marktpreise erzielen als andere. Die moderne Theorie („Neoklassik") löst die erste Frage mit Hilfe des Marginalprinzips. Die Leistung einer zusätzlichen Arbeitsstunde ist das Mehrprodukt, das entsteht, wenn eine Stunde länger gearbeitet wird – bei unterstellter Konstanz anderer Leistungen, z.B. bei gegebenem Kapitaleinsatz. Die Antwort auf die zweite Frage scheint einfach zu sein: Hohe Preise deuten auf „Knappheit" hin. Ein knappes Gut bzw. eine knappe ‚Leistung' ist im Verhältnis zum Bedarf in unzureichendem Maße verfügbar. Aber das ist nur die halbe Wahrheit.

Historische Perspektive: Knappheit als Organisationsprinzip

Die klassische Politische Ökonomie (so heißt die Volkswirtschaftslehre im 18. und 19. Jahrhundert) erklärt das Verteilungsproblem durch einen radikalen Ansatz. Sie sieht die Verteilung von Eigentumsrechten (Verfügungsrechten) als Ursache der Einkommensverteilung und untersucht die Verteilung der Einkommen nach sozialen Klassen. So sind im Verteilungsmodell von David Ricardo die Bodenbesitzer die Nutznießer von Knappheit. Ricardo erkennt, dass in einer wachsenden Volkswirtschaft Boden der einzige nicht vermehrbare Produktionsfaktor ist. Die Bodenbesitzer erzielen daher ein Knappheitseinkommen, während die Einkommen der Landarbeiter, Pächter und der Manufaktur den Gesetzen des Marktes unterworfen sind (Bodenrente, ökonomische Rente). Karl Marx überträgt das Verteilungsmodell von Ricardo auf die Beziehung zwischen Arbeit und Kapital in der Industriewirtschaft und zieht aus seiner Ausbeutungstheorie die politische Folgerung, das Privateigentum an den Produktionsmitteln abzuschaffen. Was wir heute aus diesen Theorien lernen können, ist dies:

Knappheit ist kein natürliches Phänomen sondern wird durch die Verteilung von Eigentumsrechten organisiert. So zeigt Ricardo, dass die Knappheitsrente des Landadels schmilzt, wenn der Außenhandel mit Getreide zugelassen wird. Im England des 19. Jahrhunderts sind es die Getreidezölle, welche die Knappheit des Bodens begründen. Wenn wir Knappheit als ein Organisationsprinzip begreifen, erklärt sich auch das paradoxe Phänomen, dass in der kapitalistischen Marktwirtschaft nicht Ressourcen knapp sind, sondern Geld. Das Knapphalten von Geld durch die Zentralbank ist die entscheidende Funktionsbedingung des Kapitalismus.

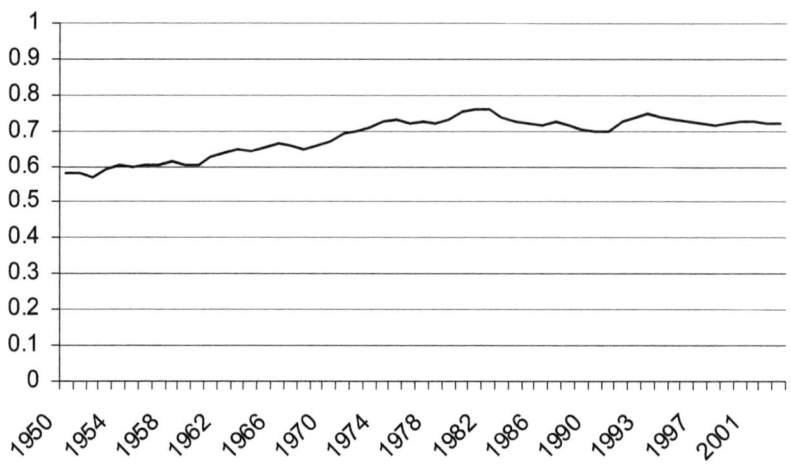

Abb. 1.2 Die Lohnquote in Deutschland (1950-2003). In den neuen Ländern ist die Lohnquote höher als in im früheren Bundesgebiet. Die Lohnquote springt deshalb im Jahr 1991 von 70 vH auf 72,5 vH.
Quelle: Sachverständigenrat; Deutsche Bundesbank. Ab 1991 Daten für Deutschland insgesamt

Lohnhöhe und Tarifautonomie

Heute ist die Lohnhöhe nicht mehr wie zur Zeit der Industrialisierung „die" soziale Frage. Das Grundgesetz garantiert mit dem Grundrecht der Koalitionsfreiheit die so genannte Tarifautonomie. Die Höhe der Löhne und Gehälter für die meisten Arbeitnehmer wird in Tarifverträgen geregelt, die periodisch, in der Regel in mehrjährigen Abständen von den Arbeitgeberverbänden und den Gewerkschaften ausgehandelt werden. Damit ist gewährleistet, dass die Interessen von Arbeitern und Angestellten gegenüber ihrem Arbeitgeber kollektiv von den Gewerkschaften vertreten werden. Die Gewerkschaften achten bei den Tarifverhandlungen darauf, dass die Einkommen "gerecht" verteilt werden, aber sie müssen auch bedenken, dass hohe Arbeitskosten die Wettbewerbsfähigkeit eines Unternehmens beeinträchtigen können mit der Folge, dass Arbeitsplätze verloren gehen. Eine Umverteilung der Einkommen vom Faktor Kapital zum Faktor Arbeit haben die Gewerkschaften in den Tarifverhandlungen jedenfalls nicht erreicht. Die Lohnquote, der Anteil der Lohneinkommen am Volkseinkommen, bleibt in einem längerfristigen Vergleich auffallend stabil.

Grenzen des Wohlfahrtsstaates

Von dieser funktionellen Verteilung der Einkommen in einer Marktwirtschaft ist die personelle Einkommensverteilung zu unterscheiden. Auf diese personelle Verteilung nimmt der Staat maßgeblich Einfluss, d.h. er korrigiert das Verteilungsergebnis, das sich am Markt ergibt, nachträglich. Einerseits werden die Einkommen besteuert, andererseits werden nach dem Grundsatz der Bedürftigkeit Transfereinkommen gezahlt, so dass im Grunde jedem ein persönliches Existenzminimum gesichert wird. Diese Umverteilung durch den Wohlfahrtsstaat ist in den vergangenen Jahrzehnten an Grenzen gestoßen. Das Einkommen stellt in der Marktwirtschaft einen Leistungsanreiz dar. Wird ein zu großer Teil des Einkommens für die Zwecke der Umverteilung abgezogen, so schwindet der Leistungsanreiz. Dieses Problem wird durch demografische Entwicklungen verschärft, weil die Anzahl der Erwerbstätigen in unserer Gesellschaft im Vergleich zur Anzahl der Nicht-Erwerbstätigen im längerfristigen Trend sinkt. Eine Reform des Wohlfahrtsstaates gehört daher zu den großen Aufgaben der Sozialpolitik.

1.3 Die Frage nach den Ursachen von Wirtschaftskrisen

Strukturwandel oder Krise

Das Zusammenspiel wirtschaftlicher Entscheidungen auf Märkten geschieht nicht reibungslos. Im Wettbewerb gibt es Verlierer, d.h. manche Marktteilnehmer können ihre Pläne nicht realisieren und scheiden aus. Dieser Selektionsprozess bewirkt einen ständigen Strukturwandel in der Wirtschaft, der als normal gilt. Davon zu unterscheiden ist der Fall, dass eine ganze Volkswirtschaft in eine Krise gerät. In diesem Fall gibt es keine rationalen Maßstäbe für wirtschaftliche Entscheidungen, die Menschen geraten in Panik und ihre Fehlentscheidungen verstärken sich gegenseitig. Von einer Krise sprechen wir aber auch schon dann, wenn plötzlich unvorhergesehen Ereignisse eintreten, auf die sich die Menschen nicht eingestellt haben, so dass sich ihre wirtschaftlichen Entscheidungen nachträglich als falsch erweisen. Wenn davon nicht nur einzelne betroffen sind, wie im „normalen" Strukturwandel, sondern viele, kann sich die Störung zu einer Krise ausweiten.

Allen geht es schlechter

Ausdruck einer Wirtschaftskrise ist ein massiver Einbruch in der Produktionstätigkeit, der zu einer Minderung der Realeinkommen und der Kaufkraft der Bevölkerung führt und zu einem Anstieg der Arbeitslosigkeit. Nehmen wir das Beispiel der „Revolution in Europa" (Ralf Dahrendorf), jener von 1989. Nach dem Zusammenbruch des sozialistischen Systems sank das reale Bruttoinlandsprodukt in Polen, Tschechien, der Slowakei, in Ungarn und den ostdeutschen Ländern innerhalb von zwei Jahren um rund ein Fünftel. Die Wertschöpfung der Industrie (d.h. ihr Beitrag zum Bruttoinlandsprodukt) ging im gleichen Zeitraum um mehr als ein Drittel zurück. Erst im Jahr 2002 hatte Osteuropa den Rückstand wieder aufgeholt: Das reale Bruttoinlandsprodukt war im Durchschnitt dieser Länder wieder ebenso groß wie 1990.

Manias, Panics and Crashes

Die Auslöser einer Krise sind anders als in unserem Beispiel meist im Finanzsektor zu suchen. So beginnt die schwerste Wirtschaftskrise des vergangenen Jahrhunderts, die Weltwirtschaftskrise 1929-33, am 29. Oktober 1929 mit einem Crash an der New York Stock Exchange („schwarzer Freitag"). Der Einbruch der „New Economy" im Winter 2000/01 wird ebenfalls zunächst an der NYSE sichtbar. Der typische Verlauf ist, dass sich aufgrund unerwartet guter Nachrichten eine Börseneuphorie ausbreitet („manias") und die späte Erkenntnis überzogener Erwartungen das Finanzsystem schließlich erschüttert und zur Panik führen kann. Ob daraus eine allgemeine Wirtschaftskrise folgt, hängt sehr davon ab, wie die Wirtschaftspolitik reagiert.

Eine falsche Wirtschaftspolitik der Regierung gilt in vielen Fällen aber auch als Auslöser der Krise. So begann die Südostasienkrise 1997 mit einem Crash an den Devisenmärkten. Die „Tigerstaaten" hatten die Expansion ihrer Volkswirtschaften übermäßig mit Dollarkrediten finanziert. Als das Vertrauen schwand, die Regierungen würden den Wechselkurs ihrer Währungen gegenüber dem Dollar stabil halten können, brach die Krise aus. Mit Ausnahme Thailands konnte keines dieser Länder einen Rückgang des Realeinkommens abwenden. Der schlimmste Fall ist schließlich, dass die Regierung eine Krise inszeniert, um sich von ihren Schulden zu befreien. In diesem Fall kommt es zu einer Hyperinflation (wie in Deutschland nach dem Ersten Weltkrieg, von 1921-24), d.h. einer Geldentwertung, an deren Ende alle, die ihr Vermögen in Geld oder auf Nominalwerte lautende Wertpapiere (insb. Schuldverschreibungen des Staates) angelegt haben, als die Verlierer da stehen. Nicht zuletzt um ein solches Verhalten der Regierungen (und Parlamente) auszuschließen, wurde die Entscheidungsgewalt über die Geldversorgung in die Hände einer unabhängigen Notenbank gelegt.

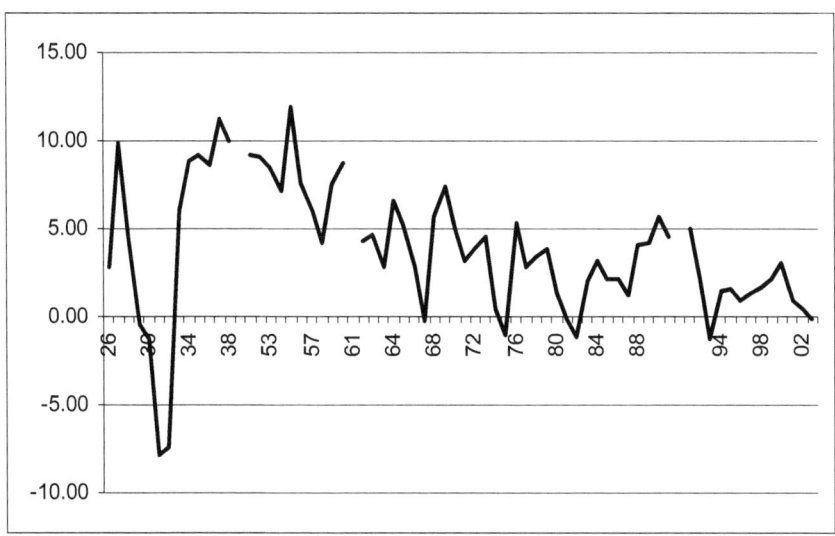

Abb 1.3 Reales Wirtschaftswachstum in Deutschland, 1926-2003 (jährliche Veränderungsraten in vH). *Quelle*: Statistisches Bundesamt. Von 1926-1938 Deutsches Reich, ab 1951 Bundesrepublik Deutschland (ab 1961 einschl. Saarland und Berlin, ab 1991 einschl. Ostdeutschland)

Für die Volkswirtschaftslehre stellt sich also nicht nur die Frage, Krisen (frühzeitig) zu erkennen, die sich durch Interaktion der Marktteilnehmer entwickeln können. Sie hat auch die Rolle zu untersuchen, die Regierungen und Parlamente (sowie die Internationalen Organisationen) in Wirtschaftskrisen spielen.

Wachstum und Konjunktur

Beobachten wir eine Volkswirtschaft über einen längeren Zeitraum von mehreren Jahrzehnten, so können wir in der Regel feststellen, dass es nur gelegentlich zu Krisen kommt. Die normale Beobachtung ist, dass die Wirtschaftsleistung mit der Zeit wächst und die Versorgung mit Waren und Diensten zunimmt. Das Wirtschaftswachstum vollzieht sich aber nicht stetig, sondern in Schüben, ganz wie im biblischen Beispiel von den sieben mageren und sieben fetten Jahren. Die Volkswirtschaftslehre unterscheidet daher zwischen der eigentlich stetigen Grundbewegung, dem Wachstums-Trend und den periodisch auftretenden Schwankungen um diesen Trend, der Konjunktur. Diese Trennung verfolgt einen analytischen Zweck, denn tatsächlich lassen sich Wachstum und Konjunktur nicht unabhängig voneinander erklären. Joseph A. Schumpeter hat dies in seiner Theorie der wirtschaftlichen Entwicklung (1911) deutlich gesehen. Nach seiner Theorie wird wirtschaftliches Wachstum durch Neuerungen (Innovationen) erzeugt und es sind die Unternehmer, die diese Neuerungen durchsetzen: neue Produkte, neue Produktionsverfahren, Erschließungen neuer Märkte, neuer Rohstoffquellen u.a. Für die heutige postindustrielle Gesellschaft können wie neue Informations- und Kommunikationstechnologien hinzufügen.

Kontrollfragen

1. Was besagt das ökonomische Prinzip? Warum ist es bei ökonomischen Entscheidungen vorteilhaft, das Marginalprinzip anzuwenden?
2. Überlegen Sie, woraus die Opportunitätskosten Ihres Studiums bestehen könnten!
3. Wie werden in der Marktwirtschaft die Entscheidungen der Marktteilnehmer koordiniert?
4. Erläutern Sie die Begriffe Nationaleinkommen, Inlandsprodukt, Lohnquote, Arbeitslosenquote!

Anhang

Maßstäbe des wirtschaftlichen Wohlstandes

Das Nationaleinkommen ist von seiner Entstehung her ein Maß der wirtschaftlichen Leistung der Inländer:

> Inlandsprodukt
> (zusammengefasste Wertschöpfung der Wirtschaftsbereiche)

+ Saldo der Erwerbs- und Vermögenseinkommen zwischen Inländern und der übrigen Welt

= Nationaleinkommen

Von seiner Verwendung her ist das Nationaleinkommen ein Maß dafür, wie die Bevölkerung eines Landes mit Waren und Dienstleistungen versorgt wird bzw. Ansprüche gegenüber dem Ausland erwirbt.

	Privater Verbrauch
+	Staatsverbrauch
+	Investition (Anlageinvestition und Vorratsveränderung)
+	Außenbeitrag (Ausfuhr abzüglich Einfuhr)
=	Nationaleinkommen

Im internationalen Vergleich verwendet man das Nationaleinkommen je Einwohner als Wohlstandsmaß. Ein besonderes Problem ist hierbei, zu welchem Austauschverhältnis (Wechselkurs) in eine einheitliche Währung umgerechnet wird. Eine Möglichkeit wäre, in allen Ländern den Preis eines *Big Mac* zu erfassen und die nationalen Währungen nach dem so ermittelten Kaufkraftverhältnis umzurechnen. Tatsächlich führt man diese Rechnung anhand eines repräsentativen Warenkorbes durch („Kaufkraftparität"). Das Problem dabei ist, dass es *den* repräsentativen Warenkorb nicht gibt, weil sich die Konsumgewohnheiten von Land zu Land unterscheiden.

Das Nationaleinkommen ist als Wohlstandsmaß nur begrenzt aussagefähig, weil bei seiner Berechnung nur Markttransaktionen (bewertet zu Marktpreisen) zugrunde gelegt werden. Mit den Problemen der Wohlstandsmessung werden wir uns noch ausführlich beschäftigen.

Maßstäbe der Einkommensverteilung

Verteilung nach den Funktionen im Wirtschaftsprozess = funktionelle Einkommensverteilung; nach den Definitionen der volkswirtschaftlichen Gesamtrechnung gilt:

	Einkommen aus unselbständiger Arbeit (Arbeitnehmerentgelt)
+	Unternehmens- und Vermögenseinkommen
=	Volkseinkommen

$$\text{Lohnquote} = \frac{\text{Arbeitnehmerentgelt}}{\text{Volkseinkommen}}$$

Zur Aussagefähigkeit der Lohnquote als Indikator gewerkschaftlicher Lohnpolitik: Die Lohnquote steigt in der Krise, weil die Gewinne schrumpfen. Dies kann die Folge einer aggressiven Lohnpolitik sein, in der Regel hat es aber andere Ursachen.

Verteilung nach Personen bzw. Haushalten
= personelle Einkommensverteilung
(Arbeitseinkommen aus unselbständiger und aus selbständiger Tätigkeit, Besitzeinkommen, Transferzahlungen des Staates je Haushalt)

Maßstäbe der Instabilität des Wirtschaftsprozesses

Tabelle 1.1   Arbeitslosigkeit in Deutschland (1970-2002)

Jahr	Registrierte Arbeitslose in Tsd.	Arbeitslosenquote in vH	Langzeitarbeitslose in Tsd.
		Früheres Bundesgebiet	
1970	149	0,7	9
1975	1074	4,7	97
1980	889	3,8	106
1985	2304	9,3	666
1990	1883	7,2	513
		Deutschland	
1992	2 979	7,7	745
1993	3 419	8,9	950
1994	3 698	9,6	1158
1995	3 612	9,4	1125
1996	3 965	10,4	1196
1997	4 384	11,4	1467
1998	4 279	11,1	1455
1999	4 099	10,5	1379
2000	3 889	9,6	1343
2001	3 852	9,4	1254
2002	4 060	9,8	1305

- Schwankungen in der Entwicklung des Inlandsprodukts bzw. im Auslastungsgrad des gesamtwirtschaftlichen *Produktionspotentials*. Das Produktionspotential ist ein Maß der wirtschaftlichen Leistungsfähigkeit einer Volkswirtschaft. Es wird als „potentielles" Inlandsprodukt

berechnet, unter der Annahme, dass alle verfügbaren Produktionsfaktoren verwendet und effizient eingesetzt werden; insbesondere wird die Annahme zugrunde gelegt, dass alle Arbeitskräfte beschäftigt werden. Für die Berechnung des Produktionspotentials gibt es verschiedene Messkonzepte. In der Regel wird angenommen, dass das Produktionspotential nicht die maximale Leistung darstellt, sondern das Inlandsprodukt, das sich bei „normaler" Auslastung der Produktionsfaktoren ergibt,
- Schwankungen in der Entwicklung der Beschäftigung bzw. im Beschäftigungsgrad der Erwerbsbevölkerung, insbesondere die Arbeitslosenquote:

$$\text{Arbeitslosenquote} = \frac{\text{Anzahl der Arbeitslosen}}{\text{Anzahl der zivilen Erwerbspersonen}}.$$

- Schwankungen des Preisniveaus (Die „Inflationsrate" misst die prozentuale Veränderung des Preisniveaus im Vergleich zum Vorjahr). Insbesondere: Der harmonisierte Verbraucherpreisindex (HVPI) für die Eurozone Grundmodell: Durchschnittliche Veränderung der Verbraucherpreise, gewichtet mit einem festen Warenkorb der Basisperiode. Für den Vergleich zweier Jahre 0, 1 wird der Preisindex berechnet als:

$$\frac{\sum_i p_{i1} q_{i0}}{\sum_i p_{i0} q_{i0}};$$

für
i: Anzahl der Güter im Warenkorb
p_{i0}: Preis des Gutes i in 0,1
q_{i0}: Mengengewicht für das Gut i im Basisjahr 0.

Tabelle 1.2 Harmonisierter Verbraucherpreisindex für das Euro-Währungsgebiet (HVPI) *1999-2004* Index 1996=100

		Insgesamt		Waren (Gewicht 58,7)	Dienstleistungen (Gewicht 41,3)
		\multicolumn{4}{c}{Veränderung gegen Vorjahr in vH}			
1999		103,8	1,1	0,9	1,5
2000		106,0	2,1	2,5	1,5
2001		198,5	2,3	2,3	2,5
2002		110,9	2,3	1,7	3,1
2003		113,2	2,1	1,8	2,5
2003	Q1	112,5	2,3	2,0	2,7
	Q2	113,2	1,9	1,5	2,6
	Q3	113,4	2,0	1,7	2,5
	Q4	114,0	2,0	1,8	2,4
2004	Q1	114,4	1,7	1,1	2,6

Quelle: Europäische Zentralbank, Monatsbericht Juli 2004

2 Methoden der ökonomischen Theoriebildung

2.1 Zur wissenschaftlichen Methode

Ein Nobelpreisträger und Naturwissenschaftler antwortete auf die Frage nach seiner Arbeitsweise: „Ich setze mich morgens an den Schreibtisch und warte darauf, dass mir etwas einfällt". Diese Antwort klingt erstaunlich, denn seit Isaac Newton gilt Beobachtung, Theorie und erneute Beobachtung als die wissenschaftliche Methode. Man würde den Naturwissenschaftler also im Labor vermuten. Karl Popper, der große Wissenschaftstheoretiker des 20. Jahrhunderts, hat dafür eine Erklärung: „Beobachtung ist stets Beobachtung im Lichte von Theorien". Popper hat 1993, anlässlich der Verleihung der Otto-Hahn-Friedensmedaille an ihn, folgendes offenbart: Er sei schon in früher Kindheit von den Reiseberichten des Nordpolforschers Fridtjof Nansen beeinflusst worden. Tatsächlich kann man den Nordpol nicht beobachten, es sei denn man hat eine Theorie. Dieses Problem der modernen Naturwissenschaften findet sich auch in den Sozialwissenschaften, auf die Popper die naturwissenschaftlichen Methoden übertragen hat.

Nehmen wir an, ….

Die sozialwissenschaftliche Methode unterscheidet sich aber in zweifacher Hinsicht grundsätzlich von den Naturwissenschaften:

1. Im Erklärungsanspruch. Sozialwissenschaftliche Aussagen sind in ihrem Geltungsanspruch begrenzt durch Struktur und Entwicklung der Gesellschaft, auf die sie sich beziehen (Quasi-Gesetze). Es sind typischerweise Wahrscheinlichkeitsaussagen. In den Sozialwissenschaften werden deshalb statistische Methoden angewandt.
2. An die Stelle des kontrollierten Experiments (der Naturwissenschaft) tritt das Gedankenexperiment: Der Sozialwissenschaftler „experimentiert", indem er idealtypische Annahmen trifft, z.B. die Annahme des „ökonomisch-rationalen" Verhaltens, und die soziale Wirklichkeit in vereinfachter Form in Modellen abbildet. Statt im Labor arbeitet der Sozialwissenschaftler also am PC. Für die Formulierung von Gedankenexperimenten eignet sich besonders die Mathematik, die deshalb in der Volkswirtschaftslehre große Bedeutung gewonnen hat.

Vom Fortschritt in den Sozialwissenschaften

Eine offene Frage ist, ob Theorien durch Beobachtung widerlegt werden können. Der wissenschaftliche Anspruch ist ein Erkenntnisgewinn, die Entdeckung der „wahren" Zusammenhänge. Nach Popper kann ein wissenschaftlicher Fortschritt in diesem Sinne auch in den Sozialwissenschaften nur stattfinden, wenn die Theorien durch Beobachtung getestet werden. Eine Theorie hat nur so lange als richtig zu gelten, wie ihr die beobachteten Tatsachen nicht widersprechen. Sie ist aber zu verwerfen, wenn ihre Voraussagen durch Beobachtung „falsifiziert" werden, d.h. nicht mit den beobachteten Tatsachen übereinstimmen. Diese These Poppers wurde von seinen Schülern (Thomas S. Kuhn, Paul Feyerabend, Imre Lakatos) in Frage gestellt. Ein grundsätzliches Problem ist schon die Qualität der „Beobachtung": Ein Beobachtungsfehler muss ausgeschlossen werden können. Eine andere Frage ist, was Wissenschaftler tatsächlich tun, wenn ihre Theorie den Tatsachen widerspricht. In der Regel bleibt der Kern einer Theorie erhalten, sie wird aber modifiziert (den Fakten angepasst). Mit der Untersuchung des Verhaltens von Wissenschaftlern haben Poppers Schüler einen wissenschaftstheoretischen Trick angewandt: Sie haben seine Theorie der Falsifikation durch Beobachtung widerlegt. Die Beobachtung des Wissenschaftsbetriebs zeigt, dass Wissenschaftler pragmatisch und ökonomisch arbeiten: Eine Theorie wird nicht schon dann verworfen, wenn sie den Fakten offensichtlich widerspricht, sondern erst, wenn eine alternative Theorie den behaupteten Zusammenhang besser erklärt. Diese „wissenschaftliche Revolution" wird als Paradigma-Wechsel bezeichnet (zum Begriff des Paradigmas vgl. den berühmten Essay von Thomas S. Kuhn, „Die Struktur wissenschaftlicher Revolutionen", 1962).

2.2 Instrumente der theoretischen Analyse

Funktionen

In der theoretischen Analyse arbeiten Volkswirte mit mathematischen Funktionen. So lassen sich Hypothesen über die Interaktion zwischen Mengen und Preisen in der Mikroökonomik oder zwischen Produzenten und Konsumenten in der Makroökonomik als funktionale Beziehungen abbilden. Welche Menge von einem Gut nachgefragt wird, hängt von einer Vielzahl von Einflussgrößen ab, sicherlich aber vom Preis des Gutes.

Beispielsweise richtet sich auf dem Benzinmarkt die Nachfrage nach Benzin nach der Anzahl der Autos, dem spezifischen Kraftstoffverbrauch, dem Wetter, dem Einkommen und anderen Größen, aber auch nach dem Benzinpreis. Eine Funktion

$$\text{Nachfragemenge} = f(\text{Preis});$$

bildet also folgende Hypothese ab:

1. Preisänderungen auf einem Markt erklären Änderungen der Nachfragemenge; steigt der Benzinpreis, so geht die Nachfrage nach Benzin zurück.
2. Die Aussage gilt unter der Bedingung, dass alle anderen Größen, die Einfluss auf die Nachfragemenge haben, unverändert bleiben.

Die funktionale Beziehung wird damit als ein Ursache-Wirkungs-Verhältnis interpretiert. Dabei ist der Preis die *erklärende Variable*, die Nachfragemenge die *zu erklärende Variable*. Zweitens gilt die Erklärung nur bedingt. Sie steht unter der Bedingung, dass andere Einflussgrößen auf die Nachfragemenge unverändert bleiben.

Wir halten fest: Wissenschaftliche Aussagen sind bedingte Aussagen. Die Hypothese unseres Beispiels lässt sich auch so formulieren: Die Nachfragemenge eines Gutes wird kleiner, wenn der Preis des Gutes steigt und alle anderen Einflüsse auf die Nachfrage unverändert bleiben. („Wenn – dann Aussage").

Betrachten wir noch den Fall einer makroökonomischen Funktion. Die Konsumausgaben der Haushalte verändern sich mit dem Einkommen, darüber hinaus aber werden sie von einer Reihe anderer Einflussgrößen bestimmt, so vom Vermögen der Haushalte, von der tatsächlichen und erwarteten Inflationsrate, von den Zinssätzen, von der Arbeitslosenrate, der Einkommensverteilung, der Bevölkerungsstruktur, den Ausgaben der Wirtschaft für Werbung u.a.

Die Hypothese

$$\text{Konsumausgaben} = f(\text{Einkommen});$$

steht also wiederum unter der Bedingung, dass sich alle anderen Einflussgrößen nicht verändern.

Funktionale Beziehungen zwischen einer erklärenden (unabhängigen) Variablen und einer zu erklärenden (abhängigen) Variablen lassen sich anschaulich grafisch abbilden. In diesem einführenden Lehrbuch werden wir überwiegend auf dieses einfache Instrument der theoretischen Analyse zurückgreifen.

Modelle als Abbild der Realität

Wir haben bereits die Vielzahl von Einflussgrößen erwähnt, die zusammen die Nachfragemenge eines Gutes bestimmen. Ebenso vielfältig sind die

Bestimmungsgründe des Angebots. Die Interaktion von Nachfragern und Anbietern auf einem Markt ist ein komplexer Prozess, mehr noch das Zusammenspiel der Märkte für verschiedene Güter. So wirkt sich eine kräftige Erhöhung des Ölpreises auf dem Weltmarkt für Rohöl nicht nur auf den Benzinpreis aus, sondern beeinflusst auf indirekte Weise die Entscheidungen, die auf vielen anderen Märkten getroffen werden, bis hin zu den Tarifverhandlungen über die Lohnhöhe auf dem Arbeitsmarkt. Im Frühjahr 2004, als der Rohölpreis kräftig stieg und 41$ je barrel erreichte, waren einige Ökonomen der Meinung, dass ein weiteres Ansteigen über 50$ je barrel hinaus den Konjunkturaufschwung in Deutschland abwürgen würde. Wie kommt man zu einer solchen Aussage? Das Zusammenwirken wirtschaftlicher Entscheidungen ist so komplex, dass man nicht mehr intuitiv bestimmen kann, wie eine Volkswirtschaft auf Schocks reagiert. Volkswirte arbeiten deshalb mit Modellen, die ein vereinfachtes Abbild der Realität darstellen. Die Vereinfachung besteht im wesentlichen darin, einen Teil der eigentlich relevanten Einflussgrößen auszuschließen („ceteris-paribus-Klausel"). Damit wird die Aussagefähigkeit eines Modells eingeschränkt. Dennoch ist das Arbeiten mit Modellen nützlich, weil durch ein Modell die logische Struktur der zu untersuchenden Fragen geklärt werden kann. Ob ein Modell Aussagen über tatsächliche Ereignisse erlaubt, entscheidet sich mit den Annahmen, auf denen es beruht. Sind die ausgeschlossenen Einflussgrößen im gegebenen Fall nicht relevant bzw. nur zufällig wirksam, so kann das Modell eine wirkliche Erklärung liefern. Es erfüllt dann einen Anspruch, der an die Theorie gestellt wird.

Exogene und endogene Variablen

Ein wirtschaftswissenschaftliches Modell hat folgenden Aufbau. Es enthält mindest

- eine Hypothese über funktionale Zusammenhänge zwischen ökonomischen Variablen,
- eine Aussage darüber, welche Variablen durch das Modell erklärt werden (endogene Variablen), welche als exogen betrachtet, d.h. nicht durch das Modell erklärt werden.

Im Folgenden betrachten wir zwei Modelle, die grundlegende ökonomische Zusammenhänge abbilden: Die Grenze der Produktionsmöglichkeiten und das Konzept der effektiven Nachfrage.

2.3 Die Grenze der Produktionsmöglichkeiten

Wir kennen bereits das ökonomische Prinzip als Entscheidungsregel: Sind die Mittel begrenzt, so haben die Menschen zu wählen und sie wählen die Alternative mit dem größten Nutzen. Aber nicht nur für den Einzelnen sondern auch für eine Volkswirtschaft als Ganzes sind die Wahlmöglichkeiten begrenzt. Das Modell der Produktionsmöglichkeiten dient dazu, diese Grenze zu bestimmen. Dabei erfahren wir zugleich etwas über den Effizienzbegriff und lernen den Begriff der volkswirtschaftlichen Kosten etwas genauer kennen.

Das Modell der Produktionsmöglichkeiten geht von der Annahme aus, dass der Bedarf an Gütern in einer Periode durch Produktion gedeckt werden kann. Es zeigt, welche Güter produziert werden, unter der Annahme, dass die in der Produktion eingesetzten Mittel (Produktionsfaktoren) und auch das Wissen über die Produktionstechnik begrenzt sind. Unter diesen Annahmen ist es zwar möglich, die gewünschten Güter zu produzieren - aber eben nicht in beliebig großen Mengen. Die Mehrproduktion eines Gutes erfordert in der Regel die Minderproduktion eines anderen Gutes.

Kanonen oder Butter

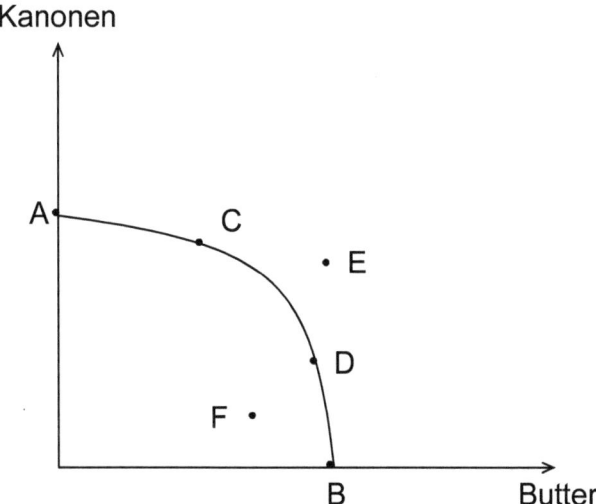

Abb 2.1 Grenze der Produktionsmöglichkeiten. Die Kurve zeigt die Mengenkombinationen an, die in der Produktion möglich sind. Die Volkswirtschaft kann jede Mengenkombination auf oder unterhalb der Kurve produzieren (A,B,C,D,F). E ist mit den vorhandenen Ressourcen nicht erreichbar

Tatsächlich sind in einer Volkswirtschaft unzählige Produktionsentscheidungen zu treffen. Am Beispiel zweier Güter lassen sich aber bereits wichtige Grundentscheidungen abbilden. So muss eine Regierung den Anteil der Verteidigungsausgaben bestimmen (das Beispiel stammt von Paul Samuelson, der sein Lehrbuch kurz nach dem Ende des Zweiten Weltkriegs schrieb) oder auch die Höhe der Ausgaben für den Umweltschutz. Entsprechend verringert sich der Spielraum für die Produktion anderer Güter.

Die Transformationskurve

Die Grenze der Produktionsmöglichkeiten wird in einem Zwei-Güter-Diagramm durch die Transformationskurve abgebildet. Befindet sich die Volkswirtschaft an der Grenze ihrer Produktionsmöglichkeiten, so kann die Produktion eines Gutes nur dadurch erhöht werden, dass die Produktion eines anderen Gutes eingeschränkt und damit Produktionsfaktoren frei gesetzt werden. Im Güterraum zeigt die Bewegung entlang der Kurve die „Transformation" dieses zweiten Gutes in das erste an. Dabei gibt die Rate der Transformation an, wie viele Mengeneinheiten des zweiten Gutes die Mehrproduktion einer Mengeneinheit des ersten Gutes kostet. Die Transformationsrate signalisiert also die Opportunitätskosten (volkswirtschaftlichen Kosten) von Gut 1.

Die Gestalt der Transformationskurve und damit die Höhe der Opportunitätskosten sind nicht einfach zu bestimmen. Die Gestalt dieser Kurve hängt offensichtlich von den technischen Produktionsbedingungen ab, oder, anders ausgedrückt, von der „Produktivität" der eingesetzten Produktionsfaktoren. Es ist üblich, den Verlauf der Transformationskurve konkav zum Ursprung zu zeichnen. Dieser Kurven-Verlauf kann durch die Annahme begründet werden, dass sich die Produktivität der Faktoren unterscheidet. Damit die Grenze der Produktionsmöglichkeiten erreicht wird, müssen also zunächst die produktivsten Faktoren eingesetzt werden und bei zunehmender Produktion sukzessive die weniger produktiven Faktoren. Da die Faktoren aber bei der Produktion beider Güter eingesetzt werden können, geht es genau genommen um ihre relative Produktivität. Wir werden dieses zentrale Theorem der Volkswirtschaftslehre im nächsten Kapitel behandeln.

Effizienz ist ein ökonomisches Problem

Eine Volkswirtschaft produziert genau dann effizient, wenn sie die Grenze der Produktionsmöglichkeiten erreicht hat (die Output-Kombination sich auf der Transformationskurve befindet). Es kann also nicht mehr von einem Gut produziert werden ohne von einem anderen Gut weniger zu produzieren. Wird eine Gütermengenkombination hergestellt, die unterhalb der Transformationskurve liegt, so produziert die Volkswirtschaft folglich ineffizient. Die Ursachen hierfür sind aber nicht technischer Art, sondern das Ergebnis der Produktionsentscheidungen ist offensichtlich verbesserungsfähig. In einer arbeitsteiligen Wirtschaft hat Effizienz in der Produktion drei Aspekte:

1. Die Arbeitsteilung zwischen verschiedenen Produzenten (Betrieben),
2. Die Verteilung der Produktionsfaktoren auf die Betriebe,
3. Die Verwendung der Produktionsfaktoren innerhalb der Betriebe.

Eine Volkswirtschaft produziert somit effizient, wenn die Produktion durch eine Änderung der Arbeitsteilung, der Faktorverteilung oder der Faktorverwendung nicht mehr erhöht werden kann. Wie kann ein so komplexes Ergebnis erreicht werden? Die Antwort der Volkswirtschaftslehre ist: Durch den Markt. Im Modell von Wettbewerbsmärkten werden die vielen Einzelentscheidungen so koordiniert, dass die Volkswirtschaft im Ganzen effizient produziert.

Wenden wir das Modell an, so zeigt sich jedoch, dass auch hoch entwickelte Marktwirtschaften die Grenze ihrer Produktionsmöglichkeiten offensichtlich nicht erreichen. Allein die Beobachtung lang anhaltender, hoher Arbeitslosigkeit – mehr als 4 Mill. Arbeitslose in Deutschland – zeigt ineffiziente Produktion an. Eine wichtige Implikation dieses Zustandes ist, dass Mehrproduktion zu geringen volkswirtschaftlichen Kosten möglich ist. Wird das Produktionsergebnis dadurch verbessert, dass ein bislang Arbeitsloser beschäftigt wird, so sind die volkswirtschaftlichen Kosten – bei sonst gleichem Aufwand an Produktionsfaktoren – gleich Null. (Dabei muss man nur annehmen, dass die „Freizeit" eines Arbeitslosen keinen Wert darstellt).

Erweiterung der Produktionsmöglichkeiten

Die Grenze der Produktionsmöglichkeiten ist unter der Annahme eines gegebenen Bestandes an Produktionsfaktoren und gegebenen technischen Wissens definiert. Diese Grenze ist damit veränderbar. So erweitert eine Erhöhung des Arbeitskräftebestandes, z.B. aufgrund von Zuwanderungen die Produktionsmöglichkeiten. Technischer Fortschritt, also die Entdeckung neuer, technisch effizienterer Produktionsverfahren ermöglicht ebenfalls einen größeren Output. Der Verzicht auf Konsum in der Gegenwart erweitert die Möglichkeit, Kapitalgüter zu produzieren, impliziert also einen größeren Bestand an Sach-Kapital in der Zukunft und schiebt damit aufgrund des Produktivitätseffekts die Grenze der Produktionsmöglichkeiten nach außen. Veränderungen der Produktionsmöglichkeiten finden ihren

Ausdruck in einer Verschiebung beziehungsweise Drehung der Transformationskurve.

2.4 Das Konzept der effektiven Nachfrage

Die Frage, warum es Arbeitslosigkeit gibt und die Produktionsmöglichkeiten nicht ausgeschöpft werden, kann das eben vorgestellte Modell nicht beantworten. Manche Ökonomen, die im Rahmen dieses Modells argumentieren und von der Effizienz der Märkte überzeugt sind, haben daher bestritten, dass Arbeitslosigkeit ein wirtschaftspolitisches Problem sei. Sie

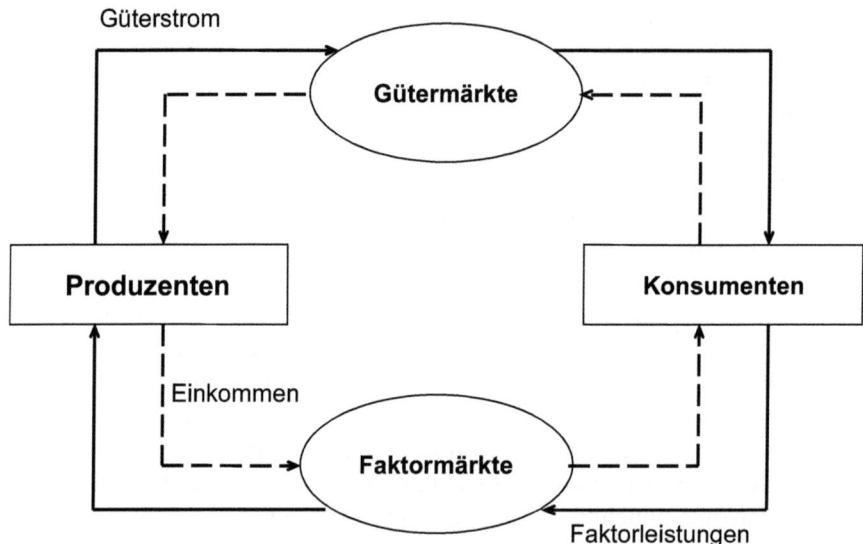

Abb 2.2 Der Einkommenskreislauf. Die Produzenten produzieren in jeder Periode einen Güterstrom und das dabei entstehende Einkommen wird dazu verwendet, die produzierten Güter nachzufragen, so dass diese ihren Absatz finden. Wenn die Pläne der Unternehmen und Haushalte aufeinander abgestimmt sind – was durch die Interaktion auf Märkten geschieht -, bleibt dieser Kreislauf von Produktion und Einkommen unverändert

haben selbstverständlich nicht die Arbeitslosen-Statistiken angezweifelt sondern die These, die gemeldeten Arbeitslosen seien „unfreiwillig" arbeitslos. Obwohl solche Ansichten in der Politik zur Zeit wieder weniger ernst genommen werden, bleiben die tiefer liegenden Gründe für den Meinungsstreit bestehen. Die Argumentation der Gegenseite (die Arbeitslosigkeit für ein wirtschaftspolitisches Problem hält) hat ihren Ursprung im

Modell der effektiven Nachfrage. Dieses Modell geht von der Vorstellung eines Einkommenskreislaufs aus.

Das Modell der effektiven Nachfrage besagt nun, dass die von den Haushalten geplante und von den Unternehmen erwartete Nachfrage nicht tatsächlich wirksam (effektiv) werden muss. In einem solchen Fall einer von der Nachfrage ausgehenden Störung erweisen sich die Produktionsentscheidungen als falsch und die Produktion wird in der Folgeperiode angepasst. Im Grunde kann das Modell der effektiven Nachfrage zwei Phänomene erklären. Der erste Fall ist das oben erwähnte Phänomen von Arbeitslosigkeit und nicht ausgeschöpften Produktionsmöglichkeiten, das durch eine allgemeine Kaufzurückhaltung ausgelöst werden kann. Es gibt Anzeichen, dass wir gegenwärtig in Deutschland eine solche Situation erleben: Die Konsumenten könnten kaufen, aber sie halten ihr Geld zurück.

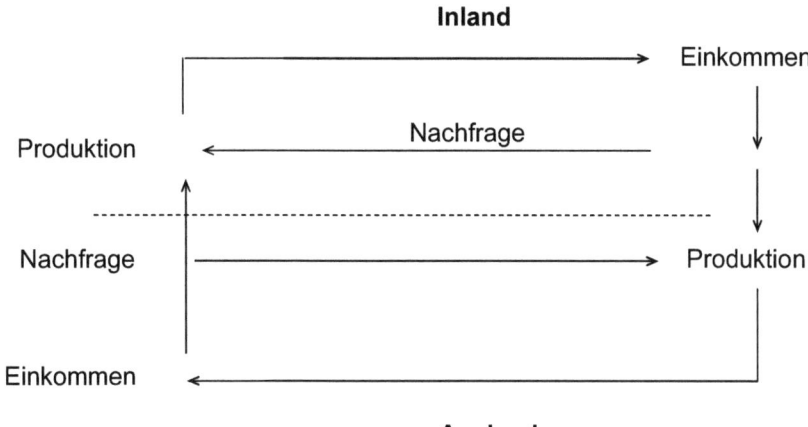

Abb 2.3 Das Konzept der effektiven Nachfrage. Ein Defizit in der Handelbilanz (Einfuhr > Ausfuhr) ist im Allgemeinen nachteilig für die Produktion. Denn per Saldo ist mehr Inlandsnachfrage auf ausländische Produktion gerichtet als umgekehrt die Auslandsnachfrage inländische Produktion hervorruft

Den zweiten Fall finden wir schon bei den Merkantilisten: Die Nachfrage wird nicht nur von Produktion und Einkommen bestimmt, sondern hat auch eine „exogene" Komponente, in diesem Fall die Nachfrage des Auslands. Die Erkenntnis der Merkantilisten war, dass die Auslandsnachfrage Produktion, Einkommen und Beschäftigung im Inland stimulieren kann. Sie zogen daraus die Schlussfolgerung, dass ein Überschuss im Außenhandel den Wohlstand einer Nation vermehrt. Wegen ihrer Forderung nach protektionistischen Staatseingriffen geriet die „merkantilistische" Literatur in Verruf, als sich im Verlauf des 18. und 19. Jahrhunderts die *Freihandelsdoktrin* durchsetzte. Damit fielen auch ihre analytischen Leistungen in Vergessenheit. Das Konzept der effektiven Nachfrage sollte erst wieder John Maynard Keynes aufgreifen. Unter dem Eindruck der Weltwirtschaftskrise (1929-33) schrieb Keynes seine „General Theory of Employment, Interest and Money" (1937), in der das Konzept der effektiven Nachfrage theoretisch begründet wird.

Das Konzept der effektiven Nachfrage ist ein nützliches Instrument des Denkens in gesamtwirtschaftlichen Zusammenhängen. Es bringt einerseits eine reine Identität zum Ausdruck (im internationalen Handel können nicht alle Länder gleichzeitig einen Überschuss realisieren). Andererseits ist es wie bei Keynes Teil einer Theorie, die erklärt, warum in einer Marktwirtschaft auch unter Wettbewerbsbedingungen dauerhafte Arbeitslosigkeit möglich ist (→Modelle der Einkommensbildung, Geld).

2.5 Werturteile in der Wissenschaft

Der Wissenschaftstheoretiker Karl Popper hat mit seiner These, dass sozialwissenschaftliche Aussagen im Prinzip überprüfbar sein müssen, eine weitere Debatte angestoßen. Dabei geht es um die Frage, welche Rolle Werturteile in den Sozialwissenschaften spielen.

Positive und normative Aussagen

Wissenschaftliche Untersuchungen beschränken sich normalerweise auf Fragen nach dem, was ist; sie schließen die Frage nach dem, was sein soll, aus. So macht es sich der Wirtschaftswissenschaftler zur Aufgabe, die Interaktion auf Märkten zu beschreiben und zu erklären und daraus (bedingte) Voraussagen über künftige Entwicklungen abzuleiten. Diese positiven Aussagen sind im Prinzip überprüfbar. Die Aussage, dass ein Haushalt die Konsumausgaben erhöht, wenn sein Einkommen steigt, ist in diesem Sinne eine positive Aussage. Dagegen enthält die Aussage, dass es den Leuten besser geht, wenn ihr reales Einkommen und damit die Kaufkraft steigen, offensichtlich ein Werturteil. Ist jemand besser gestellt, der seinen Job wechselt, dadurch ein höheres Einkommen erzielt, aber längere Fahrzeiten zum Arbeitsplatz in Kauf nimmt? Oder – aus der volkswirtschaftlichen Perspektive betrachtet – hat sich der Wohlstand einer Volkswirtschaft erhöht, wenn das reale Nationaleinkommen gestiegen ist, zugleich aber die Umweltbelastung zugenommen hat? Wenn wir uns an das Konzept der Opportunitätskosten erinnern, können wir besser verstehen, welches Werturteil mit der Aussage verbunden ist, der Wohlstand steige mit dem Einkommen. Der einzelne Haushalt wägt aus seiner individuellen Sicht Nutzen und Kosten ab. Er trifft insofern ein Werturteil, als er das zusätzliche Einkommen höher bewertet als den Verlust an Freizeit.

Der Wissenschaftler fällt aber auch ein Werturteil, wenn er die durch die Interaktion auf Märkten entstehende Steigerung des Realeinkommens als einen Zuwachs an Wohlstand interpretiert. Seinem Urteil liegt die liberale Norm zugrunde, dass die Individuen selbst über ihr Wohl und Wehe bestimmen sollen. Das Urteil, ob jemand durch eine Maßnahme besser oder schlechter gestellt wird, soll also von ihm selbst gefällt werden. Unter dieser Bedingung kann der Wirtschaftswissenschaftler in der Regel den Schluss ziehen, dass es den Leuten besser geht, wenn sie sich für die Alternative mit dem höheren Realeinkommen entscheiden.

Das Beispiel zeigt, dass man in den Sozialwissenschaften nicht ohne Werturteile auskommt. Es gibt eine Konvention, dass es sich dabei um Werturteile handeln soll, die allgemein anerkannt werden, über die also ein Konsens in der Gesellschaft besteht. Das individualistische Prinzip ist eine solche allgemein anerkannte Norm. Aber auch hier gibt es Ausnahmen. In bestimmten Fällen behält sich der Staat vor, für die Individuen zu entscheiden, was gut oder schlecht für sie ist (→ meritorische Güter, externe Effekte). Die erwähnte Zunahme an Umweltbelastung könnte beispielsweise Anlass dazu geben (→Kap. 13)

Werturteile in der Politikberatung

Werturteile kommen insbesondere ins Spiel, wenn sich die Politik von der Wissenschaft beraten lässt. Der Politiker hat zu entscheiden, was sein soll. Wenn er sich dabei Entscheidungshilfe beim Wissenschaftler holt, kann dieser nicht umhin, normative Fragen in seiner Analyse zu berücksichtigen. Die Frage ist, ob das Ergebnis seiner Untersuchung dann noch als wissenschaftliche Aussage bezeichnet werden kann, deren Gehalt überprüfbar ist, oder ob es sich um die persönliche, ideologisch gefärbte Meinung des Wissenschaftlers handelt, die wissenschaftlich verbrämt wird.

Um die Rolle von Werturteilen in der Politikberatung deutlich zu machen, sind verschiedene Modelle der Politikberatung entwickelt worden. In vielen Fragen braucht der Politiker die Hilfe des Wissenschaftlers, weil für ihre Beantwortung technologisches Wissen erforderlich ist. Hier liegt die Entscheidung beim Wissenschaftler, der allein einen Lösungsweg ausarbeiten kann (technokratisches Beratungsmodell). Obwohl dieses Beratungsmodell vor allem für naturwissenschaftliche Problemlösungen zuzutreffen scheint, werden auch in der sozialwissenschaftlichen Beratung häufig so genannte Sachzwänge als Begründung angeführt. Ein berühmtes Beispiel lieferte Margaret Thatcher, britische Premierministerin von 1979 bis 1990, als sie den harten Reformkurs ihrer Regierung mit dem Slogan „There is no Alternative" (TINA) begründete. Die Berufung auf den Sachzwang verschleiert aber die impliziten Werturteile eines politischen Programms.

Im Unterschied zum technokratischen Beratungsmodell werden im dezisionistischen Beratungsmodell Werturteil und wissenschaftliche Analyse voneinander getrennt – jedenfalls scheint es so. Nach diesem Modell untersucht der Wissenschaftler verschiedene Handlungsalternativen zur Lösung eines politischen Problems und der Politiker trifft die Entscheidung („decision"), indem er jene Alternative auswählt, die seinen politischen Zielen am ehesten entspricht. Das Werturteil wird also vom Politiker gefällt, der den Zweck einer politischen Maßnahme vorgibt, während der Wissenschaftler untersucht, welche Mittel den vorgegebenen Zweck „am besten" erreichen. Es ist leicht zu sehen, dass es sich hier für den Wissenschaftler um eine Anwendung des ökonomischen Prinzips handelt, ein vorgegebenes Ziel mit den geringsten Opportunitätskosten zu erreichen.

Nach dem dezisionistischen Beratungsmodell arbeitet in Deutschland der „Sachverständigenrat zur Begutachtung der gesamtwirtschaftlichen Entwicklung". Dieses unabhängige Expertengremium (die „Fünf Weisen") wurde 1963 durch Gesetz ins Leben gerufen, mit dem Ziel, die wirtschaftspolitische Debatte, insbesondere die Auseinandersetzung zwischen den Gewerkschaften und den Arbeitgeberverbänden, zu versachlichen. Der Sachverständigenrat hat der Bundesregierung jährlich ein Gutachten vorzulegen, in dem er die gesamtwirtschaftliche Lage beschreibt und Fehlentwicklungen sowie Möglichkeiten zu ihrer Beseitigung aufzeigt. Der Sachverständigenrat kann zusätzliche Gutachten erstellen, um auf gravierende Fehlentwicklungen aufmerksam zu machen (Sondergutachten). Die Bundesregierung legt das Jahresgutachten des Sachverständigenrats jeweils im Januar des folgenden Jahres dem Bundestag vor und nimmt dazu in ihrem Jahreswirtschaftsbericht Stellung.

Gesetz über die Bildung eines Sachverständigenrates zur Begutachtung der gesamtwirtschaftlichen Entwicklung

Vom 14. August 1963

Der Bundestag hat das folgende Gesetz beschlossen:

§1

(1) Zur periodischen Begutachtung der gesamtwirtschaftlichen Entwicklung in der Bundesrepublik Deutschland und zur Erleichterung der Urteilsbildung bei allen wirtschaftspolitisch verantwortlichen Instanzen sowie in

der Öffentlichkeit wird ein Rat von unabhängigen Sachverständigen gebildet.
(2) Der Sachverständigenrat besteht aus fünf Mitgliedern, die über besondere wirtschaftswissenschaftliche Kenntnisse und volkswirtschaftliche Erfahrungen verfügen müssen.

...

§2

Der Sachverständigenrat soll in seinen Gutachten die jeweilige gesamtwirtschaftliche Lage und deren absehbare Entwicklung darstellen. Dabei soll er untersuchen, wie im Rahmen der marktwirtschaftlichen Ordnung gleichzeitig Stabilität des Preisniveaus, hoher Beschäftigungsstand und außenwirtschaftliches Gleichgewicht bei stetigem und angemessenem Wachstum gewährleistet werden können. In die Untersuchung sollen auch die Bildung und die Verteilung von Einkommen und Vermögen einbezogen werden. Insbesondere soll der Sachverständigenrat die Ursachen von aktuellen und möglichen Spannungen zwischen der gesamtwirtschaftlichen Nachfrage und dem gesamtwirtschaftlichen Angebot aufzeigen, welche die in Satz 2 genannten Ziele gefährden. Bei der Untersuchung sollen jeweils verschiedene Annahmen zugrunde gelegt und deren unterschiedliche Wirkungen dargestellt und beurteilt werden. Der Sachverständigenrat soll Fehlentwicklungen und Möglichkeiten zu deren Vermeidung oder deren Beseitigung aufzeigen, jedoch keine Empfehlungen für bestimmte wirtschafts- und sozialpolitische Maßnahmen aussprechen.

...

§6

(1) Der Sachverständigenrat erstattet jährlich ein Gutachten (Jahresgutachten) und leitet es der Bundesregierung bis zum 15. November zu. Das Jahresgutachten wird den gesetzgebenden Körperschaften von der Bundesregierung unverzüglich vorgelegt und zum gleichen Zeitpunkt vom Sachverständigenrat veröffentlicht. Spätestens acht Wochen nach der Vorlage nimmt die Bundesregierung gegenüber den gesetzgebenden Körperschaften zu dem Jahresgutachten Stellung. In der Stellungnahme sind insbesondere die wirtschaftspolitischen Schlußfolgerungen, die die Bundesregierung aus dem Gutachten zieht, darzulegen.

...

Aus dem gesetzlichen Auftrag des Sachverständigenrats wird deutlich, dass hier ein dezisionistisches Beratungsmodell zugrunde liegt.
Zugleich werden aber die Grenzen dieses Modells sichtbar. Der Gesetzgeber hat dem Sachverständigenrat die Ziele vorgegeben. Er hat sie aber

nicht gewichtet, sondern fordert den Sachverständigenrat auf zu untersuchen, wie die Ziele „gleichzeitig" erreicht werden können. Der Sachverständigenrat hat diesen Auftrag in seinen Gutachten so interpretiert, allen Zielen den gleichen Rang zu geben. Dieses Werturteil entsprach aber keineswegs immer den politischen Prioritäten der Regierung. So hat Bundeskanzler (i.R.) Helmut Schmidt einmal pointiert geäußert: „Fünf Prozent Inflation sind mir lieber als fünf Prozent Arbeitslosigkeit". Zweitens soll der Sachverständigenrat zwar Handlungsalternativen aufzeigen, „jedoch keine Empfehlungen für bestimmte wirtschafts- und sozialpolitische Maßnahmen aussprechen". Hier wird von der Wissenschaft strikte Neutralität verlangt. Der Sachverständigenrat hat diese Bedingung in seinen ersten Jahresgutachten sehr ernst genommen und hat jeweils alternative wirtschaftspolitische Strategien (Maßnahmenbündel) zur Diskussion gestellt und deren Konsequenzen aufgezeigt. Inzwischen, nach 40 Jahren Beratungspraxis, nimmt der Sachverständigenrat diese Bedingung der Werturteilsfreiheit offensichtlich viel gelassener. Obwohl die Mitglieder des Rates wechseln, hat sich in den Gutachten eine dominierende wirtschaftspolitische Grundlinie herausgebildet – ganz im Sinne eines allgemein akzeptierten Werturteils. Nur gelegentlich werden in Minderheitsvoten einzelner Mitglieder des Rates noch alternative Strategien erörtert.

In dieser Position des Sachverständigenrats, die den gesetzlichen Auftrag der Werturteilsfreiheit ignoriert, kommt ein Konsens zum Ausdruck, der sich als herrschende Meinung in den Sozialwissenschaften durchgesetzt hat. Danach ist es weder wünschenswert noch möglich, auf Werturteile in der Wissenschaft ganz zu verzichten. Erstens engt das Bemühen um Wertfreiheit der Aussagen den Aussagebereich ein, weil Grundwerte, Institutionen und Ziele für gegeben genommen werden. Zweitens ist es unvermeidlich, dass schon bei der Auswahl von Forschungsvorhaben, bei der Formulierung der Fragestellung und der Handlungsalternativen Werturteile einfließen. Drittens wäre die Wertfreiheit im Sinne des Zweck-Mittel-Denkens in der wirtschaftspolitischen Beratung nur möglich, wenn ausgeschlossen werden könnte, dass die Mittel selbst Zielcharakter haben.

Unter diesen Umständen beschränkt sich der Anspruch an den Wissenschaftler darauf, die bei der Beratung einfließenden Werturteile sichtbar zu machen, damit nicht ideologische Aussagen für wissenschaftliche Aussagen gehalten werden.

Kontrollfragen

1. Nennen Sie Beispiele für positive und normative Aussagen in der Wirtschaftswissenschaft!
2. Was sind endogene und exogene Variablen in einem Modell?
3. Was besagt die These vom wissenschaftlichen Fortschritt durch Falsifikation? Trifft Sie für die Wirtschaftswissenschaft zu?
4. Was bringt die Grenze der Produktionsmöglichkeiten zum Ausdruck? Unter welchen Annahmen wird diese Grenze definiert?
5. Welche Produktmengen einer Volkswirtschaft sind effizient, welche ineffizient?
6. Welchen Einfluss hat eine Veränderung des Arbeitskräftepotentials bzw. die Einführung einer neuen Technologie auf den Verlauf der Transformationskurve?
7. Beschreiben Sie mit Hilfe des Konzepts der effektiven Nachfrage die Verflechtung der Länder!
8. Der Saldo der Handelsbilanz eines Währungsgebietes lässt sich in zweifacher Weise deuten. Wie?

Anhang: Die Handelsbilanz als analytisches Konzept

Aus Sicht eines Landes werden die Käufe aus dem Ausland (Einfuhren) mit den Erlösen aus Verkäufen an das Ausland (Ausfuhren) bezahlt. Es ist aber nicht gewährleistet, dass Einfuhrausgaben und Ausfuhrerlöse einer Periode sich ausgleichen. Das Land als Ganzes kann im internationalen Handel einen Ausgabenüberschuss (Defizit in der Handelsbilanz) oder einen Einnahmenüberschuss (Handelsbilanzüberschuss) erzielen. Diese Salden müssen mit international anerkannten Zahlungsmitteln, zur Zeit der Merkantilisten war es Gold, beglichen werden. Symptom eines Handelsbilanzdefizits war zur damaligen Zeit ein Abfluss des kostbaren Metalls an das Ausland. Heute kann ein Defizit in der Handelsbilanz durch Kredit finanziert werden. Im Handelsbilanzsaldo kommt dann eine Veränderung (Defizit:Erhöhung) der Auslandsschulden zum Ausdruck.

Tabelle 2.1 Die Handelsbilanz des Eurogebiets (Warenhandel) 2003, in Mrd. €

Importausgaben	985,7	1058,5	Exporteinnahmen
Saldo	72,8		
	1058,5	1058,5	

Quelle: Europäische Zentralbank, Monatsbericht Juli 2004; erfasst sind die Werte der Warenausfuhren (fob) und Wareneinfuhren (cif) auf der Grundlage der Außenhandelsdaten von Eurostat

3 Das Theorem der komparativen Kosten

Der „Council of Economic Advisers", der die amerikanische Regierung berät, hat in einem seiner jüngsten Berichte den langfristigen Zusammenhang zwischen wirtschaftlichem Wachstum und Außenhandelsexpansion untersucht. In den großen Industriestaaten (G7 ohne Kanada) haben sich seit dem Beginn der Industrialisierung offensichtlich das Wachstum des Bruttoinlandsprodukts (BIP) und das Wachstum des Exportvolumens gegenseitig verstärkt (Abb. 3.1).

Da die Zuwachsraten des Außenhandels (in konstanten Preisen gemessen) dabei in der Regel die Wachstumsraten des BIP übersteigen, scheint der Impuls für diesen Zusammenhang vom Außenhandel auszugehen. Das Theorem der komparativen Kosten liefert uns eine einfache Erklärung für diesen Befund, die – anders als das Konzept der effektiven Nachfrage – nicht an die Existenz von Außenhandelsüberschüssen gebunden ist.

3.1 Absolute und komparative Vorteile

Das Theorem der komparativen Kosten besagt, dass eine Volkswirtschaft auch dann Gewinn aus dem Außenhandel ziehen kann, wenn sie keinen (absoluten) Kostenvorteil besitzt. Es genügt, wenn es bei einem der gehandelten Güter einen relativen („komparativen") Vorteil gibt. Das Theorem der komparativen Kosten ist unter sehr allgemeinen Annahmen gültig. Es wird sich zeigen, dass es nichts weiter ist als eine Anwendung des Konzepts der Opportunitätskosten.

3.2 Ricardos Gedankenexperiment

Das Theorem der komparativen Kosten geht auf David Ricardo zurück, der ein hervorragender Analytiker war und seine Argumentation mit „strong cases" zu stützen pflegte. (Heute würden wird von robusten Modellen sprechen.) In seinen „Principles of Political Economy and Taxation" (1817) untersucht er die Frage, ob es sich für England und Portugal lohnt, miteinander Handel zu treiben. In seinem Modell gibt es zwei Güter, Tuch und Wein, die sowohl in Portugal als auch in England produziert werden können. Portugal kann aber beide Güter zu niedrigeren Kosten (gemessen am Einsatz von Arbeitskräften) herstellen. Für die in Frage stehenden Mengen werden in Portugal 80 Arbeitskräfte (für Wein) bzw. 90 Arbeitskräfte (für Tuch) benötigt. Für England nimmt Ricardo an, dass die entsprechende Menge Tuch 100 Arbeitskräfte erfordert und es sogar möglich ist, Wein herzustellen, wenn dafür 120 Arbeitskräfte eingesetzt werden. Die entscheidende Frage ist nun, warum es unter diesen Annahmen für Portugal vorteilhaft sein kann, Handel mit England zu treiben. Die Antwort lautet: Es ist für Portugal vorteilhaft, Tuch zu importieren und die dadurch frei gesetzten Arbeitskräfte im Weinbau zu beschäftigen. Die portugiesischen Arbeitskräfte produzieren nämlich so viel Wein, dass Portugal dafür von England mehr Tuch bekommt als es mit diesen Arbeitskräften zu produzieren imstande wäre. Entsprechend lohnt es sich für England, auf die Produktion von Wein zu verzichten und englisches Tuch gegen portugiesischen Wein zu tauschen.

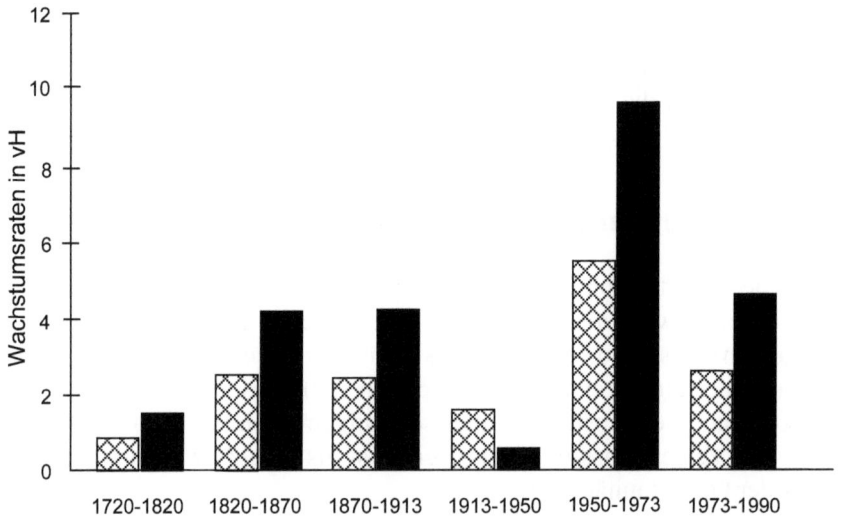

Abb 3.1 Der Zusammenhang von Wirtschaftswachstum und Außenhandelsexpansion, 1720 bis 1990. *Quelle*: Council of Economic Advisers

Soweit Ricardo. Seinem Gedankenexperiment liegen folgende Annahmen zugrunde, die zum Teil der Vereinfachung der Analyse dienen, zum Teil die spezifischen Aussagen des Modells begründen:

1. Es gibt zwei Länder und zwei Güter. Diese Annahme vereinfacht das Modell, bei empirischen Untersuchungen muss sie aber erweitert werden, damit man zu relevanten („gehaltvollen") Aussagen kommt.
2. In beiden Ländern können beide Güter hergestellt werden, jedes Land kann sich also selbst versorgen („Autarkie"). Für die Veränderung der Produktionsmengen ist es nur erforderlich, die Einsatzmenge eines Produktionsfaktors (Arbeit) zu verändern. Die Arbeitsmenge je Produktein-

heit (der Arbeitskoeffizient) wird dabei als konstant angenommen. Diese Annahme ist zentral für die Aussage des Modells, dass sich die Handelsstruktur nach der relativen Arbeitsproduktivität (das ist der Kehrwert des Arbeitskoeffizienten) richtet.
3. Der Preis eines Gutes wird durch die Arbeitskosten bestimmt. Diese Annahme entspricht der klassischen Arbeitswertlehre, die den Wert der Güter allein aus dem Arbeitsaufwand herleitet. Dieser Theorieansatz, der sich auch noch bei Marx findet, liefert eine gute Annäherung der Preisbildung bei produzierbaren und handelbaren Gütern. Die Vorstellung eines absoluten Wertes, die hier zugrunde liegt (was bestimmt den Wert der Arbeit?), führt aber zu analytischen Schwierigkeiten, die erst von der neoklassischen Theorie überwunden werden. Unter den Annahmen der modernen Theorie sind die Aussagen Ricardos dennoch gültig, wenn wir nicht vom Wert der Güter sprechen, sondern von ihren Opportunitätskosten.
4. Arbeitskräfte wandern innerhalb eines Landes und können in beiden Wirtschaftszweigen eingesetzt werden (Mobilitätsannahme), sie wandern aber nicht zwischen den Ländern. Dies erklärt, warum es einheitliche Produktionsbedingungen innerhalb eines Landes gibt, aber Unterschiede zwischen den Ländern. Es ist heute noch eine zentrale Annahme in Handelsmodellen.
5. Es gibt keine Transportkosten – der Einfachheit halber.

Tabelle 3.1 Ricardos Modell der komparativen Kosten

	Arbeitsaufwand		Opportunitätskosten von Y in Einheiten von X
	Wein (X)	Tuch (Y)	
Portugal (A)	$a_x = 80$	$a_y = 90$	$\dfrac{a_y}{a_x} = \dfrac{90}{80}$
England (B)	$b_x = 120$	$b_y = 100$	$\dfrac{b_y}{b_x} = \dfrac{100}{120}$

Der Arbeitskoeffizient a_x ist die erforderliche Arbeitsmenge, um eine Einheit von X in Land A zu produzieren; a_y: die erforderliche Arbeitsmenge, um eine Einheit von Y in Land A zu produzieren; b_x: die erforderliche Arbeitsmenge, um eine Einheit von X in Land B zu produzieren; b_y: die erforderliche Arbeitsmenge, um eine Einheit von Y in Land B zu produzieren.

Die Aussagen Ricardos über die wohlfahrtsfördernde Wirkung des Außenhandels sind nicht nur unter den spezifischen Annahmen seines Modells gültig. Die theoretischen Begründungen hierfür werden Sie aber erst im Hauptstudium kennen lernen.

It's opportunity cost, stupid

Im Beispiel Ricardos ist Arbeit der einzige „produktive" Faktor. Der Vergleich der Arbeitskoeffizienten zeigt, dass Portugal sowohl Wein als auch Tuch mit geringerem Arbeitsaufwand herstellen kann als England. Dennoch ist es für beide Länder lohnend, Handel zu treiben, weil sich die Opportunitätskosten der Produktion in beiden Ländern unterscheiden. Die Opportunitätskosten von Tuch (gemessen in Mengeneinheiten Wein) sind in England niedriger als in Portugal, ($b_y/b_x < a_y/a_x$). Umgekehrt hat Portugal geringere Opportunitätskosten in der Produktion von Wein. Durch Arbeitsteilung und Handel kann damit in beiden Ländern mehr von beiden Gütern konsumiert werden als im Falle der Autarkie. Anders ausgedrückt: Bei gegebenem Ressourcenbestand kann jedes der Länder durch Handel eine Mengenkombination jenseits der Grenze der Produktionsmöglichkeiten erreichen. (Dieses Ergebnis wird im Anhang an einem Beispiel demonstriert.)

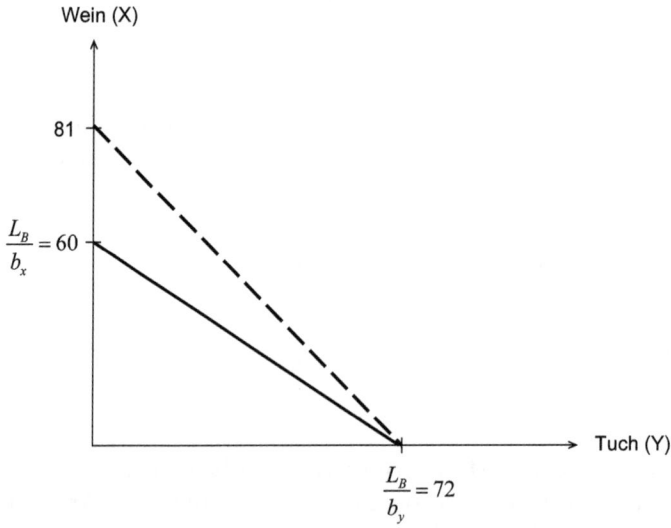

Abb. 3.2 Transformationskurve bei konstanten Arbeitskoeffizienten

Der Wohlfahrtsgewinn durch Handel lässt sich unter den Annahmen von Ricardo auch durch die relativen Produktivitätsunterschiede begründen. Wenn wir beachten, dass der Kehrwert des Arbeitskoeffizienten die Arbeitsproduktivität misst, so können wir die geringeren Opportunitätskosten des Weinbaus in Portugal als Ausdruck davon erklären, dass der Faktor

Arbeit in Portugal im Weinbau mit relativ größerer Produktivität eingesetzt werden kann. Das heißt, die Arbeitsproduktivität ist in Portugal in beiden Wirtschaftszweigen größer als in England, aber im Weinbau ist der Produktivitätsunterschied größer als in der Tuchproduktion ($b_x/a_x > b_y/a_y$). Arbeitsteilung und Handel zwischen den beiden Ländern können daher auch als ein Effizienzgewinn interpretiert werden (s. Abschn. 2.3).

3.3 Realeinkommenseffekte des Außenhandels

Das Theorem der komparativen Kosten lässt sich auch mit Hilfe der Transformationskurve demonstrieren, die die Grenze der Produktionsmöglichkeiten einer Volkswirtschaft anzeigt. Nehmen wir an, in England seien 7200 Arbeitsstunden für den Weinbau aufgewendet worden. Bei einem Arbeitskoeffizienten von $b_x=120$ lassen sich damit 60 Einheiten Wein herstellen. Wenn England den Weinbau aufgibt und die eingesparte Arbeitszeit in der Tuchproduktion einsetzt, können 72 Einheiten Tuch zusätzlich produziert werden (da $b_y=100$). Diese „Transformation" des Gutes Wein in das Gut Tuch wird durch die Transformationskurve in Abb. 3.2. dargestellt. Da die Arbeitskoeffizienten bei der Produktion beider Güter konstant sind, d.h. nicht mit dem Produktionsniveau variieren, verläuft die Transformationskurve linear. Nun ändern wir unser Beispiel ein wenig und nehmen an, England könne nicht nur mit Portugal sondern mit einer Vielzahl von Ländern Handel treiben. Der Grund dafür ist, dass wir sicher sein wollen, England könne auf dem Weltmarkt beliebig viel Tuch verkaufen und beliebig viel Wein kaufen. Die Opportunitätskosten von Tuch, ausgedrückt in Mengeneinheiten Wein, die wir für Portugal angenommen haben, sollen nunmehr das Tauschverhältnis auf dem Weltmarkt bestimmen. Zu diesem Preis kann England das zusätzlich produzierte Tuch auf dem Weltmarkt gegen Wein tauschen. Es erhält für einen gegebenen Arbeitseinsatz mehr Wein als es durch eigenen Weinbau erzielen könnte. Dieser Zuwachs an Realeinkommen wird in Abb. 3.2 dadurch zum Ausdruck gebracht, dass sich die Transformationskurve nach außen dreht. Ausgehend von 72 Einheiten Tuch, die zusätzlich in England hergestellt werden, zeigt die Kurve jetzt die durch Handel erreichbaren Mengenkombinationen von Tuch und Wein. Im Extremfall kann England 81 Einheiten Wein konsumieren ($=72 \cdot {}^{90}/_{80}$), wenn es alle 72 Einheiten Tuch zum herrschenden Tauschverhältnis verkauft.

Wir können die Analyse noch einen Schritt weiter treiben und das gleiche Gedankenexperiment auch für Portugal durchführen. Wenn wir den Außenhandel zulassen, so werden sich beide Länder auf die Produktion mit dem komparativen Vorteil spezialisieren. Auf dem Weltmarkt wird sich ein Tauschverhältnis für die beiden Güter Tuch und Wein einspielen, das vermutlich folgende Eigenschaften hat: Der Preis von Tuch (ausgedrückt als Tauschverhältnis, d.h. in Einheiten von Wein) wird größer sein als die Opportunitätskosten der Produktion dieses Gutes in England, aber kleiner als die Opportunitätskosten in Portugal. Unter dieser Annahme können offensichtlich beide Länder aus dem Handel einen Vorteil ziehen. Aus dem veränderten Preisverhältnis resultiert in beiden Ländern eine Erhöhung der Kaufkraft, d.h. eine Erhöhung des Realeinkommens der Bevölkerung.

Kontrollfragen

1. Was versteht man unter einem absoluten bzw. komparativen Vorteil?
2. Unter welchen Annahmen gilt das Theorem des komparativen Vorteils?
3. Inwiefern wird, aus der Sicht eines Landes, die Vorteilhaftigkeit des Handels von dem Preisverhältnis auf dem Weltmarkt beeinflusst?
4. Inwiefern kann man Arbeitsteilung und Handel zwischen zwei Ländern als einen Effizienzgewinn betrachten?
5. Erläutern Sie die Realeinkommenswirkungen des Außenhandels!

Anhang

Der Realeinkommenseffekt, der sich ergibt, wenn zwei Länder Handel treiben und ihre komparativen Vorteile nutzen, sei an einem einfachen Beispiel demonstriert.
Zwei Länder A und B verwenden jeweils die Hälfte ihrer Ressourcen auf die Produktion der Güter x und y. Bedingt durch die unterschiedliche Ausstattung mit Ressourcen und durch Unterschiede in der Produktionstechnik sei die Grenze der Produktionsmöglichkeiten

- in Land A: 4x oder 8y,
- in Land B : 10x oder 8y.

Die Grenzraten der Transformation werden als konstant angenommen. Wie groß ist unter diesen Annahmen der Handelsvorteil?
Die Gesamtproduktion beider Länder ist unter diesen Annahmen:

$$2x+5x=7x$$
$$4y+4y=8y$$

Wie groß ist die Gesamtproduktion, wenn beide Länder sich auf die Produktion des Gutes spezialisieren, für das sie einen komparativen Vorteil besitzen? Zur Ermittlung der komparativen Vorteile ermitteln wir zunächst die Opportunitätskosten von x (ausgedrückt in Einheiten von y). Die Opportunitätskosten von x betragen:

- in Land A: 2 y,
- in Land B: 4/5 y.

Land A hat also einen komparativen Vorteil bei der Produktion von y; Land B hat einen komparativen Vorteil bei der Produktion von x. Wenn sich beide Länder vollständig spezialisieren, d.h., ihren gesamten Ressourcenbestand für die Produktion nur eines Gutes verwenden, ist die Gesamtproduktion:

- in Land A: 8y,
- in Land B: 10x.

Der Handelsvorteil besteht im Grunde in einer Erweiterung der Güterversorgung bei gegebenen Produktionsmöglichkeiten. Wir können dies sichtbar machen, indem wir für beide Länder eine gemeinsame Grenze der Produktionsmöglichkeiten bestimmen (Abb. 3.4.). Dabei zeigt sich, dass beide Länder ihren ursprünglichen Versorgungsgrad realisieren können (7x+8y), aber darüber hinaus mehr von x und/oder mehr von y konsumieren können, ohne dafür zusätzliche Ressourcen einzusetzen. Der Handelsvorteil resultiert allein aus einem effizienteren Ressourceneinsatz, der durch die Spezialisierung erreicht wird. Er wird durch die schraffierte Fläche in Abb. 3.4 zum Ausdruck gebracht.

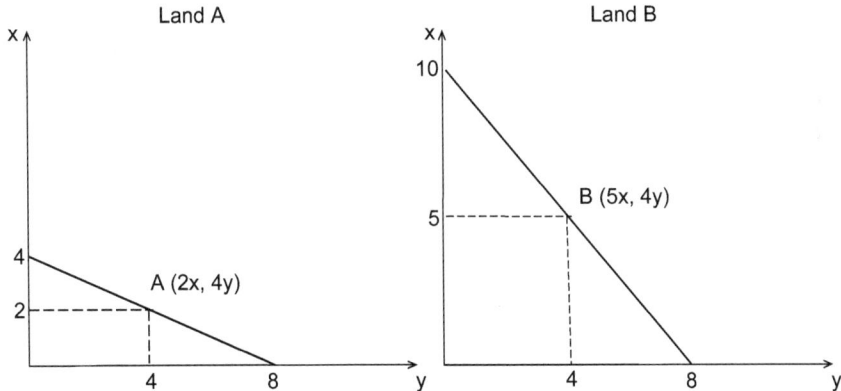

Abb. 3.3 Die Produktionsmöglichkeiten von Land A und Land B. Unter der Bedingung, dass jeweils die Hälfte der Ressourcen für die Produktion der Güter x und y verwendet wird, produziert Land A 2 Einheiten von x und 4 Einheiten von y; entsprechend für Land B

42 Das Theorem der komparativen Kosten

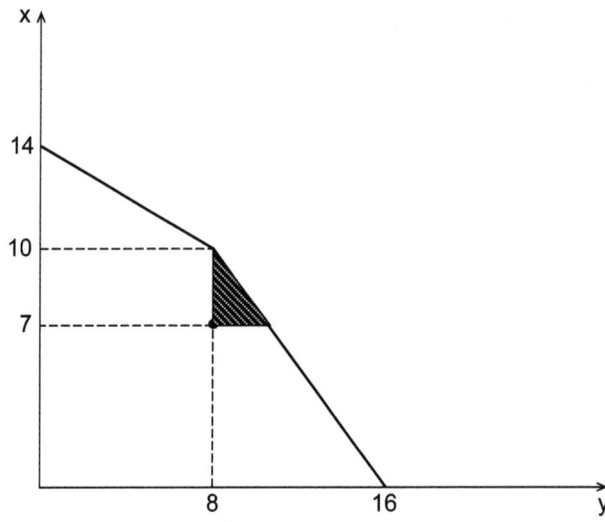

Abb. 3.4 Die Transformationskurve zweier Länder, die Handel treiben. Maximal sind 14 Einheiten x oder 16 Einheiten y erreichbar. Die Grenzrate der Transformation ändert sich aber. Ihr Verlauf zeigt die komparativen Vorteile beider Länder an

4 Modelle der Marktpreisbildung (1): Der Auktionsmarkt

In den folgenden fünf Kapiteln werden wir uns mit der elementaren Preistheorie, dem Kern der mikroökonomischen Theorie befassen und die Funktionsweise von Märkten kennen lernen. Zu diesem Zweck nehmen wir zunächst die Existenz von Konkurrenzmärkten an, die dadurch gekennzeichnet sind, dass kein Marktteilnehmer allein den Preis spürbar beeinflussen kann. Für jeden Marktteilnehmer kann der Preis demnach als ein Datum betrachtet werden, an dem er seine Entscheidungen ausrichtet („Preisnehmer"). Zugleich spiegelt der Preis aber die Entscheidungen aller Marktakteure wider. Das zentrale analytische Konzept der Preistheorie ist das Marktgleichgewicht. Im Folgenden wird zu untersuchen sein, wie der Marktpreis in einem Konkurrenzmarkt die Entscheidungen der einzelnen Akteure beeinflusst und wie diese Entscheidungen durch die Orientierung am Marktpreis koordiniert werden. Wir lernen dadurch, was ein Marktgleichgewicht kennzeichnet. Daran schließt sich die Frage an, wie der Marktmechanismus auf „Störungen des Gleichgewichts", etwa aufgrund einer Änderung des Konsumentengeschmacks oder der Produktionstechnik, reagiert und wie dies auf die Produktion und die Zuteilung der Ressourcen wirkt.

4.1 Die Akteure im Markt

In preistheoretischen Modellen werden drei Gruppen von Akteuren betrachtet, die am Markt Entscheidungen treffen: Haushalte, Unternehmen, der Staat.

- (Private) Haushalte fragen als Konsumenten Güter und Dienstleistungen nach und bieten als Produzenten Produktionsfaktoren an, vor allem ihre Arbeitskraft,
- Unternehmen entscheiden über die Beschäftigung der Produktionsfaktoren und die Güterproduktion; sie bieten ihre Produkte entweder anderen Unternehmen, den Haushalten oder dem Staat an,
- Der Staat ist sowohl Marktteilnehmer, d. h. er tritt als Käufer am Markt auf, als auch Kontrollinstanz, d. h. er greift regulierend in den Marktprozess ein.

Der Prozess der Willensbildung innerhalb der Haushalte, der Unternehmen und der staatlichen Instanzen wird nicht untersucht. Das heißt, wir beschäftigen uns nicht mit den Konflikten, die in einem Entscheidungsprozess auftreten, sondern nehmen an, dass die genannten Institutionen problemlos eindeutige Entscheidungen treffen. Wir nehmen weiter an, dass die Akteure in ihren Entscheidungen unabhängig sind, ein privater Haushalt also beispielsweise klare Vorstellungen von seinen Nachfrageplänen hat, die nicht von der Marktgegenseite, den Unternehmen, beeinflusst werden. Diese Annahmen sind durchaus kritisch zu sehen, aber sie erlauben uns, mit einfachen Modellen zu arbeiten, die dennoch eine große Erklärungskraft besitzen. Wir lernen also zunächst die Grundregeln der Funktionsweise von Märkten und beschäftigen uns erst später mit den Modifikationen und Ausnahmen.

Was wir dagegen nicht annehmen müssen ist, dass sich alle Akteure identisch verhalten, so als gäbe es auf jeder Marktseite nur einen Akteur, der geklont wird. Diese Annahme finden wir häufig in makroökonomischen Modellen. Die Preistheorie wäre bei einem so hohen Abstraktionsgrad aber inhaltsleer, d.h. sie würde ihre Aussagefähigkeit verlieren. Schließlich soll die Preistheorie zeigen, wie die Entscheidungen *verschiedener* Akteure im Markt koordiniert werden.

4.2 Bestimmungsgründe der Nachfrage und des Angebots

Für Interaktionen am Markt sind vielfältige Gründe handlungsbestimmend. Die Preistheorie reduziert die Menge aller Einflussgrößen auf die relevanten Bestimmungsgründe, die eine allgemeine Erklärung (und Prognose) des Marktgeschehens erlauben.

Die Nachfragefunktion

Die Nachfrage nach einem Gut i hängt ab:

- vom Preis des Gutes i, p_i,
- von den Preisen anderer Güter *(Substitutionsgüter, Komplementärgüter)* $p_1, ..., p_{i-1}$,
- vom Einkommen der Haushalte (Y),
- vom Geschmack und den Präferenzen der Haushalte (G),
- von den Erwartungen (E),
- von der Größe der Bevölkerung (B),
- von der Einkommensverteilung (V) u.a.

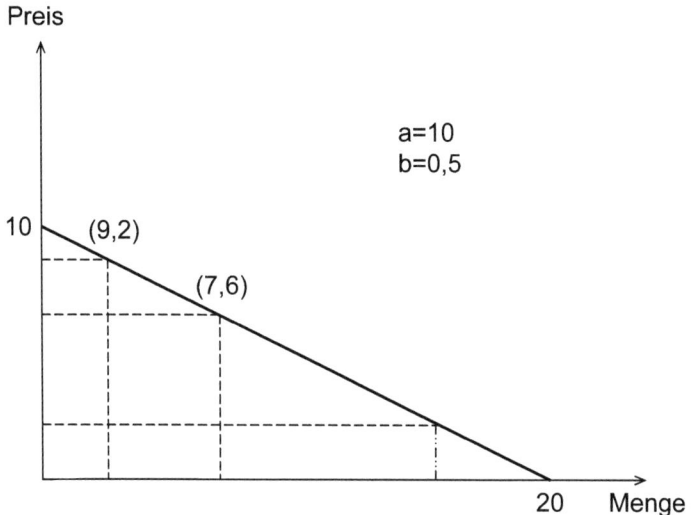

Abb. 4.1 Lineare Nachfragekurve

Die Nachfragefunktion in ihrer allgemeinen Form lautet:

$$N_i = f(p_i, p_1, ..., p_{i-1}, Y, G, E, B, V); \quad (4.1)$$

Als Nachfragekurve eines Gutes bezeichnet die Preistheorie die funktionale Beziehung zwischen der nachgefragten Menge eines Gutes und dem Preis dieses Gutes:

$$N_i = f(p_i); \quad (4.2)$$

Die übrigen Einflussgrößen auf die Nachfrage werden dabei als konstant betrachtet ("ceteris-paribus" Klausel). Die Nachfragekurve bildet also die reduzierte Form der allgemeinen Nachfragefunktion ab.

Der „normale" Verlauf einer Nachfragekurve wird etwa durch folgende Funktion dargestellt:

$$p = a - bq \quad (4.3)$$

Seien die Konstanten in dieser Funktion a=10 und b=0,5, so können wir folgende Nachfragekurve zeichnen (Abb. 4.1):

Preis (p)	10	9	8	7	6	0
Menge (q)	0	2	4	6	12	20

Die Nachfragekurve hat eine negative Steigung (-b), was ein typisches Käuferverhalten abbildet. Fällt der Preis, so wird von einem Gut mehr nachgefragt – bei sonst unveränderten Rahmenbedingungen.

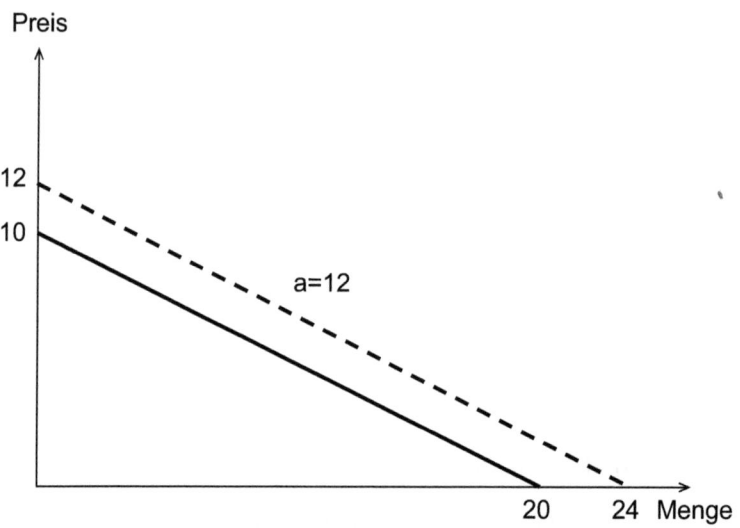

Abb. 4.2 Eine Einkommenserhöhung verschiebt die Nachfragekurve

Die Lage der Nachfragekurve

Verändert sich eine der als konstant angenommenen Einflussgrößen der Nachfrage, z.B. das Einkommen, so wirkt sich das auf die funktionale Beziehung zwischen dem Preis und der nachgefragten Menge aus. Steigt beispielsweise das Einkommen eines Haushalts, so wird der Haushalt vermutlich seinen Güterkonsum erhöhen. Betrachten wir jetzt den Markt für ein Gut, das der Haushalt nachfragt, so stellen wir fest, dass die nachgefragte Menge *bei gegebenem* Güterpreis steigt. Wir müssen nun streng genommen eine neue Nachfragefunktion:

$$N_i = f_1(p_i)$$

konstruieren, die die Nachfragepläne bei höherem Einkommen abbildet (Abb. 4.2). Im einfachsten Fall ist auch die neue Nachfragefunktion eine lineare Beziehung zwischen dem Preis des Gutes und der nachgefragten Menge. In diesem Fall bilden wir den Einfluss der Einkommenserhöhung durch eine Verschiebung der Nachfragekurve ab.

Das Beispiel zeigt, dass die Bestimmungsgründe der Nachfrage, die wir in die Rahmenbedingungen verbannt haben und als konstant annehmen, die Lage der Nachfragekurve bestimmen („Lageparameter"). Ändern sich die Rahmenbedingungen, so verändert dies im Preis-Mengen-Diagramm die Lage der Nachfragekurve.

$$N_i = f_0(p_i) \text{ für } Y = Y_0 \rightarrow N_i = f_1(p_i) \text{ für } Y = Y_1;$$

Die Angebotsfunktion

Das Angebot eines Gutes i hängt ab:

- vom Preis des Gutes i, p_i,
- von den Preisen anderer Güter, $p_1, ... p_{i-1}$,

bei Gütern, die produziert werden, darüber hinaus

- von den Preisen der Produktionsfaktoren P_{f1}, P_{fn},
- vom Stand der Technik (T),
- von den Zielen und Erwartungen der Unternehmen (Z) u.a.

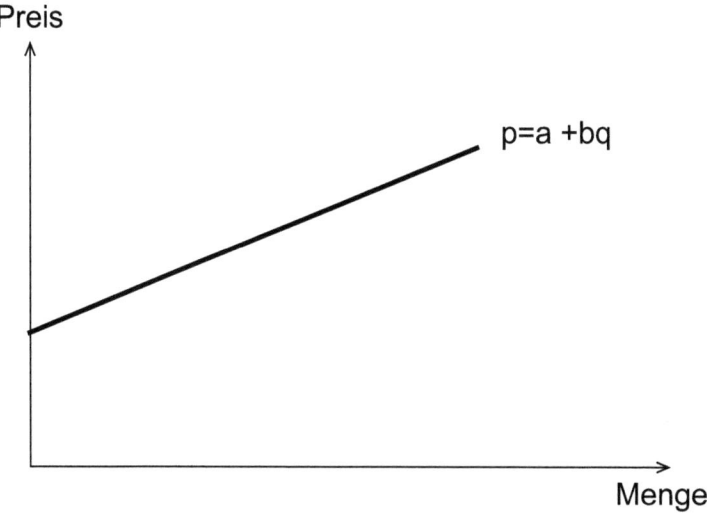

Abb. 4.3 Lineare Angebotskurve

Die Angebotsfunktion in ihrer allgemeinen Form lautet:

$$A_i = f(p_i, p_1, ..., p_{i-1}, P_{f1}, P_{fn}, T, Z). \tag{4.4}$$

Die Angebotskurve eines Gutes bildet (analog zur Nachfragekurve) die funktionale Beziehung zwischen der Angebotsmenge und dem Preis des Gutes ab:

$$A_i = f(p_i). \tag{4.5}$$

Sie gilt wiederum unter der Bedingung, dass alle anderen Bestimmungsgründe des Angebots als konstant angenommen werden.

Als typisches Verkäufer-Verhalten gilt nun aber: Steigt der Preis, so wird eine größere Menge angeboten. Die „normale" Angebotskurve hat also eine positive Steigung.

Entsprechend der Nachfragekurve gilt: Verändern sich die Rahmenbedingungen, so führt dies zu einer veränderten Lage (Verschiebung) der Angebotskurve.

Über den Verlauf von Nachfragekurven und Angebotskurven leitet die Preistheorie aus bestimmten Anwendungsbedingungen allgemeine Aussagen ab. Der empirische Nachweis des Kurvenverlaufs ist äußerst schwierig, weil in der Realität die Rahmenbedingungen nicht konstant bleiben.

4.3 Marktpreisbildung

Mit den analytischen Konzepten der Nachfragefunktion und der Angebotsfunktion können wir untersuchen, wie sich auf einem Markt die Preisbildung vollzieht. Wir nehmen zunächst an, dass alle Nachfragepläne und Angebotspläne auf einem Markt bekannt sind (Auktion) und untersuchen anschließend, ob die Erkenntnisse über die Preisbildung, die wir dabei gewinnen, auch unter allgemeineren Bedingungen gültig sind.

Märkte vom Auktionstyp

Der Prototyp eines Marktes ist die Auktion, zu der Anbieter und Nachfrager zu bestimmter Zeit an einem bestimmten Ort zusammentreffen. Die Auktion bietet ideale Informationsvoraussetzungen für die Koordination von Angebots- und Nachfrageplänen. Anbieter und Nachfrager nennen einem Auktionator das von ihnen geplante Angebot bzw. die geplante Nachfrage sowie ihre jeweiligen Preisvorstellungen. In Kenntnis der Angebots- und Nachfragepläne setzt der Auktionator den markträumenden Preis. Bei diesem Preis gilt:

- Angebotsmenge = Nachfragemenge,
- die umgesetzte Menge erreicht ihr Maximum,
- alle zu diesem Preis realisierbaren Angebots- und Nachfragepläne werden erfüllt (Gleichgewichtspreis).

Verkaufswünsche (Angebot)			Kaufwünsche (Nachfrage)		
Mindestkurs	Stck.	$\sum$	Höchstkurs	Stck.	$\sum$
110	3	3	130	2	2
120	5	8	120	6	8
140	4	12	100	8	16

Beispiel 1: Ermittlung von Börsenkursen: Ein Börsenmakler notiert Verkaufswünsche und Kaufwünsche für ein Wertpapier. Verkäufer und Käufer nennen dem Makler ihren *Vorbehaltspreis*, das ist für den Verkäufer der Mindestkurs, den er durch den Verkauf erzielen will, für den Käufer der Höchstkurs, den er zu zahlen bereit ist.

Der Makler setzt einen Kurs von 120 fest, zu dem gehandelt wird. Nur dieser Kurs erfüllt die genannten Eigenschaften eines Gleichgewichtspreises. Prüfen Sie diese Aussage!

Beispiel 2: Fischauktion in Holland: Bei einer Fischauktion muss das gesamte Angebot verkauft werden, weil frischer Fisch nicht lagerfähig ist. Die

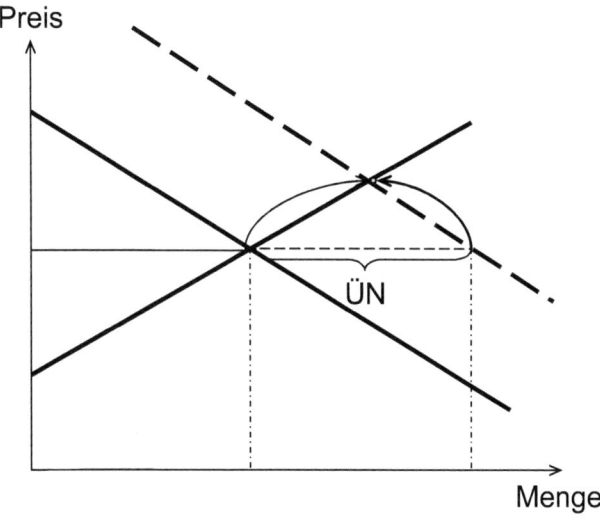

Abb. 4.4 Bewegungen zum Gleichgewicht (*ÜN* ist die Überschussnachfrage)

Angebotsmenge ist also vorgegeben (im Beispiel 600). Wie kann der Auktionator den Gleichgewichtspreis finden? Er nennt Verkaufspreise in fallender Reihenfolge und notiert die zum jeweiligen Preis nachgefragte Menge. *Alle Bieter* erhalten den Fisch zu dem Preis, zu dem das gesamte Angebot abgesetzt werden kann. Dieser Preis erfüllt wiederum alle Voraussetzungen eines Gleichgewichtspreises.

Die Fischauktion ist ein Musterbeispiel für Bietverfahren, die immer dann Anwendung finden, wenn eine bestimmte Menge zu einem bestimmten Zeitpunkt umgesetzt werden soll. So benutzt die Zentralbank ein solches Bietverfahren (Tender), um das Bankensystem mit Liquidität zu versorgen. Banken benötigen Zentralbankgeld, um liquide zu sein. Sie erhalten dieses aber nur gegen die Stellung von Sicherheiten und eine Zinszahlung. Im Tenderverfahren kann die Zentralbank den Zins ermitteln, zu dem eine bestimmte, von ihr vorher festgelegte Menge an Zentralbankgeld von den Banken nachgefragt wird.

Tabelle 4.1 Fischauktion in Holland

Preis	Nachfragemenge (Kisten Fisch)	Summe
100 €	60	60
90 €	80	140
...	...	...
78 €	200	600

Überschussnachfrage, Überschussangebot

Kommt ein markträumender Preis nicht zustande, so erhalten die Marktteilnehmer mit dem festgesetzten Preis die Information, in welcher Richtung der markträumende (Gleichgewichts-)Preis liegt. Wird beispielsweise an der Wertpapierbörse ein Geldkurs notiert, so wissen die Marktteilnehmer, dass nicht alle Nachfrager dieses Wertpapiers zum festgesetzten Kurs zum Zuge gekommen sind (Überschussnachfrage). Der Geldkurs signalisiert also, dass ungedeckte Nachfrage nach dem Wertpapier vorhanden ist und vermutlich ein Teil der Nachfrager am nächsten Börsentag einen höheren Kurs bieten werden. Zu dem höheren Kurs wird auch zusätzliches Angebot vorhanden sein, und der Auktionator wird einen höheren Kurs festsetzen können. (Ein Briefkurs an der Wertpapierbörse zeigt entsprechend ein Überschussangebot an.) Das Beispiel zeigt, dass der Prozess der Marktpreisbildung als ein Prozess der Koordination von Angebots- und Nachfrageplänen iterativ verläuft. Selbst wenn die Angebots- und Nachfragepläne durch einen Auktionator *(ex ante)* koordiniert werden, kann eine nachträgliche *(ex post)* Korrektur erforderlich werden. Auf diese Weise, als ein Prozess der ex-post Anpassung vollzieht sich die Koordination der Entscheidungen auf Märkten, auf denen kein Auktionator tätig ist. Das sind (trotz der Erfolgsgeschichte von ebay) immer noch die meisten Märkte.

Märkte vom Nicht-Auktionstyp

Eine zentrale Hypothese der Preistheorie lautet, dass auch ohne Auktionator Angebot und Nachfrage durch den Marktpreis zum Ausgleich gebracht werden.

Beispiel 3: Der Gebrauchtwagenmarkt: Nach dem Fall der Mauer erhöhte sich die Nachfrage nach Gebrauchtwagen auf den westdeutschen Automärkten dramatisch. Die Märkte waren binnen kurzem geräumt und zu den herrschenden Marktpreisen gab es einen großen Nachfrageüberschuss. Die Folge war, dass die Preise für Gebrauchtwagen stiegen. Der Preisanstieg löste zwei Effekte aus, die den Markt wieder ins Gleichgewicht brachten: Einerseits erhöhte sich das Angebot an Gebrauchtwagen, weil es sich für viele Wagenbesitzer lohnte, vorzeitig auf einen Neuwagen umzusteigen. Andererseits stellten auch manche Nachfrager ihre Kaufwünsche zurück, in der Absicht, zu einem späteren Zeitpunkt einen Neuwagen zu kaufen. Für die Entscheidung der Anbieter wie der Nachfrager war maßgeblich, dass sich das Preisverhältnis zwischen Gebrauchtwagen und Neuwagen verschoben hatte.

Führt die Preisbewegung den Markt nach einer Störung wieder ins Gleichgewicht zurück, so sprechen wir von einem stabilen Gleichgewicht. Eine notwendige Bedingung dafür ist die Markttransparenz. Damit sind im Grunde zwei Voraussetzungen gemeint. Die Märkte müssen hoch organisiert sein (wie eine Auktion), so dass die Angebots- und Nachfragereaktionen auf Preisbewegungen rasch sichtbar werden. Diese Bedingung ist auf einer Reihe von Märkten weitgehend erfüllt, z.B. auf Wertpapierbörsen, Rohstoffbörsen, dem Kreditmarkt (Markt für Darlehen), Geldmarkt (Geldhandel unter Banken) Devisenmarkt (Markt für Währungen). Die zweite Voraussetzung ist die Vergleichbarkeit („Homogenität") der Güter. Auf den Märkten für produzierte Güter ist die Markttransparenz vor allem aus diesem Grunde, d.h. wegen unvollkommener Information der Nachfrager über die Produktqualität eingeschränkt. Das „Gesetz gegen den unlauteren Wettbewerb" von 1909, das mehrfach novelliert wurde und seit 2000 durch eine EU-Richtlinie zum Verbraucherschutz ergänzt wird, verbietet allgemein sittenwidrige Wettbewerbshandlungen (§ 1 UWG) und insbesondere irreführende Werbung (§ 3) und gewährleistet durch die Androhung von Sanktionen, dass Abnehmer und Verbraucher nicht wegen ihrer unvollständigen Information übervorteilt werden.

Kontrollfragen

1. Welches sind die Eigenschaften eines Marktgleichgewichts?
2. Was ist ein Vorbehaltspreis?
3. Preise und Verkaufsmengen einer Reihe von Gütern unterliegen saisonalen Schwankungen, Erklären Sie diese Schwankungen mit Hilfe eines Marktmodells für:
   – Heizöl
   – Erdbeeren
4. Was besagt die „ceteris-paribus-Klausel"?
5. Welchen Preis bezahlen die Bieter bei der holländischen Auktion?
6. Welchen Einfluss hat eine Einkommenserhöhung auf die Nachfrage nach Wohnraum? Wie wird sich vermutlich die Nachfragekurve verändern?
7. Wie wirkt eine Erhöhung der Mineralölsteuer auf Gleichgewichtspreis und Gleichgewichtsmenge am Benzinmarkt? Anmerkung: Die Mineralölsteuer verteuert jeden Liter Benzin um den gleichen Betrag (Mengensteuer).

Anhang: Analyse von Gleichgewichtsänderungen

Nachfragefunktionen und Angebotsfunktionen bilden immer geplante Größen ab. Wir können zwar Preis-Mengen-Kombinationen auf den Märkten beobachten, ebenso die Veränderungen von Preisen und Mengen. Eine funktionale Beziehung zwischen Preisen und Mengen ist aber nicht beobachtbar, sondern stellt ein theoretisches Instrument dar, um die beobachteten Veränderungen zu erklären.

Grundsätzlich sind drei Fälle zu unterscheiden:

- Wir beobachten auf einem Markt, dass Preise und Mengen steigen,
- Wir beobachten, dass die Preise steigen, die Mengen gleichzeitig fallen,
- Wir beobachten steigende Preise bei unveränderten Mengen.

Die drei Beobachtungen sind im folgenden Preis-Mengen-Diagramm dargestellt.

Ausgehend von einem Marktgleichgewicht G (p_o,q_o) müssen wir im ersten Fall (G→A) vermuten, dass sich die Bestimmungsgründe der Nachfrage verändert haben. Wie im Beispiel des Gebrauchtwagenmarktes, hat sich die Nachfrage offenbar erhöht, so dass zu jedem gegebenen Preis mehr von dem Gut nachgefragt wird als zuvor. Diese Veränderung bilden wir durch eine Verschiebung der Nachfragefunktion nach rechts ab. A ist also ein Punkt der neuen Nachfragefunktion. (Er kann – muss aber nicht – auf der alten Angebotsfunktion liegen. Das heißt: Auf eine Veränderung der Angebotsbedingungen können wir aus der Bewegung G→A nicht schließen). Im zweiten Fall (G→B) müssen sich entsprechend die Angebotsbedingungen verändert haben. Denn wenn G ein Marktgleichgewicht darstellt, können wir mit ziemlicher Sicherheit ausschließen, dass B ein Punkt der Angebotsfunktion in diesem Marktgleichgewicht ist. Eine Erklärung für die Bewegung G→B wäre z.B. eine Erhöhung von Produktionskosten (Lohnerhöhung) oder die Einführung einer Steuer auf das Produkt. So hat die Einführung der Mineralölsteuer Benzin und Dieselöl verteuert. Diese Veränderungen der Angebotsbedingungen bilden wir durch eine Linksverschiebung der Angebotskurve ab (zu jedem gegeben Preis ist das Angebot nun kleiner als zuvor). Im neuen Gleichgewicht B wird auch weniger nachgefragt als in G – als Folge der Preiserhöhung. Die Nachfragefunktion braucht sich also nicht verändert zu haben. Der dritte Fall (G→C) kann so erklärt werden, dass sich sowohl die Bestimmungsgründe der Nachfrage als auch die Angebotsbedingungen verändert haben. Wenn die Regierung z.B. die Zuschüsse zum Sozialen Wohnungsbau streicht (in Berlin soll die „Anschlussförderung" wegfallen), werden sich diese Wohnungen verteuern. Wenn die Regierung aber den bedürftigen Haushalten zugleich ein Wohngeld zahlt, wodurch sich deren verfügbares Einkommen erhöht, so steigt auch die Zahlungsbereitschaft für solche Wohnungen. Wir können diese Veränderungen analytisch erfassen, indem wir sowohl die Angebotskurve (nach links) als auch die Nachfragekurve (nach rechts) verschieben.

Ist C das neue Marktgleichgewicht, so ist zwar der Marktpreis (Mietzins) gestiegen, aber die Anzahl der vermieteten Wohnungen bleibt unverändert. Zeichnen Sie den Verlauf der jeweiligen Angebots- und Nachfragekurven in das Diagramm ein! Suchen Sie nach entsprechenden Beispielen für den Fall sinkender Preise!

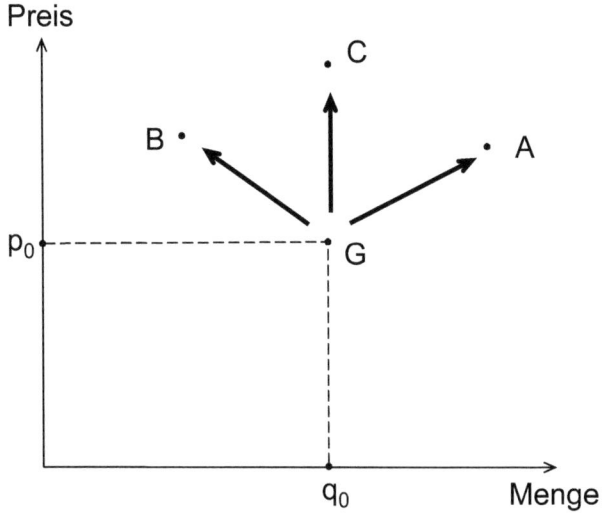

Abb. 4.5   Analyse von Gleichgewichtsänderungen

5 Das Elastizitätsmaß

Wir wissen bereits, wovon die Lage der Nachfragekurve und der Angebotskurve abhängt und welchen Einfluss eine Veränderung der Lageparameter (Verschiebung der Kurven) auf Preis und Menge hat. Wir werden nun unser analytisches Instrument noch etwas schärfen und fragen, wie sich die Intensität der funktionalen Beziehung zwischen Preisen und Mengen abbilden lässt. Bisher haben wir vage angenommen, dass die Nachfrage auf Preisänderungen reagiert, und wir haben eine Aussage über die Richtung der Nachfrageänderung getroffen: Steigt der Preis, so wird die Nachfrage in der Regel sinken. Es ist auch interessant zu wissen, wie stark die Nachfrage auf eine Preisänderung reagiert. Wenn der Benzinpreis steigt, müssen die Tankstellenpächter dann mit einem starken Nachfragerückgang rechnen oder vermindert sich ihr Absatz nur wenig? Und welche Wirkung hat die Preisänderung auf ihr Einkommen?

Solche Fragen lassen sich mit Hilfe des Elastizitätsmaßes beantworten. Dieses Maß stammt aus der Physik, aber es leistet auch in der Volkswirtschaftslehre nützliche Dienste. Insbesondere lässt sich die Elastizität näherungsweise empirisch messen und für Prognosen verwenden.

Wir werden zunächst den Begriff der Elastizität definieren und ihn dann zur Beschreibung des Verhaltens von Nachfragern und Anbietern auf einem Markt sowie zur Beschreibung des Ausgabeverhaltens von Haushalten anwenden.

Der Begriff der Elastizität

Die Elastizität ist eine dimensionslose Größe, die relative Veränderungen ins Verhältnis setzt. Wenn wir dieses Maß verwenden, um das Verhalten der Marktakteure zu beschreiben, so setzen wir immer die relative Mengenänderung als die abhängige (zu erklärende) Variable ein, während die relative Änderung des Preises oder des Einkommens die unabhängige (erklärende) Variable ist.

Im Beispiel der Benzinpreiserhöhung beschreiben wir also die Nachfrage nach Benzin als elastisch oder unelastisch, indem wir die relative Mengenänderung zur relativen Preisänderung ins Verhältnis setzen. Wir charakterisieren damit, wie die Nachfrager auf Preisänderungen reagieren. Geht es dagegen darum, die Variabilität der Preisänderungen zu beschreiben, so sprechen wird von flexiblen oder starren (rigiden) Preisen. Kommt es zu einer Störung des Marktgleichgewichts, so ist das Ausmaß der Preisbewegung, wie wir noch sehen werden, davon abhängig, wie hoch die Elastizität der Nachfrage und des Angebots sind. Diese indirekten Wirkungen auf den Preisbildungsprozess müssen wir aber von der Elastizität der Mengenreaktion selbst unterscheiden.

Sei q die Menge und p der Preis, so ist das Elastizitätsmaß definiert als

$$\eta = \frac{dq/q}{dp/p}$$

Dabei beschreibt dq/dp das Steigungsmaß der Preis-Mengen-Funktion (Angebots- bzw. Nachfragekurve), während p/q die Preis-Mengen-Kombination im Ausgangszustand zum Ausdruck bringt. Die Elastizität ist daher nur für kleine (marginale) Preisänderungen exakt definiert.

5.1 Preiselastizität der Nachfrage

Definition: Die Preiselastizität der Nachfrage ist ein Maß dafür, um wieviel die Nachfragemenge eines Gutes als Folge kleiner Preisveränderungen variiert.

$$\eta = \frac{\text{prozentuale Änderung der Nachfragemenge}}{\text{prozentuale Preisänderung}}$$

Beispiel 1: Die Nachfrage nach cookies. Seit seiner Einführung im Januar 1999 hat sich der Euro gegenüber dem Dollar bis Juni 2001 stark abgewertet, von 1,18 $ auf 0,85 $. Um wie viel ist die Importnachfrage nach cookies zurückgegangen, unter der Annahme einer Preiselastizität von 0,5?

Mit der Abwertung des Euro verteuern sich Importwaren, weil wir sie in ausländischer Währung bezahlen müssen. Die Frage ist also zunächst, um wie viel sich der Dollar verteuert, den wir für den Kauf von cookies benötigen.

- Die Abwertung des Euro beträgt 28 %:

$$\frac{0,85-1,18}{1,18}=0,28$$

- Die entsprechende Aufwertung des Dollar ergibt sich wie folgt:
- 1 $ kostet im Januar 1999 1/1,18 = 0,85 €,
- 1 $ kostet im Juni 2001 1/0,85 = 1,18 €,

$$\frac{1,18-0,85}{0,85}=0,39$$

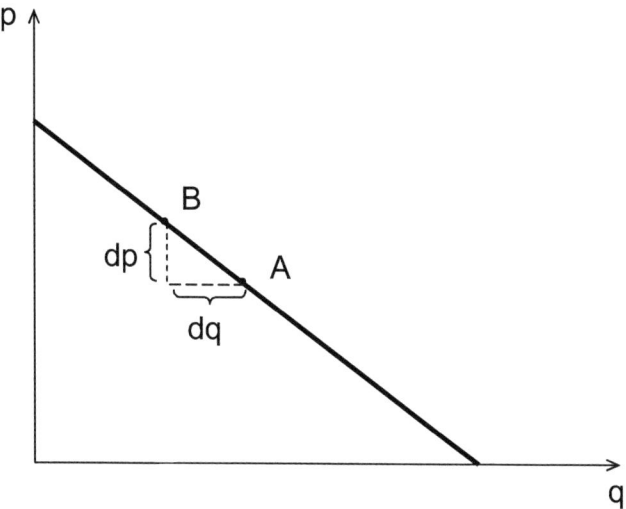

Abb. 5.1 Elastizität einer linearen Nachfragekurve. Der Differentialquotient dq/dp ist konstant, aber der Quotient p/q ändert sich entlang der Nachfragekurve

Amerikanische cookies im Wert von 1$ haben sich also von 0,85€ auf 1,18€ verteuert. Als Folge dieser Preiserhöhung um 39% geht die Nachfrage um 19,5% zurück.

Bei normalem Verlauf der Nachfragefunktion nimmt die Elastizität einen negativen Wert an. Der Einfachheit halber wird häufig nur der absolute Wert der Preiselastizität der Nachfrage betrachtet.

Beispiel 2: Rauchen gefährdet Ihre Gesundheit. Am 1. März 2004 wurde die Tabaksteuer um 1,2 Cent je Zigarette erhöht. Noch mehrere solcher Steuererhöhungen wurden angekündigt, aus gesundheitspolitischen Gründen. Die Zigarettenhersteller setzten darauf hin den Preis pro Päckchen von € 3,40 auf € 3,60 herauf. In Erwartung der noch kommenden Preiserhöhungen beschließt Studentin S., ihren täglichen Zigarettenkonsum einzuschränken, zunächst von 10 auf 9 Stück. Wenn sie ihren Entschluss einhalten kann, wie elastisch hat ihre Nachfrage auf die Preiserhöhung reagiert?

- Prozentuale Preisänderung:

$$dp/p = \frac{3,60 - 3,40}{3,40} = 0,059 \text{ (oder 5,9\%)},$$

- Prozentuale Mengenänderung:

$$dq/q = \frac{9-10}{10} = -0{,}1 \text{ (oder } 10\%),$$

- Preiselastizität der Nachfrage:

$$\eta = -\frac{0{,}1}{0{,}059} \text{ (oder } -\frac{10\ \%}{5{,}9\%}) = -1{,}7.$$

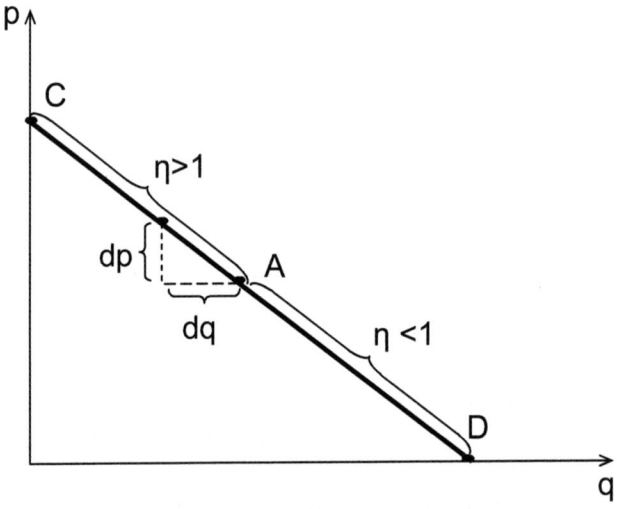

Abb. 5.2 Elastizität einer linearen Nachfragekurve. Die Nachfrage reagiert *elastisch* auf Preisänderungen im Kurvenabschnitt AC; sie reagiert *unelastisch* im Abschnitt AD

Im Beispiel ist die prozentuale Mengenänderung größer als die prozentuale Preisänderung. In diesem Fall sprechen wir von elastischer Nachfrage. Die Studentin schränkt ihre Nachfrage vergleichsweise stark ein. Reagiert die Nachfrage dagegen mit einer (prozentualen) Mengenänderung, die kleiner ist als die (prozentuale) Preisänderung, so bezeichnen wir die Nachfrage als unelastisch. Der Grenzfall ist offensichtlich, dass die prozentuale Mengenänderung ebenso groß ist wie die prozentuale Preisänderung. In diesem Fall nimmt das Elastizitätsmaß den Wert 1 an. Darin kommt ein besonderes Verhalten der Nachfrager zum Ausdruck. Ist die Preiselastizität der Nachfrage = 1, so reagieren die Nachfrager auf eine Preisänderung gerade so viel, dass ihre Ausgaben für das betreffende Gut bzw. der Umsatz der Anbieter dieses Gutes trotz der Preisänderung unverändert bleiben.

Wir können zwei weitere Grenzfälle unterscheiden. Man spricht von vollkommen unelastischer Nachfrage, wenn S. ihren Zigarettenkonsum

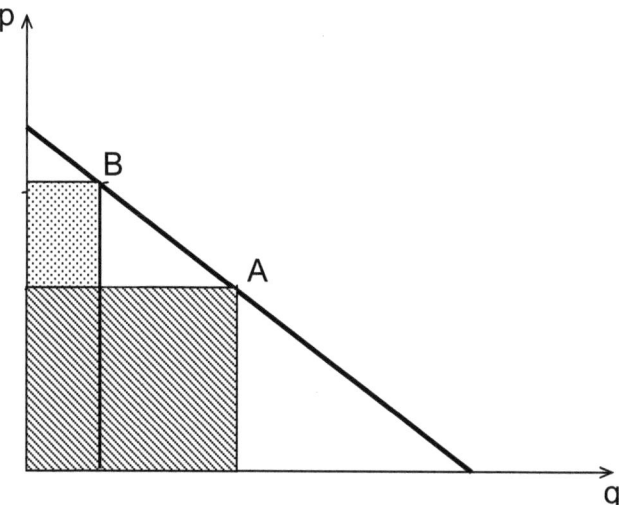

Abb. 5.3 Elastizität der Nachfrage und Umsatz. Eine Preiserhöhung im elastischen Bereich der Nachfragekurve führt zu einem Umsatzrückgang

nicht ändert ($\eta=0$). Ihre Nachfrage wäre dagegen vollkommen elastisch ($\eta=\infty$), wenn sie das Rauchen einstellen würde.

Betrachten wir nun die Preiselastizität der Nachfrage am Beispiel einer linearen Nachfragekurve. Der Differentialquotient dq/dp ist konstant, aber der Quotient p/q ändert sich entlang der Nachfragekurve. Von besonderer Bedeutung ist wiederum die Preis-Mengen-Kombination (A), für die gilt, dass die Preiselastizität der Nachfrage den Wert 1 annimmt, da dq/dp = q/p. Hätten die Anbieter auf einem Markt Kenntnis vom Verlauf der Nachfragefunktion, so wüssten sie, in welchem Bereich die Nachfrage elastisch auf Preisänderungen reagiert, in welchem Bereich sie unelastisch reagiert. Warum haben Anbieter ein Interesse an dieser Information? Dazu müssen wir die Annahme aus Kap. 4 aufheben, dass der Marktpreis ein Datum ist, d.h. von keinem Marktakteur spürbar beeinflusst werden kann.

Wenn wir stattdessen annehmen, dass Anbieter Preise setzen können (→Kap. 8), so zeigt sich, dass ihre Preispolitik entscheidend davon abhängt, wie die Nachfrage auf Preisänderungen reagiert. Ist die Preiselastizität der Nachfrage bekannt, so können wir voraussagen, welche Umsatzänderung mit einer Preisänderung verbunden ist. Den Zusammenhang zwischen der Preiselastizität der Nachfrage und dem Umsatz zeigt Abb.5.3

Beispiel 3: Die Tabaksteuer als Einnahmequelle des Fiskus. Die Tabaksteuer ist nach der Mineralölsteuer die wichtigste Einnahmequelle unter den Verbrauchsteuern. Seit dem 1. März 2004 beträgt sie 6,79 Cent pro Zigarette zuzüglich 23,31 % des Preises (€ 3,60 je Päckchen). Mit der Erhöhung des Steuersatzes um 1,2 Cent pro Zigarette zum 1.3.2004 ist die durchschnittliche Steuerbelastung um etwa 15 % gestiegen. Der Bundesfinanzminister ist in seiner Vorausschätzung der künftigen Steuereinnahmen davon ausgegangen, dass die Einnahmen aus der Tabaksteuer um etwa 15% steigen werden. Er schätzte, dass das Aufkommen der Tabaksteuer, das im Jahr 2003 14,1 Mrd. € betrug, in den 10 Monaten nach Erhöhung der Tabaksteuer um 1,8 Mrd. € steigen wird. Dabei wurde offensichtlich eine unelastische Nachfrage zugrunde gelegt. Tatsächlich waren die Einnahmen aus der Tabaksteuer aber im zweiten Quartal 2004 um 6 % niedriger als ein Jahr zuvor. Hat der Finanzminister also die Preiselastizität der Nachfrage bei Raucherinnen und Rauchern zu niedrig angesetzt? Vermutlich werden die Optimisten, die der Tabaksteuer eine gesundheitspolitische Wirkung zuschreiben, aber nicht Recht behalten. Denn der Rückgang der Nachfrage in den ersten Monaten nach Erhöhung der Tabaksteuer spiegelt vor allem einen so genannten Vorzieh-Effekt. Die Konsumenten haben sich noch vor der Steuererhöhung mit Zigaretten eingedeckt. Auf lange Sicht dürfte sich die Annahme des BMF bestätigen, dass die Tabaksteuer aufgrund der geringen Preiselastizität der Nachfrage eine ergiebige Steuer ist.

Elastizität und Kurvenverlauf

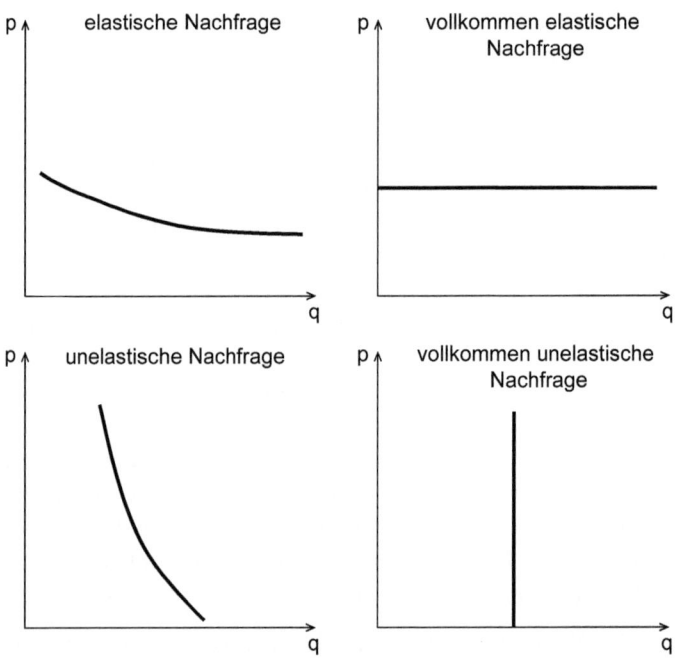

Abb. 5.4 Elastizität und Kurvenverlauf

Im allgemeinen Sprachgebrauch orientiert man sich bei Aussagen über die Preiselastizität der Nachfrage am Steigungsmaß der Nachfragekurve. In Abb. 5.4 sind verschiedene „typische" Kurvenverläufe dargestellt, die sich durch die Größe des Differentialquotienten dq/dp unterscheiden. Ein exaktes Elastizitätsmaß lässt sich durch diesen Vergleich aber nicht bestimmen.

Preiselastizität der Nachfrage und Substitution

Fragen wir nach den Bestimmungsgründen der Elastizität. Wenn wir beobachten, dass die Nachfrage auf verschiedenen Märkten unterschiedlich auf Preisänderungen reagiert, so könnte eine Erklärung dafür der Unterschied in den Präferenzen der Nachfrager sein. Bei manchen Gütern achten die Nachfrager gar nicht auf den Preis, andere Güter wiederum scheinen eher entbehrlich zu sein, weil die Nachfrage empfindlich auf Preisänderungen reagiert. Die Nachfrage nach Benzin, beispielsweise, wird vermutlich unelastisch sein, weil die Autofahrer eine Erhöhung des Benzinpreises, die sie nicht nur für vorübergehend halten, hinnehmen. Sie werden vermutlich weder weniger Auto fahren noch ihre Fahrweise ändern und darauf achten, Energie zu sparen. Aber die Volkswirtschaftlehre hat als Theorie rationaler Entscheidungen eine präzisere Erklärung für das Verhalten der Nachfrager. Wir wissen, dass die Kosten des Autofahrens aus volkswirtschaftlicher Sicht Opportunitätskosten sind, nämlich den Verzicht auf andere Güter zum Ausdruck bringen. Eine dauerhafte Erhöhung des Benzinpreises wird daher dazu führen, dass sich mit der Zeit die Gewohnheiten ändern. Wie rasch sich das Nachfrageverhalten ändert, hängt noch von einem weiteren Umstand ab, nämlich davon, ob es Alternativen gibt, die eine ähnliche Befriedigung verschaffen wie das Autofahren oder die denselben Zweck erfüllen (Substitutionsgüter). Insbesondere, wenn das Autofahren nicht Selbstzweck ist sondern Mittel zum Zweck, wird eine Benzinpreiserhöhung die Alternativen zum Autofahren vorteilhafter erscheinen lassen. So kann man für die tägliche Fahrt zum Arbeitsplatz auf den Öffentlichen Nahverkehr umsteigen. Die Preistheorie sagt voraus, dass eine dauerhafte Erhöhung des Benzinpreises das Verhalten der Autofahrer verändert. Sie werden das Autofahren zu einem bestimmten Grad durch die Nutzung des Öffentlichen Nahverkehrs substituieren. Die Elastizität der Nachfrage ist dabei umso größer, je mehr die beiden Substitute als gleichwertig angesehen werden („nahe Substitute"). Diese Aussage steht jedoch unter der Bedingung, dass die Nahverkehrsgesellschaften ihre Preise unverändert lassen, so dass der *relative* Preis des Autofahrens steigt. Ist dagegen die Benzinpreiserhöhung Ausdruck einer allgemeinen Energieverteuerung, so dass auch die Preise im Öffentlichen Nahverkehr steigen, findet der Substitutionsprozess nicht statt.

Da es auf die Veränderung der relativen Preise ankommt, kann die Nachfrage nach einem Gut auch auf Preisänderungen bei Substitutionsgütern reagieren. Dies wird durch die "Kreuz-Preis-Elastizität" gemessen.

In der Volkswirtschaftslehre gibt es nicht oft die Gelegenheit, die theoretischen Aussagen über die Reaktion der Märkte auf Preisänderungen ohne großen statistischen Aufwand zu testen. Die Ölpreiskrise von 1973/74 liefert ein solches Beispiel. Im Zuge einer weltweit zunehmenden Inflation hatte die Organisation Erdöl exportierender Länder (OPEC) Ende des Jahres 1973 ein Kartell gebildet, mit dem Ziel, die weltweite Erdölproduktion zu kontrollieren und auf dem Weltmarkt substantielle Preiserhöhungen für exportiertes Rohöl durchzusetzen. Der Rohölpreis, der vor 1973 unter 2 Dollar je barrel gelegen hatte, erhöhte sich in den folgenden Jahren auf über 30 Dollar je barrel. Diese extrem starke Verteuerung der für die meisten Industrieländer wichtigsten Energiequelle war an den Märkten nicht erwartet worden. Und kurzfristig gab es kaum die Möglichkeit, Erdöl

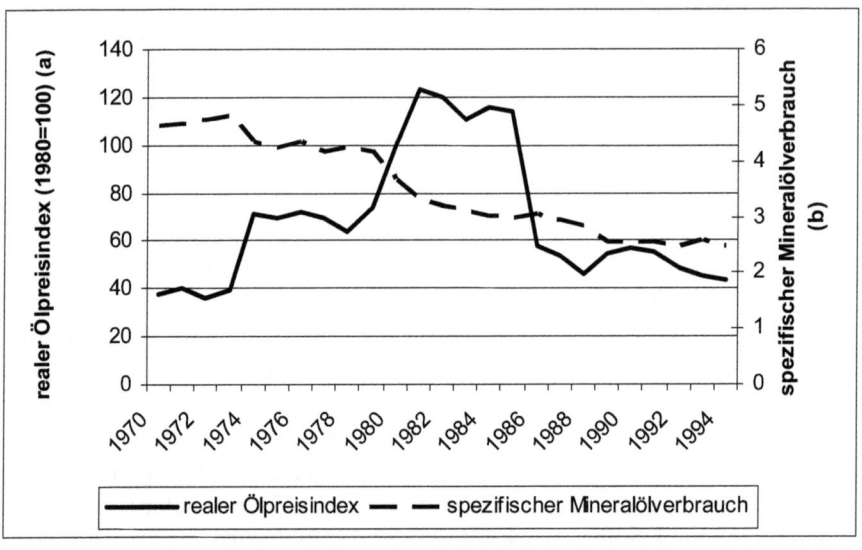

Abb 5.5 Die Reaktion des Mineralölverbrauchs auf die starke (relative) Verteuerung des Öls während der 70er und 80er Jahre. Die Daten beziehen sich auf das frühere Bundesgebiet. a: Preisindex für Erdöl- und Mineralölerzeugnisse, deflationiert mit dem Preisindex der letzten inländischen Verwendung von Gütern (1980=100); b: je Einheit BIP in Preisen von 1980, in Petajoule pro 1 Mrd. DM. *Quelle:* Sachverständigenrat, lfd. Jahresgutachten

durch andere Energieträger zu substituieren. So reagierte die Nachfrage zunächst unelastisch auf die Verteuerung des Öls. Die großen Energieverbraucher, Verkehr, Industrieproduktion und private Haushalte, schränkten ihre Nachfrage nach Erdölprodukten nur wenig ein. Die Folge war ein Inflationsschub verbunden mit einer Einschränkung der Industrieproduktion und einer allgemeinen Stagnation der wirtschaftlichen Aktivität. Diese Konstellation, die sich in den meisten Industrieländern abzeichnete, wurde später treffend als Stagflation bezeichnet: Stagnation der realen Produktionstätigkeit, verbunden mit Inflation. Die Rechnung der OPEC war zunächst einmal aufgegangen. Ihre Einnahmen aus dem Ölexport schossen in die Höhe. In ihren Handelsbilanzen erzielten die OPEC-Staaten riesige

Überschüsse, die sich allein in den Jahren 1974 bis 1977 auf über 250 Mrd Dollar summierten („Petro-Dollar") und der übrigen Welt ein entsprechendes Defizit bescherten. Das ist aber nicht das Ende der Geschichte. Nach einigen Jahren ging die Nachfrage nach Erdöl deutlich zurück (s. Abb. 5.5). Die Verschiebung der relativen Preise (bis zur Mitte der achtziger Jahre stieg der relative Preis für Erdöl- und Mineralölprodukte um mehr als das Dreifache) hat strukturelle Anpassungen ausgelöst, mit der Folge, dass der spezifische Mineralölverbrauch bezogen auf das Bruttoinlandsprodukt um nahezu zwei Fünftel gesunken ist. Über einen längeren Zeitraum betrachtet war die Elastizität der Nachfrage in Bezug auf den Preis also sehr viel höher. Für den Nachfragerückgang waren zwei Entwicklungen maßgeblich. Einerseits wurde in allen Bereichen Energie eingespart, andererseits wurde Erdöl durch andere Energieträger ersetzt, Kohle, Atomkraft, Erdgas, erneuerbare Energien. Beide Strategien erfordern technische Umstellungen und die damit verbundenen Investitionen und Innovationen brauchen Zeit.

5.2 Preiselastizität des Angebots

Auch das Verhalten der Anbieter können wir mit dem Elastizitätsmaß näher beschreiben. Wir definieren:

$$\text{Preiselastizität des Angebots} = \frac{\text{prozentuale Änderung der Angebotsmenge}}{\text{prozentuale Preisänderung}}$$

Die Preiselastizität des Angebots ist in der Regel positiv: Steigt der Preis eines Gutes, so beobachten wir in der Regel eine Zunahm des Angebots. Für viele Güter ist das Angebot mit einer Produktionsentscheidung verbunden. So vergleicht ein produzierendes Unternehmen, das in einem Konkurrenzmarkt anbietet, den Marktpreis, den es erzielen kann, mit den Produktionskosten. Steigt der Marktpreis im Verhältnis zu den Produktionskosten, so kann das Unternehmen offensichtlich durch eine Ausweitung des Angebots seinen Gewinn erhöhen. Die Bedingungen, unter denen eine Erhöhung der Produktion und des Angebots im Konkurrenzmarkt den Gewinn steigert, werden wir in Kap. 7 genauer kennen lernen.

Es gibt aber auch Märkte, auf denen die Angebotsentscheidung nicht mit einer Produktionsentscheidung verbunden ist. Das bedeutet, dass die Produktionskosten für das Kalkül des Anbieters keine Rolle spielen. Solche Märkte nennen wir Bestandsmärkte. Der Anbieter hat die Wahl zwischen Verkaufen und Halten. So vergleicht ein Wertpapierbesitzer den Preis, den er durch Verkauf des Wertpapiers erzielen kann, nicht etwa mit dem Einstandspreis, den er früher bezahlt hat, sondern mit dem erwarteten Preis, den er künftig erzielen kann, wenn er das Wertpapier hält. Die Elastizität des Angebots auf Bestandsmärkten wird also von den Erwartungen über die künftige Preisentwicklung bestimmt. In diesem Fall verhält sich

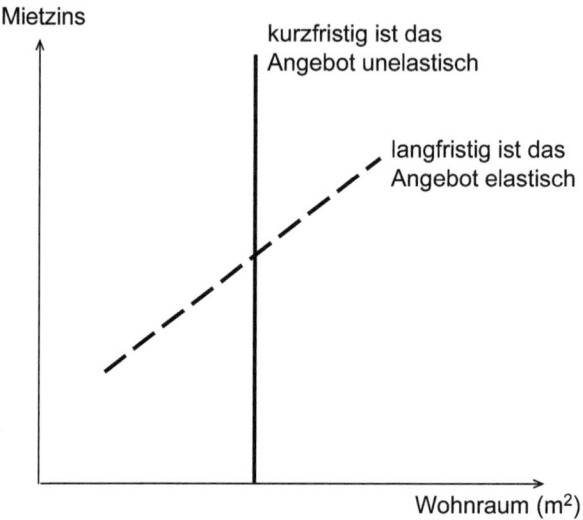

Abb. 5.6 Das Angebot an Mietwohnungen

ein Anbieter spekulativ. Man kann sich vorstellen, dass die Preiselastizität des Angebots auf Bestandsmärkten in Abhängigkeit von den Erwartungen starken Schwankungen unterliegt.

Nicht nur für Vermögenswerte, wie Wertpapiere oder auch Grundstücke, gibt es Bestandsmärkte, sondern auch für produzierte Güter. Wir haben bereits den westdeutschen Gebrauchtwagen-Markt nach der deutschen Vereinigung kennen gelernt (→ Kap. 4).

Ein anderes Beispiel ist der Markt für Mietwohnungen. Das Angebot an Mietwohnungen, das zu einem bestimmten Zeitpunkt „auf dem Markt" ist, besteht ganz überwiegend aus dem Bestand von Wohnungen, die bereits in der Vergangenheit produziert wurden. Durch Neubau erhöht sich das Angebot an Mietwohnungen in der Regel um nicht mehr als ein Prozent pro Jahr. Außerdem braucht der Wohnungsbau Zeit, so dass auch die Entscheidung, Mietwohnungen zu bauen, in der Vergangenheit getroffen wurde und nicht vom aktuellen Mietzinsniveau abhängt. Wir können also die realistische Annahme treffen, dass das Angebot an Mietwohnungen zu einem bestimmten Zeitpunkt gegeben ist und auf eine aktuelle Veränderung des Mietzinses nicht reagiert (vollkommen unelastisches Angebot, vgl. Abb. 5.6.). Für einen Anbieter von Mietwohnungen, der in Konkurrenz zu anderen Anbieter steht, ist es ökonomisch rational, jedes Mietzinsniveau zu akzeptieren, sofern nur die laufenden Kosten aus der Vermietung gedeckt werden. Auf einem Bestandsmarkt mit vollkommen unelastischem Angebot wird der Marktpreis allein von der Nachfrage bestimmt. Steigt also beispielsweise die Nachfrage nach Mietwohnungen als Folge der Zuwanderung in eine Stadt, so erhöht sich das Mietzinsniveau im gesamten Bestand. Die Wohnungspolitik hat diese Auswirkungen eines unelastischen Angebots auf dem Mietwohnungsmarkt erkannt. Sie verordnet in

Phasen einer Wohnungsknappheit regelmäßig eine Mietzinsbindung, d.h. sie setzt eine Obergrenze für den Mietzins (→ Kap. 6). Eine solche Politik kann aber nur kurzfristig die Wohnungsnot lindern, denn über eine längere Frist betrachtet reagiert das Angebot an Mietwohnungen doch elastisch. Der Grund dafür liegt in den Opportunitätskosten (volkswirtschaftlichen Kosten) der Wohnungsvermietung, das ist der Ertrag, den das im Mietwohnungsbestand gebundene Kapital in anderen Verwendungen erzielen kann.

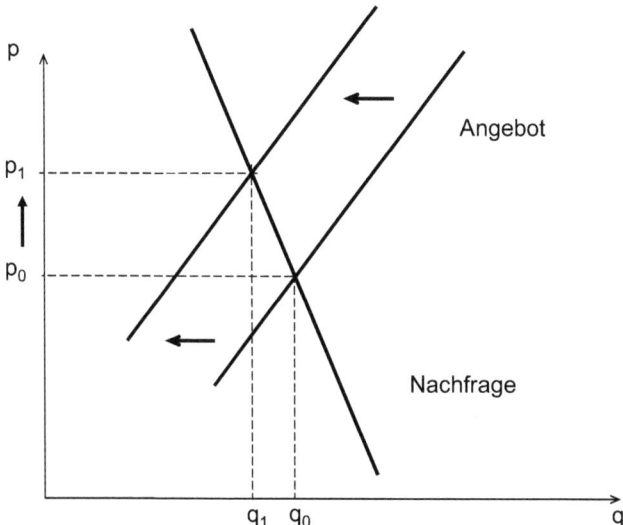

Abb. 5.7 Elastizität und Marktgleichgewicht

Die Opportunitätskosten bestimmen den Mietzins, den ein Investor auf längere Sicht erzielen muss, damit er sein Kapital nicht abzieht. Bei dem so bestimmten Mietzinsniveau wird das Angebot an Mietwohnungen auf längere Sicht elastisch. Nun ist es mit dem „Abziehen von Kapital" nicht so einfach wie es scheint, denn durch den Verkauf einer Mietwohnung, die einen zu geringen Mietzins abwirft, würde der Investor einen Verlust realisieren. Es stehen ihm aber zwei Strategien zur Verfügung, die eine elastische Reaktion des Angebots an Mietwohnungen bewirken. Die erste Strategie ist, Mietwohnungen in Büroraum oder in Eigentumswohnungen umzuwandeln. Damit würden Mietwohnungen sehr rasch vom Markt verschwinden. Die zweite Strategie wirkt sich erst längerfristig aus. Sie besteht in einem Unterlassen von Instandhaltungsmaßnahmen, so dass trotz niedrigen Mietzinses eine „normale" Rendite aus der Wohnungsvermietung erzielt werden kann. Dies mindert die Wohnqualität und schließlich die Lebensdauer von Mietwohnungen. Beide Strategien sind eine Lektion für die Wohnungspolitik (→Kap. 6). Auf Dauer zahlt sich eine Politik der Mietzinsregulierung im Vertrauen auf das unelastische Angebot an Mietwohnungen nicht aus.

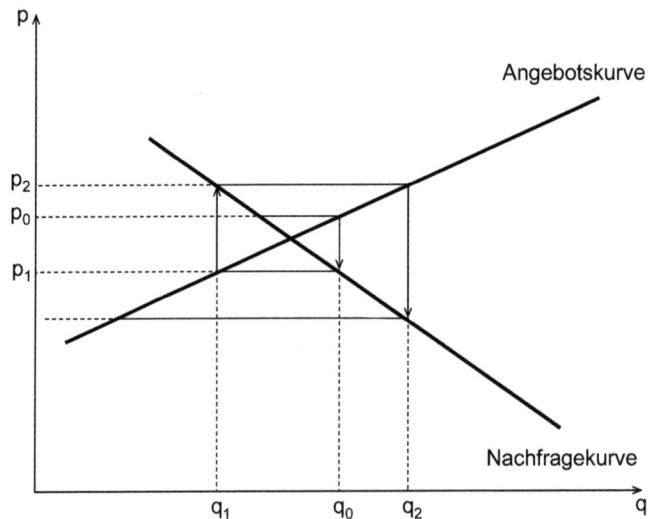

Abb. 5.8 Cobweb-Theorem

Elastizität und Marktgleichgewicht

Mit Hilfe des Elastizitätsmaßes können wir genauer beschreiben, wie die Märkte auf Störungen reagieren und zu einem neuen Marktgleichgewicht finden. Grundsätzlich gilt, dass eine geringe Elastizität von Nachfrage und/oder Angebot starke Preisschwankungen erfordert, damit es wieder zu einem Marktgleichgewicht kommt. Reagiert die Nachfrage und/oder das Angebot dagegen elastisch, so genügen bereits geringe Preisänderungen, um die erforderlichen Anpassungsprozesse auszulösen. Nehmen wird noch einmal das Beispiel der Ölpreiskrise von 1973/74. Der starke Anstieg der Ölpreise war nur möglich, weil der auslösende Schock, die Angebotsverknappung durch die OPEC, auf eine unelastische Nachfrage nach Öl traf. In einem Preis-Mengen-Diagramm lässt sich dieser Zusammenhang deutlich zeigen (Abb. 5.7.). Die Verknappung des Angebots kommt in einer Verschiebung der Angebotskurve nach links zum Ausdruck. Bei unelastischer Nachfrage findet der Markt zu einem neuen Gleichgewicht, das durch einen sehr viel höheren Preis gekennzeichnet ist, während die abgesetzte Menge kaum (bei vollkommen unelastischer Nachfrage gar nicht) zurückgeht. Langfristig rechnen wir aufgrund der geschilderten Anpassungsprozesse auf der Nachfrageseite mit einer elastischen Nachfrage. Auf lange Sicht liegt der Gleichgewichtspreis deshalb unterhalb des kurzfristig erzielten Marktpreises. Hinzu kommt eine Reaktion des Angebots auf die Preiserhöhung. Obwohl die OPEC ihr Angebot einschränkte, hat die Preiserhöhung einen Anreiz ausgeübt, an anderer Stelle neue Erdölvorkommen zu erschließen, die bislang nicht wirtschaftlich ausgebeutet werden konnten, sowie einen Anreiz zur Exploration, d.h. zur Suche nach neuen Erdölfeldern. Langfristig kam es deshalb auch zu einer Ausweitung des Angebots, was sich wiederum dämpfend auf den Gleichgewichtspreis auswirkte.

Bisher haben wir angenommen, dass die Märkte nach einer Störung wieder zu einem Gleichgewicht finden, wenn auch – bedingt durch geringe Elastizität im Anpassungsverhalten – mitunter erst nach starken Preisschwankungen. Es gibt aber auch Märkte, die grundsätzlich eine Tendenz zur Instabilität zeigen. Auf solchen Märkten löst eine Störung Anpassungsreaktionen aus, die nicht zu einem Marktgleichgewicht führen, sondern das Ungleichgewicht zwischen Angebot und Nachfrage noch vergrößern. Es ist verständlich, dass auf diesen Märkten rasch der Ruf nach staatlicher Regulierung laut wird. Ein typisches Beispiel sind Märkte für landwirtschaftliche Produkte, die durch folgende Merkmale gekennzeichnet sind: Das Angebot unterliegt witterungsbedingt starken Schwankungen und es kann nicht unmittelbar an Preisänderungen angepasst werden: einerseits ist die bereits produzierte Menge nicht lagerfähig, muss also vollständig abgesetzt werden; andererseits kann die Produktion erst nach einer weiteren Periode (Ernte) erhöht oder vermindert werden. Nehmen wir den Fall einer außergewöhnlich guten Ernte von Kaffeebohnen. Zum herrschenden Marktpreis kann die gesamte Ernte nicht abgesetzt werden. Wir beobachten ein Überschuss-Angebot und einen sinkenden Weltmarktpreis für Kaffeebohnen. Die Preissenkung wird umso stärker ausfallen, je geringer die Preiselastizität der Nachfrage nach Kaffee ist. Unter Umständen wird der Preis, zu dem die gesamte Ernte abgesetzt werden kann, so niedrig sein, dass die Kaffeebauern für die nächst Periode eine Einschränkung der Kaffeeproduktion beschließen. Das verminderte Angebot von Kaffeebohnen in der Folgeperiode wird wieder höhere Preise erzielen. Wiederum fällt die Preiserhöhung umso stärker aus, je geringer die Preiselastizität der Nachfrage nach Kaffee – und so weiter. Es lässt sich zeigen, dass das Marktungleichgewicht zwischen Angebot und Nachfrage in einem solchen Fall von Periode zu Periode größer wird, wenn die Preiselastizität der Nachfrage jeweils (absolut) kleiner ist als die Preiselastizität des Angebots und die Anbieter sich bei ihrer Produktionsentscheidung an den Preisen der Vorperiode orientieren (Cobweb-Theorem, Abb. 5.8.). Es ist klar, dass dieser Modellierung der Instabilität eines Marktes sehr spezifische Bedingungen zugrunde liegen. So müssen wir annehmen, dass die Anbieter aus ihren Erfahrungen mit den Preisbewegungen nicht lernen. Tatsächlich beobachten wir andere Verhaltensweisen. So vernichten die Anbieter landwirtschaftlicher Produkte immer wieder einen Teil des Überschussangebots, wenn sie aufgrund geringer Preiselastizität der Nachfrage mit einem starken Preisverfall rechnen müssen. Dieses Verhalten können wir im Rahmen unseres preistheoretischen Modells nicht erklären, das von der Annahme ausgeht, der Marktpreis sei für Produzenten, die unter Wettbewerbsbedingungen anbieten, ein Datum, das sie nicht beeinflussen können.

Fazit: In welchem Verhältnis die Elastizität von Angebot und Nachfrage zueinander stehen, kann auf die Stabilität bzw. Instabilität des Marktprozesses Einfluss haben. So kommt es auf Märkten, auf denen die Produzenten ihre Angebotsentscheidungen für die künftige Periode an den heutigen Preisen orientieren, nicht zu einem Marktgleichgewicht, wenn das Angebot relativ zur Nachfrage elastisch ist - und umgekehrt (Cobweb - Theorem).

5.3 Einkommenselastizität der Nachfrage

Die Nachfrage nach einem Gut hängt nicht nur vom Preis des Gutes ab (im Verhältnis zu den Preisen anderer Güter) sowie von den Präferenzen der Nachfrager für dieses Gut, sondern auch davon, wieviele Leute sich das Gut „leisten können". Das Budget von privaten Haushalten, das ihnen in einer Periode für Ausgaben zur Verfügung steht, ist in aller Regel begrenzt und diese „Budgetbeschränkung" richtet sich hauptsächlich nach dem Einkommen. Steigt das Einkommen, so wird ein Haushalt vermutlich auch mehr konsumieren ($\rightarrow$ Kap. 2, Konsumfunktion). Bei einem allgemeinen Einkommensanstieg ist also damit zu rechnen, dass die Güternachfrage in der Volkswirtschaft steigt. Die spannende Frage aus Sicht der Produzenten ist aber, für welche Güter die Haushalte ihr zusätzliches Einkommen ausgeben und wie sich der Einkommenszuwachs auf diese Güter verteilt. Diese Frage können wir beantworten, wenn wir die Einkommenselastizität der Nachfrage kennen.

Die Einkommenselastizität der Nachfrage nach einem Gut i ist definiert als:

$$\frac{\text{prozentuale Änderung der Nachfragemenge}}{\text{prozentuale Einkommensänderung}}$$

Ist die Nachfrage nach einem Gut elastisch in Bezug auf das Einkommen, so steigt für dieses Gut der Ausgabenanteil im Budget der Haushalte mit steigendem Einkommen; bei unelastischer Nachfrage sinkt der Anteil der Ausgaben für dieses Gut. Güter, die bei steigendem Einkommen absolut weniger nachgefragt werden, nennt man inferior.

Die Einkommenselastizität der Nachfrage ist ein wichtiger Parameter, der erklären kann, wie sich auf lange Sicht die Wirtschaftsstruktur verändert. Bereits eine grobe Strukturierung der Konsumausgaben der Haushalte in Ausgaben für Nahrungsmittel, für Industrieprodukte und Dienstleistungen gibt einen Hinweis auf die Erklärungskraft der Einkommenselastizität. Denn im langfristigen Vergleich beobachten wir mit wachsendem Einkommen einen Wandel in der Ausgabenstruktur. Während die Nachfrage nach Nahrungsmitteln unelastisch auf Einkommensänderungen reagiert, sind Industrieprodukte und Dienstleistungen Güter mit großer Einkommenselastizität der Nachfrage. Ein langfristiger Vergleich muss aber auch beachten, dass sich die relativen Preise zwischen den Produkten verschieben. Der technische Wandel führt dazu, dass sowohl landwirtschaftliche Produkte als auch Industrieprodukte (relativ) billiger werden. In Abhängigkeit davon, wie die Nachfrage auf diese Veränderung der relativen Preise und das Einkommenswachstum reagiert, finden wir eine Erklärung für den wirtschaftlichen Strukturwandel. Diese Erklärung stimmt recht gut mit der Beobachtung überein, dass sich die Volkswirtschaften mit zunehmendem Wohlstand von der Agrargesellschaft zur Industriegesellschaft und zur (postindustriellen) Dienstleitungsgesellschaft entwickeln (Tabelle 5.1.).

Dieser Zusammenhang wird häufig übersehen. So kommen ökonomische Analysen über die Strukturprobleme Deutschlands in der Regel zu dem Ergebnis, dass Deutschland seine Bedeutung als Industriestandort verliere. Die Argumentation lautet, kurz gefasst, die deutsche Industrie gehe im Zuge der Globalisierung mehr und mehr dazu über, Teile der Industrieproduktion ins Ausland zu verlagern. Deutschland werde dadurch zu einer „Basar-Ökonomie", also eine Ökonomie, die zwar intensiv am Welthandel beteiligt ist, in der aber kaum noch produziert wird. Daraus wird gefolgert, dass die deutsche Industrie im Zuge der Globalisierung an Wettbewerbsfähigkeit verliere und unser Wohlstandsniveau gefährdet sei. Diese Schlussfolgerung ist fraglich. Die Daten zeigen, dass Deutschland den Status der Industriegesellschaft bereits hinter sich gelassen hat. Im internationalen Vergleich gehört Deutschland zu den Volkswirtschaften, die das Wohlstandsniveau einer postindustriellen Gesellschaft erreicht haben. Es ist gerade die Teilnahme am Prozess der Globalisierung und der damit verbundene Strukturwandel hin zu einer „Basarökonomie", worauf sich das Wohlstandsniveau Deutschlands gründet. Die Konservierung der Wirtschaftsstruktur eines „Industrielandes" hätte sich im Vergleich dazu hemmend auf die Entwicklung des wirtschaftlichen Wohlstandes auswirken müssen.

Tabelle 5.1 Bruttowertschöpfung nach Wirtschaftsbereichen in Deutschland, 1950-2002

Jahr	Insgesamt	Land- u. Forstwirtschaft, Fischerei	Produzierendes Gewerbe	Dienstleistungsbereiche
	in Mrd. €	Anteile in vH		
		Früheres Bundesgebiet		
1950[a]	50,0	10,4	49,6	40,0
1960	151,7	6,0	53,3	40,7
1970	325,3	3,3	48,4	48,3
1980	717,2	2,0	41,5	56,5
1990	1198,1	1,5	37,7	60,8
		Deutschland		
1992	1518,9	1,3	35,2	63,5
2002	1958,9	1,1	28,8	70,1

[a] Ohne Saarland und Berlin, Quelle: Sachverständigenrat, lfd. Jahresgutachten

Kontrollfragen

1. Wie verändern sich die Ausgaben der Haushalte für ein Gut als Folge einer Preiserhöhung bei elastischer/unelastischer Nachfrage?
2. Wie erklärt sich die relative Stabilität der Autopreise?
3. Wie unterscheidet sich die Preiselastizität des Angebots auf kurze und auf lange Sicht?
4. Welchen Rückschluss auf die Preiselastizität der Nachfrage erlaubt die Beobachtung, dass der Umsatz als Folge einer Preiserhöhung unverändert bleibt?
5. Wie sind inferiore Güter definiert?
6. Diskutieren Sie den Einfluss der Einkommenselastizität der Nachfrage auf den Wandel der Wirtschaftsstruktur!

6 Staatliche Preisregulierung

Der Staat ist als Marktteilnehmer am Wirtschaftsprozess beteiligt und er greift regulierend in die Preisbildung ein. Wir müssen hier zwei Fälle unterscheiden. Tritt die „Öffentliche Hand" als Nachfrager auf, so entstehen besondere Probleme, wenn der Staat der einzige Nachfrager auf einem Markt ist, so z.B. auf dem Markt für Rüstungsgüter oder auch im Sozialen Wohnungsbau. In diesen Fällen kann sich kein Marktpreis bilden, der - wie im Konkurrenzmodell – ein Marktgleichgewicht signalisiert. Zum Teil lässt sich dieses Problem lösen, indem der Staat einen Bieterwettbewerb um den staatlichen Auftrag organisiert.

Ein solcher Wettbewerb funktioniert wie eine Auktion (→ Kap. 4) und ermöglicht es dem staatlichen Auftraggeber, das günstigste Angebot zu finden. Lässt sich ein Bieterwettbewerb nicht organisieren, so muss der Staat den Preis vorgeben, zu dem er kauft. Ähnliche Probleme ergeben sich, wenn die Öffentliche Hand Güter anbietet, z.B. bei der öffentlichen Energieversorgung oder im öffentlichen Nahverkehr. Die Probleme der Preisregulierung, die dabei auftreten, werden wir hier nicht behandeln, weil uns dafür das theoretische Instrument der fortgeschrittenen Preistheorie noch fehlt.

Wir können aber mit unserem einfachen Modell der Preisbildung bereits die Probleme analysieren, die sich einstellen, wenn der Staat auf einem funktionsfähigen Markt in die Preisbildung eingreift. Diese Preisregulierung verfolgt in der Regel den Zweck, ein Marktergebnis zu vermeiden, das aus staatlicher Sicht mit übergeordneten politischen Zielen, beispielsweise der Sozialpolitik, der Gesundheitspolitik oder der Umweltpolitik, nicht in Einklang stehen würde. Wir haben bereits einige Argumente kennen gelernt, die solche Eingriffe gerechtfertigt erscheinen lassen, so die Instabilität mancher Märkte oder die Tatsache, dass das individualistische Prinzip mit dem Gemeinwohl in Konflikt geraten kann. Dennoch muss man im Einzelfall genau prüfen, welche Wirkungen ein staatlicher Eingriff in die Preisbildung hat. Auf dieser Grundlage kann dann die Frage beantwortet werden, ob die vom Staat verfolgten, „übergeordneten" politischen Ziele nicht auf andere Weise besser, das heißt zu geringeren volkswirtschaftlichen Kosten erreicht werden können.

Wir unterscheiden zu diesem Zweck, ob der staatliche Eingriff die Preisbildung den Entscheidungen der privaten Marktakteure überlässt („marktkonformer" Eingriff) oder ob der Staat die Preise direkt kontrolliert. Auf marktkonforme Weise nimmt der Staat durch finanzielle Anreize wie Steuern und Subventionen Einfluss auf die Preisbildung. Dadurch werden zwar die relativen Preise verzerrt, aber die Funktionsweise der Preisbildung wird nicht gestört. Ergibt sich ein Ungleichgewicht zwischen Angebot und Nachfrage, so kann es auch nach dem staatlichen Eingriff durch Änderungen des Marktpreises abgebaut werden. Im anderen Fall, bei direkter Preisregulierung durch den Staat, ist der Eingriff nicht marktkonform. Der Zweck des Eingriffs ist in diesem Fall, Preisanpassungen zu verhindern (allgemeiner Preisstopp) oder in Grenzen zu halten (Höchstpreise, Mindestpreise). Ein Marktungleichgewicht kann deshalb nicht mehr durch Preisanpassungen abgebaut werden und die Märkte verlieren ihre Funktionsfähigkeit.

Wir untersuchen im Folgenden drei typische Fälle der staatlichen Preisregulierung, um diese Unterschiede zu verdeutlichen. Die so genannte Ökosteuer ist ein Beispiel für einen marktkonformen Eingriff in den Prozess der Preisbildung. Im Gegensatz dazu sind die beiden anderen Fälle der Preisregulierung als nicht marktkonform einzuordnen. Der zweite Fall sind staatlich festgesetzte Höchstpreise; hier ist die Mietzinsbindung das Modellbeispiel, zu dem die Regierungen in Zeiten der Wohnungsnot Zuflucht nehmen. Der dritte Fall sind staatlich festgesetzte Mindestpreise, wie sie in der europäischen Agrarpolitik seit nunmehr 40 Jahren praktiziert werden, in der Absicht, den Bauern ein angemessenes Einkommen zu garantieren.

6.1 Marktkonforme Eingriffe

Staatliche Eingriffe in den Prozess der Marktpreisbildung sind aus volkswirtschaftlicher Sicht gerechtfertigt, wenn die Marktpreise nicht die Opportunitätskosten eines Gutes zum Ausdruck bringen. Der Staat kann (und sollte) in einem solchen Fall die Marktpreise korrigieren, etwa durch Erhebung einer Steuer. Ein Beispiel ist die so genannte Ökosteuer, durch die die Kosten der Umweltbelastung, die aus dem Energieverbrauch resultieren, in den Marktpreisen zum Ausdruck kommen sollen.

Da Volkswirte grundsätzlich gegen Steuern sind, mag diese positive Einschätzung der Ökosteuer die Leser erstaunen. Betrachten wir das Beispiel etwas näher. Wir müssen zwei Fragen unterscheiden. Erstens: Warum ist eine Marktpreiskorrektur durch den Staat aus volkswirtschaftlicher Sicht angezeigt? Zweitens: Warum wird diese Korrektur durch die Steuer auf marktkonforme Weise erreicht?

Der Marktpreis eins Gutes gibt uns sowohl eine Information über die Zahlungsbereitschaft der Nachfrager als auch – unter Wettbewerbsbedingungen – über die Kosten der Anbieter. Der Marktpreis reflektiert aber nur Kosten, die der Anbieter zu tragen hat, nicht Kosten, die bei unbeteiligten Dritten (d.h. unternehmens-extern) entstehen. Nehmen wir das Beispiel des Straßenverkehrs, so ist anzunehmen, dass durch den Benzinpreis die Kosten für Produktion und Vertrieb von Benzin entgolten werden, nicht aber Kosten, die durch das Autofahren für die Allgemeinheit entstehen. Zu den Opportunitätskosten des Autofahrens gehören aus volkswirtschaftlicher Sicht auch die Minderungen an Umweltqualität, die durch Abgasemissionen, Verkehrslärm, Staus, Verkehrsunfälle und deren Folgen entstehen. Die Entscheidung der Autofahrer, mehr oder weniger zu fahren, kann deshalb aus volkswirtschaftlicher Sicht nur richtig getroffen werden, wenn diese externen Kosten in ihr Entscheidungskalkül eingehen. Da jeder Einzelne seine Entscheidung selbst treffen, das individualistische Prinzip also nicht angetastet werden soll, ist die Korrektur des Marktpreises ein geeigneter Weg, die externen Kosten zu berücksichtigen. Der Kraftstoffverbrauch wiederum ist ein Indikator, der sich im Großen und Ganzen proportional zu den externen Kosten entwickelt, insbesondere zu den Abgasemissionen. Die Besteuerung des Kraftstoffverbrauchs bietet sich daher – anders als etwa eine Kraftfahrzeugsteuer – als die geeignete Preisregulierung an.

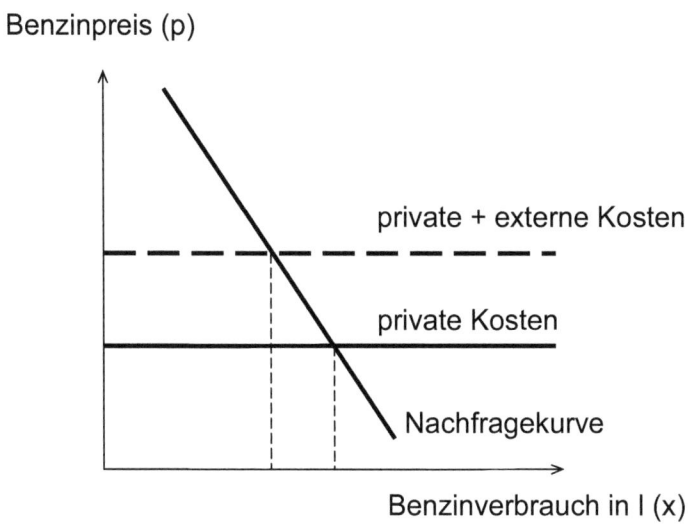

Abb. 6.1 Das Modell der Ökosteuer

Abb. 6.1. zeigt die Wirkungen der Ökosteuer am Beispiel des Benzinmarktes. Sie wird als fester Steuersatz pro Liter Benzin von den Anbietern erhoben. Die Steuer bringt die tatsächlichen externen Kosten aber nur näherungsweise zum Ausdruck. Erstens gibt es darüber nur vage Schätzungen, wie hoch die externen Kosten des Energieverbrauchs im Straßenverkehr sind. Zweitens wird über die Höhe des Steuersatzes im politischen Prozess entschieden, wobei auch Aspekte der „sozialen Verträglichkeit" der Steuer eine Rolle spielen. Obwohl die Ökosteuer die externen Kosten vermutlich noch unterzeichnet, gibt sie doch einen ökonomischen Anreiz zur Energieeinsparung. Wir wissen bereits, dass die Nachfrage auf die Verteuerung von Energie elastisch reagiert, jedenfalls wenn wir dabei eine längere Frist betrachten. Die Ökosteuer löst die gleichen Anpassungsreaktionen aus, zumal der Gesetzgeber auch angekündigt hat, den Steuersatz stufenweise zu erhöhen. Diese Ankündigung soll insbesondere der Automobilindustrie ein Anreiz sein, energiesparende Motoren zu entwickeln.

Im Modell erhöht die Ökosteuer den Angebotspreis für Benzin, so dass der Benzinverbrauch sinkt. Dies ist der beabsichtigte Effekt der Steuer („Lenkungssteuer"). Zugleich beschert die Steuer dem Fiskus zusätzliche Steuereinnahmen, da die Nachfrage nach Benzin nicht vollkommen elastisch ist. Mehr noch: Steigt mit wachsendem Einkommen der Benzinverbrauch (Verschiebung der Nachfragekurve), so erhöhen sich auch die Steuereinnahmen. Dieses ist aber nicht der Zweck der Steuer, d.h. aus volkswirtschaftlicher Sicht sollte der Fiskus zur Kompensation andere Steuern senken. Tatsächlich hat die Bundesregierung das Aufkommen aus der Ökosteuer dazu verwendet, die Sozialversicherungen zu entlasten, so dass deren Beitragssätze niedriger sind als sie ohne Ökosteuer wären.

Nun zur Frage der Marktkonformität. Die Ökosteuer verschiebt die Angebotsfunktion, aber sie beeinflusst die Preisbildung auf dem Benzinmarkt im übrigen nicht. Ein Angebotsschock, ausgelöst durch die OPEC, wird sich also weiterhin in Preisänderungen niederschlagen und entsprechende Anpassungsreaktionen der Nachfrage auslösen, bis sich ein neues Marktgleichgewicht einstellt. Es wäre auch kontraproduktiv, einen solchen Angebotsschock durch eine Senkung der Ökosteuer zu kompensieren, wie gelegentlich vorgeschlagen wird. Aus volkswirtschaftlicher Sicht ist die Ökosteuer ein Mittel zur „Internalisierung" externer Kosten. Sie sorgt dafür, die Preise in die richtige Richtung zu korrigieren und die „wahren" Knappheiten zu signalisieren. Würde man sie zur Kompensation einer Angebotsverknappung senken, so würde man ihren Lenkungseffekt wieder aufheben.

6.2 Höchstpreise

Betrachten wir nun den Fall, dass der Staat die Marktpreisbildung außer Kraft setzt und Preise verordnet. Ein Beispiel für diese direkte Preisregulierung ist die Mietzinsbindung auf dem Wohnungsmarkt. Existiert eine Wohnungsnot, so ist die Festsetzung einer Höchstgrenze für den Mietzins eine wirksame Maßnahme, um ein sozialpolitisch nicht akzeptables Ansteigen des Mietzinsniveaus zu verhindern. Wir wissen aus der Analyse von Bestandsmärkten (→Kap. 4), dass das Angebot auf dem Markt für Mietwohnungen kurzfristig unelastisch ist, so dass eine Überschussnachfrage, sei es durch Kriegszerstörung oder Zuwanderung, große Mietzinssteigerungen auslösen würde. Was aber in Notzeiten richtig ist, hat auch in „normalen" Zeiten häufig Bestand, weil sich keine politischen Mehrheiten für die Abschaffung der Preisregulierung finden.

In der Bundesrepublik gab es nach dem Zweiten Weltkrieg eine Mietzinsbindung für Altbauwohnungen (Wohnungen aus dem Vorkriegsbestand), die mit dem Ende der Wiederaufbauphase nach 1960 in allen großen Städten wieder aufgehoben wurde. Die Ausnahme war Westberlin mit seinem großen Mietwohnungsbestand aus der Vorkriegszeit. Hier dauerte es bis zur Mitte der achtziger Jahre, bis der Berliner Senat eine politische Mehrheit für die Abschaffung der Mietzinsbindung fand. Die Sozialdemokraten Berlins, damals in der Opposition, haben in der Auseinandersetzung um die Mietzinsbindung eine große Umfrage unter der Bevölkerung durchgeführt. Das Ergebnis war offensichtlich: eine überwältigende Mehrheit der Befragten war gegen die Aufhebung der Mietzinsbindung. Viele Menschen sind überzeugt, dass die Wohnung ein lebensnotwendiges Gut ist, dessen Bereitstellung die Politik nicht den ökonomischen Gesetzen des Marktes überlassen sollte.

Die Berliner Wohnungspolitik der 80er Jahre liefert uns einen Modellfall. Hier können wir die Auswirkungen einer Mietzinsbindung studieren, fast so als würden wir ein soziales Experiment durchführen. Zunächst einmal wird die Mietzinsbindung nur effektiv, wenn die Höchstgrenze für den Mietzins unterhalb des Gleichgewichtszinses liegt. Dies kommt in einer Überschussnachfrage zum Ausdruck. Tatsächlich gab es in Berlin, anders als in anderen Großstädten, auch in den achtziger Jahren noch einen großen ungedeckten Bedarf an Mietwohnungen. Dabei war Berlin, anders als etwa München, keine Region mit einem Zuwanderungsüberschuss. Die Einwohnerzahl Berlins ging vielmehr tendenziell zurück. Wir werden sehen, dass diese Überschussnachfrage nicht zuletzt durch die Mietbindung selbst verursacht wurde. Gibt es eine Überschussnachfrage nach Mietwohnungen, so kann die Wohnungspolitik ihrem sozialpolitischen Auftrag nur gerecht werden, wenn sie das Wohnungsangebot rationiert. Um Anspruch auf eine Mietwohnung im Altbaubestand zu erhalten, musste man in Berlin einen so genannten Wohnberechtigungsschein (WBS) beantragen, der von einer zentralen Behörde, dem Landeswohnungsamt (das inzwischen aufgelöst worden ist), ausgestellt wurde. Das Landeswohnungsamt erteilte den WBS nach sozialer Bedürftigkeit, wobei verschiedene Stufen der „Dringlichkeit" des Wohnungsbedarfs unterschieden wurden.

Dennoch gab es mehr Wohnungssuchende mit WBS als freie Mietwohnungen. Da das Wohnungsamt auf eine direkte Zuteilung von Wohnungen weitgehend verzichtet hatte, kam es zu den sprichwörtlichen Warteschlangen bei den Vermietern. Es entwickelte sich ein grauer Markt für den Anspruch auf eine Wohnung mit gebundenem Mietzins. Die Vermieter durften keine zusätzlichen Zahlungen für die Vermietung verlangen. Damit hätten sie die Mietzinsbindung unterlaufen („schwarzer Markt"), was entsprechend sanktioniert wurde. Sie konnten sich aber nach Gutdünken die „geeigneten" Mieter aus der Warteschlange aussuchen. Der Anspruch auf eine Wohnung mit gebundenem Mietzins war vor allem für jene etwas wert, die eine solche Wohnung frei machten. Diese „Vormieter" konnten für Gegenstände, die sie in der Wohnung ließen, hohe Abstandszahlungen verlangen – eine verkappte Umgehung der Mietzinsbindung.

Hier zeigt sich eine Eigenart eines Bestandsmarktes mit Höchstpreisvorschrift: Der Vorteil der Mietzinsbindung kommt jenen zugute, die bereits eine Mietwohnung haben. Wer dagegen eine Wohnung sucht, zahlt unter Umständen mehr als den Höchstpreis – und auch mehr als auf einem nicht regulierten Wohnungsmarkt. Um diese Aussage zu verstehen, müssen wir untersuchen, wie das Wohnungsangebot auf eine effektive Mietzinsbindung reagiert. Zunächst schwächt die Mietzinsbindung bei den Mietern den Anreiz, Wohnraum, den sich nicht mehr benötigen, frei zu machen. Wer eigentlich in eine kleinere Wohnung umziehen möchte, wird dies nicht tun, wenn er oder sie dadurch den Vorteil der Mietzinsbindung verliert. In Berlin war es sogar üblich, die billige Altbauwohnung zu behalten, wenn man Berlin verließ. Diese verschwenderische Nutzung von Wohnraum lässt sich sozialpolitisch nur schwer rechtfertigen.

Gravierender wirkt sich aber aus, wie auf lange Sicht die Wohnungsanbieter auf die Bindung des Mietzinses reagieren. Wir wissen, dass auf dem Wohnungsmarkt, einem Bestandsmarkt, das Angebot elastisch reagiert, wenn der Mietzins unterhalb der Opportunitätskosten der Vermietung (das ist der Zins im Marktgleichgewicht) liegt (→Kap. 4). Eine Mietwohnung kann umgewandelt werden (Eigentumswohnung, Büroraum), oder durch das Unterlassen der Instandhaltung wird kurzfristig die erforderliche Rendite erreicht mit der langfristigen Folge einer Minderung der Wohnqualität und einer Verkürzung der Lebensdauer der Wohnung. Die letzte Konsequenz dieser Unternehmenspolitik ist, die alten Wohnquartiere mit einer Strategie des „Abriss und Neubau" zu sanieren. Damit entgeht ein Wohnungsunternehmen dem Zugriff der Mietzinsbindung und kann im Neubau normale Renditen erwirtschaften. Es ist kein Zufall, dass Abriss und Neubau im Berlin der frühen achtziger Jahre die herrschende Stadtentwicklungspolitik war, die gerade von den städtischen Wohnungsbaugesellschaften umgesetzt wurde. Erst aufgrund massiver Proteste aus der Bevölkerung und spektakulärer Hausbesetzungen gab der Berliner Senat diese Politik auf und ersetzte sie durch die Strategie der „behutsamen Stadterneuerung".

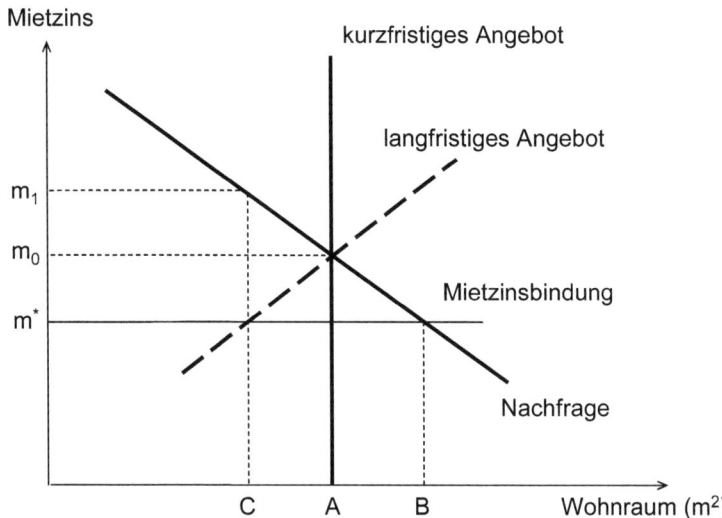

Abb. 6.2 Die Mietzinsbindung auf dem Wohnungsmarkt. Bei effektiver Mietzinsbindung ($m^* < m_0$) entsteht eine Überschussnachfrage (AB), so dass der Wohnungsbestand rationiert werden muss. Das Angebot reagiert langfristig elastisch und die Überschussnachfrage wird größer (CB). Der Marktwert einer Mietwohnung steigt. Für das Recht auf eine Wohnung mit Mietzinsbindung wird eine Rente entsprechend $m_1 - m^*$ gezahlt („Abstand"). Für Wohnungssuchende wird eine Mietwohnung damit teurer als auf einem Markt ohne Mietzinsbindung (m_0)

Auch das private Mietwohnungsangebot reagierte elastisch auf die Mietzinsbindung. Anders als die städtischen Wohnungsunternehmen haben die privaten Anbieter aber vor allem den Weg gesucht, Mietwohnungen einer anderen Verwendung zuzuführen. Dieses Ausweichverhalten wurde vom Berliner Senat erschwert, nach Möglichkeit unterbunden. So gab es die so genannte Zweckentfremdungsverordnung, die eine Umwandlung von Mietwohnungen in Büroräume an strenge Bedingungen knüpfte. Die Umwandlung eines Miethauses in Eigentumswohnungen (Realteilung) wurde ebenfalls erschwert. Für die Kündigung von Mietern in einer Eigentumswohnung zum Zwecke des Eigenbedarfs wurden lange Fristen verordnet usw. Alle diese Maßnahmen verfolgten allein den Zweck, eine Umgehung der Mietzinsbindung für Altbauwohnungen zu verhindern. In diesem Konflikt, der ständig weitere Interventionen der Regierung erforderlich machte, erwiesen sich schließlich die finanziellen Anreize als das wirksamste Mittel. Im Zuge der behutsamen Stadterneuerung hat die Regierung Berlins (mit Unterstützung des Bundes) ein umfangreiches Programm der Modernisierung und Instandsetzung von Mietwohnungen gestartet, das den Anbietern von Mietwohnungen jene Mittel zur Verfügung stellte, die ihnen durch die Mietzinsbindung versagt worden waren.

Im Rückblick erweist sich die Mietzinsbindung in Berlin als Lehrbeispiel einer falsch konzipierten Wohnungsbaupolitik. Dass die Mietzinsbindung in Berlin so lange beibehalten wurde, ist erstaunlich, weil die Wohnungspolitik längst andere Instrumente entwickelt hatte, um soziale Zielsetzungen zu verfolgen. So gibt es seit 1965 das Wohngeld, das für bedürftige Haushalte einen direkten Zuschuss zu den Wohnkosten darstellt. Und mit dem Wohnraumkündigungsschutzgesetz von 1974 wurde die „Vergleichsmiete" eingeführt. Das ist ein Standard für Mietzinsanpassungen, der gewährleistet, dass Mieter mit bestehenden Mietverträgen nicht übervorteilt werden. Diese Beispiele zeigen, dass die Politik bei der Verfolgung sozialer Ziele durchaus auf andere Instrumente zurückgreifen kann als die direkte Preiskontrolle.

6.3 Mindestpreise

Der andere Fall direkter Preisregulierung sind staatlich festgesetzte Mindestpreise. In diesem Fall greift der Staat zugunsten der Anbieter regulierend in die Marktpreisbildung ein. Wird ein Mindestpreis festgesetzt und der Absatz zu diesem Preis garantiert, so können die Anbieter mit einem garantierten Umsatz rechnen. Bei gegebenen Kosten wird damit auch ihr Einkommen (Gewinn) garantiert. Nach diesem Muster hat man in der Europäischen Gemeinschaft die „Gemeinsame Agrarpolitik" (GAP) gestaltet, in der Absicht, das Einkommen der landwirtschaftlichen Betriebe, insbesondere der Kleinbetriebe, zu sichern. In den sechziger Jahren des vorigen Jahrhunderts, als die GAP eingeführt wurde, war die Landwirtschaft einem intensiven Strukturwandel ausgesetzt („grüne Revolution"), der die Arbeitsproduktivität in diesem Wirtschaftsbereich kräftig erhöhte und viele Arbeitskräfte freisetzte. Hinzu kam der Wettbewerb in einem gemeinsamen europäischen Markt, der durch die GAP, die in der Europäischen Gemeinschaft einheitliche Preise für Agrarprodukte setzte, gesteuert werden sollte. Obwohl die GAP auf die Stabilisierung und Sicherung der Einkommen ausgerichtet war, hat man nicht das Mittel direkter Einkommenstransfers (staatliche Unterstützungszahlungen) gewählt. Die Bauern sollten vielmehr weiterhin nur Markteinkommen erzielen und sich wie Marktakteure verhalten. Die fiskalischen Kosten der GAP nehmen inzwischen etwa 40% des gesamten Budgets der Europäischen Union in Anspruch, das sind rund 40 Mrd € pro Jahr. Eine grundlegende Reform der Agrarpolitik ist immer wieder gefordert worden, insbesondere in Zusammenhang mit den Erweiterungsrunden in der Europäischen Gemeinschaft. Bislang hat das Grundprinzip der Preisregulierung aber alle Reformbemühungen überdauert. Im Zuge der Reformen hat sich die GAP zu einem komplizierten Interventionsmechanismus entwickelt, auf den wir hier nicht näher eingehen müssen. Das Grundprinzip der Preisregulierung, aus dem die wichtigen Schlussfolgerungen abgeleitet werden können, ist nämlich recht einfach und kann in einem elementaren preistheoretischen Modell analysiert werden.

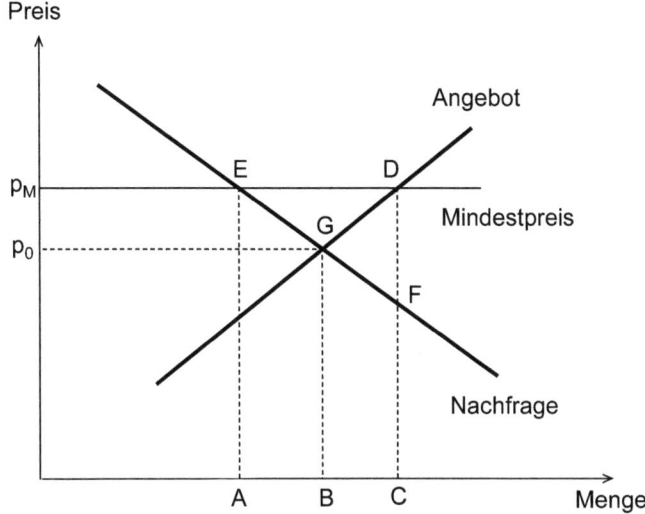

Abb. 6.3 Ein Mindestpreis für Agrarprodukte. Das Überschussangebot (AC) beim Mindestpreis (p_M) wird vom Staat aufgekauft. Die Anbieter erzielen ein zusätzliches Einkommen, weil sie eine größere Menge zu einem höheren Preis verkaufen als im Marktgleichgewicht. Der Staat trägt zu diesem Zusatzeinkommen in Höhe von ACDE bei. Die privaten Verbraucher zahlen einen höheren Preis, fragen aber weniger nach. Die volkswirtschaftlichen Kosten der Überschussproduktion, die unmittelbar entstehen, werden durch die Fläche DFG abgebildet.

Im Grundsatz funktioniert die GAP so, dass der Ministerrat der Europäischen Gemeinschaft für wichtige Agrarprodukte Richtpreise (früher: „Interventionspreise") festlegt. Diese in einem politischen Entscheidungsprozess bestimmten Richtpreise haben die Funktion eines Mindestpreises. Erzielen die Anbieter von Agrarprodukten am Markt Preise, die unter dem Richtpreis liegen, so kauft eine staatliche Vorratsstelle die Überschussproduktion auf, bis der Marktpreis wieder dem Richtpreis entspricht. Es ist klar, dass diese Preisregulierung einen Anreiz ausübt, die Produktion auszudehnen. Jeder Anbieter im Markt wird die Produktion so lange erhöhen, wie die Kosten der zuletzt produzierten Mengeneinheit noch niedriger sind als der Richtpreis (Marginalprinzip). Und Anbieter, die (zu Marktpreisen) eigentlich aus dem Markt ausscheiden und ihre Produktion auf andere Erzeugnisse umstellen würden (weil sie die Opportunitätskosten nicht mehr erwirtschaften), bleiben im Markt.

So sichert die Preisregulierung zwar das Einkommen der Landwirte und erreicht durch Preisanpassungen, dass die landwirtschaftlichen Einkommen im Zuge des allgemeinen Einkommenswachstums auch steigen. Aber sie erzeugt auch eine ständige Überschussproduktion und hemmt den Strukturwandel in der Landwirtschaft. Der Staat muss also durch Folge-Interventionen versuchen, die Anreize zu simulieren, die er zunächst durch Ausschaltung der Marktpreisbildung lahm gelegt hat. Das macht das Interventionssystem nicht nur äußerst kompliziert und anfällig für betrügerisches Verhalten, sondern verursacht auch hohe volkswirtschaftliche Kosten. Die erste Konsequenz ist, dass ein effektiver Richtpreis landwirtschaftliche Produkte verteuert: Die Leute zahlen mehr für Lebensmittel als im Marktgleichgewicht (ohne Preisregulierung). Die zweite Konsequenz ist, dass die Einfuhr landwirtschaftlicher Produkte in die Europäische Gemeinschaft beschränkt werden muss, damit die Preisregulierung nicht durch billigere Importe unterlaufen wird. Zu diesem Zweck darf die Europäische Gemeinschaft sogar Importquoten verordnen – ein Instrument der Importbeschränkung, das (anders als Zölle) nach den Grundsätzen der Welthandelsorganisation eigentlich nicht erlaubt ist. Schließlich wirft die Marktregulierung die Frage auf, was mit den Überschüssen geschehen soll, die von der staatlichen Vorratsstelle aufgekauft wurden. Die Überschussproduktion als solche stellt bereits eine volkswirtschaftliche Verschwendung dar, weil die (Opportunitäts-)Kosten der Produktion höher sind als die Zahlungsbereitschaft der Nachfrager für die überschüssig produzierte Menge. Weitere Zusatzkosten entstehen bei der Vermarktung bzw. Vernichtung der Überschüsse. Bei den Verhandlungen der jüngsten Welthandelsrunde (Doha-Runde) ging eine der großen Kontroversen darum, die Europäer zu einem Verzicht auf Exportsubventionen für Agrarprodukte zu bewegen. Es ist bislang gängige Praxis der Europäischen Gemeinschaft (aber auch der USA), die durch die Preisregulierung erzeugten Überschüsse an Agrarprodukten auf dem Weltmarkt abzusetzen. Da die Weltmarktpreise aber unterhalb der an die Bauern gezahlten Richtpreise liegen, gelingt der Export nur zu Preisen, die auf das Niveau der Weltmarktpreise herunter subventioniert werden. Diese Praxis geht offensichtlich zu Lasten der Entwicklungsländer, die auf dem Weltmarkt entsprechend geringere Preise für ihre landwirtschaftliche Produktion erzielen. In diesem Streit hat die Europäische Gemeinschaft nunmehr eingelenkt. Nach einer mehrjährigen Übergangsfrist wird sie die Exportsubventionen für Agrarprodukte abbauen.

Wir fassen zusammen: Während eine Steuer den Prozess der Marktpreisbildung im übrigen nicht beeinträchtigt, also die Preisbildung den Entscheidungen der privaten Marktakteure überlässt („marktkonforme" Eingriffe), gibt es andere Fälle, in denen der Staat die Preise direkt festsetzt. In der Regel versuchen Regierungen dabei, verteilungspolitische und sozialpolitische Ziele durchzusetzen. Sie gehen von der Annahme aus, dass das Marktergebnis eines nicht regulierten Marktes mit den sozialen Zielen in Konflikt geraten würde und versuchen, ein nicht „sozial verträgliches" Ergebnis durch Preisregulierung zu verhindern. Die Risiken und Nebenwirkungen einer solchen Therapie lassen sich bereits mit unserem einfachen Marktmodell aufzeigen.

Staatlich festgesetzte Höchstpreise haben, sofern sie effektiv werden, unerwünschte Nebenwirkungen:

1. Es kommt zu einer anhaltenden Angebotsverknappung bei dem betreffenden Gut, die zu Warteschlangen führt und Rationierung erforderlich macht,
2. Es entwickelt sich ein illegaler oder "schwarzer" Markt, auf dem das Gut mehr kostet als auf einem nicht regulierten Markt,
3. Unkontrollierbare Verteilungswirkungen dieses Marktes konterkarieren die verteilungspolitischen Ziele der Höchstpreisvorschrift,
4. Jene, die das Gut zum regulierten Preis erwerben, werden zu verschwenderischer Nutzung angeregt,
5. Selbst wenn der Staat eine Umgehung der Höchstpreisvorschrift wirksam verhindern kann, sind weitere Eingriffe in den Marktmechanismus unvermeidbar.

Auch staatlich festgesetzte Mindestpreise haben, sofern sie effektiv werden, entsprechende Konsequenzen. Insbesondere:

1. Es kommt zu einem anhaltenden Überschussangebot auf dem regulierten Markt, das vernichtet bzw. zu hohen Kosten gelagert werden muss (z.B. Ernteüberschüsse),
2. Nicht mehr wettbewerbsfähige Betriebe werden erhalten und auf Dauer entsteht für alle begünstigten Betriebe ein Anreiz zu ineffizienter Produktion,
3. Der Wettbewerb unter den Anbietern verlagert sich auf den "Nicht-Preis-Wettbewerb" (z.B. Service" der Fluglinien),
4. Produktive Ressourcen werden in Tätigkeiten gebunden, die darauf abzielen, aus der staatlichen Preisregulierung Profit zu schlagen.

Kontrollfragen

1. Welche Ziele verfolgt der Staat mit der Regulierung von Märkten und welche Instrumente setzt er dafür ein?
2. Welche Wirkungen hat ein effektiver Mindestpreis aus volkswirtschaftlicher Sicht?
3. Stellen Sie das Modell eines effektiven Höchstpreises graphisch dar!
4. Welche Marktseite wird durch eine Höchstpreisvorschrift rationiert?
5. In welcher Höhe wird sich vermutlich ein „Schwarzmarktpreis" einstellen?

7 Kostenfunktion und Angebot des Unternehmens im Konkurrenzmarkt

Wir haben bisher die Preisbildung aus dem Zusammenspiel von Angebot und Nachfrage erklärt. Die Marktakteure gehen von bestimmten Preisvorstellungen aus, wenn sie ihre Angebotspläne und Nachfragepläne machen, und über die Interaktion auf dem Markt bildet sich ein Gleichgewichtspreis, bei dem sowohl die Anbieter als auch die Nachfrager ihre Pläne realisieren können.

Aber auf welcher Höhe stellt sich dieser Gleichgewichtspreis ein? Die Frage nach der absoluten Höhe des Preises war eine der Hauptfragen, die von der klassischen Politischen Ökonomie untersucht wurden. Die Antwort der Klassiker war, dass sich der Preis eines produzierten Gutes nach den Kosten der Herstellung richtet und der Wertmaßstab die dafür insgesamt aufgewendete Arbeitszeit ist (Arbeitswertlehre). So hat David Ricardo in seinem Gedankenexperiment die komparativen Kosten aus den Arbeitskoeffizienten abgeleitet (→Kap. 3). Die klassische Politische Ökonomie hat damit eine analytische Leistung vollbracht, mit der sie der tradierten Vorstellung von einem „gerechten Preis" entgegentreten konnte. Die moderne Volkswirtschaftslehre („Neoklassik") hat das klassische Konzept der Kostenpreise verworfen, nicht zuletzt weil es offen lässt, wodurch sich der Wert der Arbeit bestimmt. Mit dem Konzept der Opportunitätskosten ist nicht mehr die Vorstellung verbunden, dass die Kosten die absolute Höhe des Preises bestimmen. Dennoch spielen die Kosten auch in der modernen Theorie eine entscheidende Rolle bei der Erklärung der Güterpreise, weil sie in das Angebotskalkül der Unternehmen eingehen.

Wir betrachten im Folgenden das Angebotsverhalten von Unternehmen, die Güter herstellen und auf einem Konkurrenzmarkt anbieten. Wir wissen bereits, wie das Angebot auf Preisänderungen reagiert. Steigt der Marktpreis für ein Gut, so werden die Unternehmen in der Regel ihre Produktion erhöhen und das Gut vermehrt anbieten. Auf ein Sinken des Marktpreises werden sie dagegen mit einer Produktionseinschränkung reagieren. Auf diese Weise trägt das Verhalten der Anbieter in der Regel dazu bei, dass der Markt Schocks verarbeitet (im Beispiel handelt es sich um Nachfrageschocks) und wieder zu einem Gleichgewicht zurückfindet.

Wir haben dieses Anbieterverhalten bisher nur allgemein damit begründet, dass ein Unternehmen im Fall steigender Marktpreise zusätzliche Gewinne erzielen kann, wenn es die Produktion und das Güterangebot erhöht – und *vice versa*. Die Bedingungen, unter denen diese Aussage zutrifft, werden wir nun genauer fassen.

In der mikroökonomischen Theorie ist die grundsätzliche Verhaltenshypothese für ein Unternehmen, dass das Interesse des Unternehmens darauf gerichtet ist, Gewinne zu erzielen. Wir nehmen also an, dass ein Unternehmen seine Produktionspläne und Angebotspläne ändert, wenn es seinen Gewinn steigern kann. In der formalen Analyse wird diese Annahme streng gefasst und als Hypothese der Gewinnmaximierung formuliert. Unter verschiedenen Handlungsalternativen wählt ein ökonomisch rational handelndes Unternehmen also jeweils jene aus, die den größten (maximalen) Gewinn verspricht. Die Handlungsmöglichkeiten eines Unternehmens sind aber beschränkt. Ein Unternehmen kann seinen Gewinn nicht beliebig steigern. Der größtmögliche Gewinn, den es unter den gegebenen Handlungsrestriktionen erreicht, kann unter Umständen recht bescheiden sein. Es ist sogar möglich, dass ein Unternehmen keine andere Wahl hat, als sich unter verschiedenen Handlungsalternativen für jene mit den geringsten Verlusten zu entscheiden („Verlustminimierung"). Die Gewinnmaximierungshypothese wird daher immer als eine Verhaltenshypothese unter Nebenbedingungen formuliert. Diese sind im Modell explizit anzugeben, sie sind aber keineswegs konstant, sondern hängen selbst wieder von anderen Einflussgrößen ab. Zu den Nebenbedingungen, unter denen ein Unternehmen auf einem Konkurrenzmarkt handelt, gehört beispielsweise implizit das Verhalten der Konkurrenten. Für das einzelne Unternehmen ist der Marktpreis gegeben. Wenn aber ein Unternehmen eine Gewinnchance nicht ergreift, so werden es andere tun, und neue Unternehmen werden auf den Markt drängen mit der Folge, dass der Marktpreis des Gutes sinkt und die Überlebensfähigkeit des Unternehmens gefährdet ist. Jedes Unternehmen steht also auf einem Konkurrenzmarkt unter dem Druck des Marktes, Gewinnchancen auch wahrzunehmen. Hier zeigt sich das Wirken der „unsichtbaren Hand" Adam Smiths, die das Interesse des Einzelnen auf die gewinnträchtigen Tätigkeiten lenkt, auf Dauer aber die Gewinne begrenzt. Im Modell des Konkurrenzmarktes kommen wir sogar zu der Aussage, dass der Gewinn, den ein Unternehmen über eine „normale" Verzinsung des eingesetzten Kapitals hinaus langfristig erzielen kann, gegen Null tendiert.

Wir werden im Folgenden eine einfache Strategie der Gewinnmaximierung untersuchen. Da die Preise im Modell des Konkurrenzmarktes für das einzelne Unternehmen ein Datum darstellen, bleibt ihm nur eine Mengenstrategie. Das Unternehmen hat zu entscheiden, welche Produktmenge bei gegebenen Marktpreisen den größten Gewinn verspricht. Wir nehmen weiter an, dass die Produktionstechnik gegeben ist. Damit wissen wir, wie sich mit der Produktmenge die Einsatzmenge der Produktionsfaktoren verändert. Da im Modell des Konkurrenzmarktes auch die Preise der Produktionsfaktoren gegeben sind, können wird somit eine Aussage über die Kosten des Unternehmens machen. Die Kosten verhalten sich aber nicht proportional zur Produkmenge wie im klassischen Fall konstanter Arbeitskoeffizienten. Wir treffen vielmehr eine allgemeinere Annahme darüber, welche Produktionsfaktoren vermehrt eingesetzt werden müssen, damit die Produktion ausgeweitet werden kann. Insbesondere nehmen wir an, dass ein Teil der Produktionsfaktoren nicht beliebig teilbar ist und auf jeden Fall in einer Mindestmenge bereitgestellt werden muss, damit die Produktion eines Gutes überhaupt aufgenommen werden kann. Dabei handelt es sich um die Infrastruktur eines Unternehmens, wie Bauten und Ausrüstungsinvestitionen, aber auch das Management usw. Damit lernen wir zu unterscheiden, wodurch das Angebot des Unternehmens auf kurze Sicht und auf lange Sicht bestimmt wird.

7.1 Gewinnmaximierung im Konkurrenzmarkt

Ein Unternehmen, das auf einem Konkurrenzmarkt anbietet, kann den Produktpreis nicht beeinflussen. Sein Gewinn hängt aber von der abgesetzten Produktmenge ab. Damit stellt sich die Frage, bei welcher Produktmenge das Unternehmen den maximalen Gewinn erzielt. Auf diese Frage gibt es in einem Konkurrenzmodell eine eindeutige Antwort.

Wir definieren den Gewinn als eine Funktion der Produktmenge x:

$$G = f(x);$$

In der Modelltheorie ist die dafür übliche Schreibweise

$$G = G(x);$$

Der Gewinn wird als Differenz zwischen dem Erlös des Unternehmens (E) und den Kosten (K) ermittelt. Sei p der Produktpreis und E=p·x der Erlös, so ist der Gewinn

$$G(x) = px - K(x); \tag{7.1}$$

Da der Produktpreis gegeben ist, können wir die Frage nach der gewinnmaximalen Produktmenge beantworten, wenn wir wissen, wie die Kosten mit der Produktmenge variieren.

Die Kosten des Unternehmens werden durch die zur Produktion des Gutes eingesetzten Mengen der Produktionsfaktoren (y) und die Faktorpreise (q) bestimmt.

$$K = q_1 y_1 + q_2 y_2 + \ldots + q_n y_n \tag{7.2}$$

Da wir im Rahmen eines Konkurrenzmodells argumentieren, können wir auch die Faktorpreise als gegeben annehmen. Damit bleibt für die Beantwortung unserer Frage die Beziehung zwischen der Produktmenge und den Faktoreinsatzmengen zu klären. Diese Beziehung wird durch die Produktionsfunktion abgebildet.

7.2 Die Produktionsfunktion

Mit der Produktionsfunktion beschreiben wir die technischen Produktionsbedingungen eines Unternehmens. Im Gedankenexperiment von Ricardo haben wir bereits eine einfache Produktionsfunktion kennen gelernt (→ Kap. 3). Der Arbeitskoeffizient gibt den erforderlichen Arbeitseinsatz an, um eine Mengeneinheit eines Gutes herzustellen. Diese Produktionsfunktion hat zwei besondere Eigenschaften, die sie für die Untersuchung mancher Probleme geeignet erscheinen lassen, die aber (in Kombination) sehr spezifisch sind. Erstens betrachten wir die technische Beziehung zwischen der Produktmenge und dem Einsatz nur *eines* Produktionsfaktors, nämlich Arbeit. Und zweitens nehmen wir an, dass diese technische Beziehung unabhängig vom Produktionsniveau gilt, die erforderliche Arbeitsmenge für die Produktion einer weiteren Einheit des Produkts also unabhängig davon ist, wie viel bereits produziert wurde (Annahme der Konstanz des Arbeitskoeffizienten).

In ihrer allgemeinen Form ist die Produktionsfunktion definiert als der funktionale Zusammenhang zwischen dem Faktoreinsatz und dem Produktionsergebnis; sie gibt an, welche Produktmenge x unter Einsatz von n Produktionsfaktoren y produziert werden kann. In dieser allgemeinen Form liegt der Produktionsfunktion nur eine spezifische Annahme zugrunde: Sie gilt für einen gegebenen Stand der Technologie.

$$x = x(y_1, y_2, ..., y_n)$$

Wir werden die Produktionsfunktion aber im Folgenden spezifischer fassen und – wie bei Ricardo – annehmen, dass die Variation der Einsatzmenge *eines* Produktionsfaktors genügt (beispielsweise Arbeit), um die Produktmenge zu erhöhen. Diesen Fall nennt man partielle Faktorvariation. Das heißt der Einsatz eines Teils der Produktionsfaktoren wird variiert, z.B. der Einsatz des Faktors Arbeit, die übrigen Produktionsfaktoren werden konstant gehalten. Wie im Fall des Modells der Preisbildung benutzen wir also eine reduzierte Form der Produktionsfunktion. Diese Funktion hat den großen Vorteil, dass sie sich in einem zweidimensionalen Diagramm darstellen lässt (Abb. 7.1).

Anders als bei Ricardo nehmen wir an, dass die funktionale Beziehung zwischen der Produktmenge und dem Arbeitseinsatz sich ändert, wenn das Produktionsniveau steigt: Der Arbeitskoeffizient ist nicht konstant, sondern wird mit zunehmender Produktmenge größer. Diese Annahme können wir uns am besten mit dem Marginalprinzip verständlich machen. Die Ausdehnung der Produktion um eine Mengeneinheit erfordert – bei Konstanz der übrigen Produktionsfaktoren – einen immer größeren Arbeitsaufwand. Oder – da wir den Kehrwert des Arbeitskoeffizienten als Arbeitsproduktivität definieren können – die Produktivität einer zusätzlich geleisteten Arbeitsstunde wird – bei Konstanz der übrigen Produktionsfaktoren – immer kleiner, je weiter wir die Produktion durch vermehrten Arbeitseinsatz erhöhen.

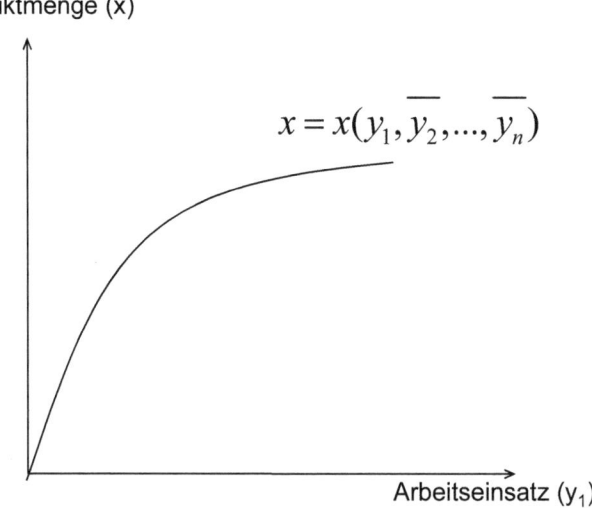

Abb. 7.1 Der Strich über den Faktoren y_2 (z.B. Kapital) bis y_n (z.B. Boden) bedeutet, dass deren Einsatzmenge konstant gehalten wird. Das Grenzprodukt der Arbeit, d.h. die Veränderung des Output bei einer kleinen Erhöhung des Arbeitseinsatzes ist positiv, nimmt aber mit steigendem Arbeitseinsatz ab. Formal bedeutet dies, dass die erste Ableitung der Produktionsfunktion nach dem Faktor Arbeit positiv, die zweite Ableitung negativ ist. Die Produktionsfunktion hat also eine positive, aber abnehmende Steigung

Wird von den anderen Produktionsfaktoren mehr eingesetzt, erhöhen wir z.B. die Menge an Realkapital (produzierte Kapitalgüter), oder wird eine neue, bessere Technologie eingeführt, so müssen wir die Produktionsfunktion neu definieren. In Abb. 7.1. dreht sich die Produktionsfunktion nach oben. Das bedeutet, dass bei jeder Arbeitsmenge eine größere Outputmenge produziert werden kann.

7.3 Fixe und variable Kosten

Aus der Sicht eines einzelnen Unternehmens zählen nicht nur die gesamtwirtschaftlichen Produktionsfaktoren Arbeit, Kapital, Boden zu den eingesetzten Faktormengen, sondern auch die Vorleistungen anderer Unternehmen. Wir nehmen nun der Einfachheit halber an, dass das Unternehmen nur ein Produkt herstellt und anbietet, so dass der gesamte Faktoreinsatz diesem Produkt zugerechnet werden kann. Außerdem nehmen wir an, dass ein Teil der Kosten unabhängig von der Produktmenge anfällt (fixe Kosten; overhead cost). Das Unternehmen kann also die Produktmenge variieren, ohne dass sich deshalb der gesamte Faktoreinsatz verändern muss. Maßgeblich für die Bestimmung des Gewinnmaximums sind nur jene Kosten, die mit der Produktmenge variieren (variable Kosten). Um diese Kosten abzubilden, bestimmen wir die Inverse der Produktionsfunktion, d.h. die Beziehung zwischen der Produktmenge und den zur Produktion erforderlichen Faktoreinsatzmengen, und multiplizieren diese mit den Faktorpreisen.

Gibt es nur einen variablen Faktor, so lautet die Produktionsfunktion

$$x = x(y_1, \overline{y_2}, ..., \overline{y_n}).\qquad(7.3)$$

Die Inverse („Verbrauchsfunktion") gibt an, ie viel Einheiten des variablen Faktors erforderlich sind, um die Produktmenge x herzustellen

$$y_1 = y_1(x).\qquad(7.4)$$

Die Funktion der variablen Kosten gibt entsprechend den mit Faktorpreisen bewerteten Faktorbedarf an

$$K_v(x) = q_1 f(x).\qquad(7.5)$$

7.4 Bestimmung des Gewinnmaximums

Die Gesamtkosten sind die Summe aus fixen und variablen Kosten

$$K(x) = K_f + K_v(x)\qquad(7.6)$$

das Gewinnmaximum:

$$\max_x G(x) = px - K(x)$$

liegt bei $dG/dx = 0$, d.h:

$$p - K'(x) = 0.\qquad(7.7)$$

Diese Gewinnmaximierungsregel lässt sich intuitiv leicht nachvollziehen. Durch Erhöhung der Produktion um eine Einheit kann das Unternehmen einen zusätzlichen Erlös in Höhe von p erzielen. Andererseits entstehen auch zusätzliche Kosten.

K'(x), die Ableitung der Kostenfunktion nach x, gibt an, um ie viel sich die Kosten verändern, wenn die Produktmenge x um eine Einheit erhöht bzw. vermindert wird. Das Gewinnmaximum ist erreicht, wenn der Zusatzerlös (p) gerade ausreicht, die Zusatzkosten (*Grenzkosten*) zu decken.

Die *Grenzkosten* werden offensichtlich von den variablen Kosten und damit vom Verlauf der Verbrauchsfunktion (der Inversen der Produktionsfunktion) bestimmt.

Die kritische Annahme dabei ist, dass der spezifische Faktorverbrauch mit zunehmender Produktionsmenge größer wird. Bei gegebenen Faktorpreisen steigen deshalb die Grenzkosten mit der Produktionsmenge. Diese Annahme wird kontrovers diskutiert. Es wird insbesondere in Frage gestellt, ob sie die technischen Bedingungen der Industrieproduktion zutreffend beschreibt.

Da es sich hierbei um eine zentrale Annahme in der mikroökonomischen Theorie handelt, die den Verlauf der Angebotsfunktion des Unternehmens bestimmt, müssen wir uns über diesen Punkt im Klaren sein. Eine inhaltliche Begründung für diese Annahme finden wir in der Substituierbarkeit der Produktionsfaktoren. Wenn es möglich ist, die Produktion zu erhöhen ohne alle Produktionsfaktoren im gleichen Ausmaß vermehrt einzusetzen – davon sind wir ausgegangen -, so verändert sich das Einsatzverhältnis der Faktoren untereinander. Wir nehmen damit an, die Faktoren untereinander substituieren zu können. Wenn eine Maschine von einem Arbeiter bedient werden kann, aber auch ein zweiter Arbeiter beschäftigt wird, wie wirkt sich das auf das Produktionsergebnis aus? Man kann sich gut vorstellen, dass diese „Substitution" zu nichts führt, weil der zweite Arbeiter an diesem Arbeitsplatz überhaupt nicht zum Mehrprodukt beiträgt. Im Allgemeinen wird man aber annehmen können, dass ein zusätzlich beschäftigter Arbeiter einen Produktionsbeitrag leistet, wenn auch einen geringeren als die bereits beschäftigten Arbeitskräfte, so dass die Grenzkosten mit der Produktionsausdehnung steigen.

7.5 Grenzkosten und Angebotsfunktion

Die Angebotsfunktion des Unternehmens ist unter den gesetzten Annahmen identisch mit der Grenzkostenfunktion, da das Unternehmen bei Marktpreisänderungen sein Angebot solange anpasst, bis die Bedingung Preis = Grenzkosten wieder erfüllt ist.

Wenn wir die Angebotsfunktion eines Unternehmens kennen, können wir die Angebotsfunktion des Marktes durch Aggregation ermitteln. Dazu müssen wir zu jedem gegebenen Marktpreis die Angebotspläne der Unternehmen addieren. Es ergibt sich wiederum ein positiver Zusammenhang zwischen Preisen und Mengen, d.h. bei steigenden Preisen erhöht sich das Marktangebot. Im Unterschied zur Unternehmensebene gibt es aber auf der Marktebene einen weiteren Grund für diesen Verlauf der Angebotsfunktion.

- Wie auf der Unternehmensebene steigen die Angebotspreise mit den Grenzkosten, weil der spezifische Faktorverbrauch entsprechend dem Verlauf der Produktionsfunktion steigt,
- Mit zunehmender Produktion des Gutes steigt die Nachfrage nach den Produktionsfaktoren und diese Erhöhung der Nachfrage bewirkt einen Anstieg der Faktorpreise. Anders als die Nachfrage eines einzelnen Unternehmens hat die Nachfrage eines ganzen Industriezweiges Einfluss auf den Faktorpreis. Auch dadurch steigen die Grenzkosten und damit der Angebotspreis.

Die kurze und die lange Frist

Bisher haben wir die Einflussgrößen untersucht, die das Angebot der Unternehmen kurzfristig bestimmen. Wir erweitern nun den zeitlichen Horizont und fragen nach den Bestimmungsgründen des Angebots in einer langfristigen Perspektive. Zur Unterscheidung zwischen dem kurzfristigen und dem langfristigen Angebotsverhalten benutzen wir zwei Kriterien, die beide in das langfristige Angebotskalkül der Unternehmen eingehen. Auf kurze Sicht trifft ein Unternehmen die Entscheidung über die gewinnmaximale Produktmenge bei gegebener Produktionskapazität und gegebener Produktionstechnik. Wenn dagegen ein Unternehmen die Produktionskapazität ändert oder (meist in Verbindung damit) eine neue Produktionstechnik einführt, so sprechen wir von einer langfristigen Entscheidung. Die Unternehmensleitung legt sich mit einer solchen Entscheidung auf lange Sicht fest: Sie kann die Entscheidung kurzfristig nicht – der nur zu hohen Kosten – rückgängig machen.

Damit gewinnt die Produktions- und Angebotsentscheidung eine neue Qualität. Ein Grund dafür wurde bereits erwähnt: Nicht alle Produktionsfaktoren sind beliebig teilbar. Wenn das Unternehmen mit der Ausdehnung der Produktion an die Grenze seiner Produktionsmöglichkeiten stößt, erfordert eine weitere Produktionserhöhung den Aufbau einer zusätzlichen Produktionskapazität mit einer bestimmten Mindestgröße. Der zweite Grund liegt in der Irreversibilität einer solchen Entscheidung. Wurde in eine neue Produktionskapazität investiert, so ist das investierte Kapital gebunden und kann nicht ohne Verluste wieder herausgezogen werden. Die ökonomische Theorie bezeichnet diesen Fall bildhaft als den Fall der versenkten oder versunkenen Kosten (*sunk cost*). Diese Gründe gelten auch, wenn über die Einführung einer neuen Technik zu entscheiden ist.

Schließlich nimmt ein Unternehmen auch eine langfristige Perspektive ein, wenn zu entscheiden ist, ob eine gegebene Kapazität, die physische oder technologisch veraltet ist, erneuert werden soll („Ersatzinvestition"). Während die Entscheidung über eine Kapazitätsausweitung typisch für wachsende Märkte ist, handelt es sich bei der Frage der Kapazitätserneuerung um eine typische Entscheidung auf schrumpfenden Märkten, auf denen die Nachfrage tendenziell sinkt.

In allen diesen Fällen ist es schwierig, eine Angebotsfunktion zu bestimmen. Denn auf lange Sicht richtet sich der Angebotspreis nicht mehr nach den (kurzfristigen) Grenzkosten. Wir müssen vielmehr untersuchen, welchen Einfluss die Änderung der Produktionskapazität und/oder die Einführung einer neuen Technologie auf die Produktionskosten und damit auf den Angebotspreis haben. Diese Fragen können wir im Rahmen unseres einfachen Modells nicht mehr beantworten, weil wir nicht mehr von einer gegebenen Produktionsfunktion ausgehen können. Vielmehr müssen wir die genannten Entscheidungen analytisch in einer Verschiebung/Drehung der Produktionsfunktion zum Ausdruck bringen.

Zu einem Teil werden wir das langfristige Angebotskalkül eines Unternehmens bei der Behandlung der ökonomischen Rente noch einmal aufgreifen (→Kap. 12). Die formale Analyse werden wir aber in dieser Einführung nicht weiter vertiefen. Zwei Schlussfolgerungen sind dennoch möglich. Auf lange Sicht ändert sich das technische Wissen und damit die jeweils eingesetzten Produktionsverfahren. Tendenziell werden damit die Produktionsmöglichkeiten – bei gegebenen Einsatzmengen der Produktionsfaktoren – erweitert (→ Kap. 2). Wir können also schließen, dass auf lange Sicht der Angebotspreis eines Gutes aufgrund der Änderung der Produktionstechnik sinkt (Verschiebung der Angebotsfunktion). Zweitens sind in einer Volkswirtschaft mit technischem Wandel zu einem beliebigen Zeitpunkt mehrere Technologien verfügbar. Das bedeutet, dass auf einem Markt gleichzeitig Unternehmen anbieten, die mit unterschiedlichen Technologien produzieren. Eine Ausdehnung des Marktangebots kann in diesem Fall kurzfristig auch dadurch erreicht werden, dass vermehrt alte (technisch ineffiziente) Technologien eingesetzt werden. Mit steigenden Preisen kommt deshalb auch das Angebot von Unternehmen auf den Markt, die zu relativ hohen Kosten anbieten („Grenzanbieter").

Kontrollfragen

1. Welche Beziehung bildet eine Produktionsfunktion ab?
2. Wodurch unterscheiden sich fixe und variable Kosten?
3. Was bestimmt den typischen Verlauf der Kostenkurve eines Unternehmens auf kurze und auf lange Sicht?
4. Wie ist das Gewinnmaximum eines Unternehmens im Konkurrenzmarkt definiert?
5. Wie verläuft die Angebotsfunktion im Konkurrenzmarkt auf kurze und auf lange Sicht?
6. Was besagt das Ertragsgesetz und unter welchen Annahmen ist es gültig?

8 Modelle der Marktpreisbildung (2): Monopolpreisbildung und strategisches Preissetzen

Wir betrachten nun die Preisbildung auf Märkten, die dadurch gekennzeichnet sind, dass das Verhalten einzelner Marktteilnehmer einen spürbaren Einfluss auf den Marktpreis hat. Für diese Akteure ist der Preis also kein Datum, sondern wird zu einer strategischen Variablen, die von ihnen bestimmt werden kann. Damit führen wir ein Kriterium für Marktmacht in die Analyse ein. Wer den Preis bestimmen kann, zu dem ein Gut angeboten oder nachgefragt wird, besitzt Marktmacht. Auch unter diesen Bedingungen können wir ein Marktgleichgewicht definieren. Das bedeutet, dass Akteure mit Marktmacht den Preis keineswegs beliebig setzen, sondern unter bestimmten Restriktionen handeln. Wir fragen also wiederum nach den Bedingungen für ein Marktgleichgewicht. Wir werden aber feststellen, dass die Koordinationsfunktion des Marktes gestört ist, wenn einzelne Marktteilnehmer Marktmacht haben.

Auf den Gütermärkten beobachten wir in der Regel Anbietermacht. Der typische Fall ist ein Markt für Konsumgüter, auf dem Unternehmen anbieten und private Haushalte nachfragen. Im einfachsten Fall, dem Monopol, gibt es nur einen Anbieter eines Produkts. Das Unternehmen setzt den Preis und die privaten Haushalte entscheiden, welche Menge sie zu diesem Preis nachfragen. Das Entscheidungsproblem des Unternehmens ist in diesem Fall, den gewinnmaximalen Preis zu finden. Wir werden zunächst die Bedingungen des Gewinnmaximums im Monopol ableiten und danach fragen, wodurch die Monopolmacht begrenzt wird.

In Wirklichkeit gibt es nur wenige Märkte, die dem Modellfall des Monopols entsprechen. Viel häufiger ist der Fall, dass auf einem Markt mehrere Anbieter miteinander konkurrieren und jeder von ihnen die Macht hat, den Preis innerhalb bestimmter Grenzen zu setzen. In diesem Fall erfordert es einen sehr viel größeren analytischen Aufwand, ein Marktgleichgewicht zu bestimmen. Wir werden uns deshalb in dieser Einführung darauf beschränken, die Entscheidungsprobleme, die sich auf solchen Märkten stellen, und die Eigenschaften eines Marktgleichgewichts allgemein zu beschreiben. Zwei Fälle sind besonders interessant. Gibt es nur wenige Anbieter (Oligopol), so muss jeder Anbieter damit rechnen, dass ein Konkurrent auf seine Preisstrategie reagiert. Sein Gewinn hängt also nicht nur davon ab, wie sich die Nachfrager verhalten, sondern auch vom Verhalten der Konkurrenten. Im anderen Fall gibt es nur einen Anbieter, aber auch nur einen Nachfrager. Beide haben also die Macht, das Ergebnis zu beeinflussen, d.h. sie müssen miteinander verhandeln. In diesem Verhandlungsfall kann die Preistheorie keine eindeutigen Aussagen mehr treffen. Die Grenzfällle sind dennoch von Interesse, denn sie geben den Möglichkeitsbereich an, um das Verhalten der Marktteilnehmer in der Realität zu untersuchen.

8.1 Monopolpreisbildung

Ein Monopolist ("Alleinanbieter") braucht die Konkurrenz anderer Anbieter nicht zu fürchten, weder solcher, die bereits im Markt sind, noch solcher, die durch hohe Gewinne in den Markt gelockt werden ("potentielle Konkurrenz"). Das Kriterium für ein Monopol ist daher nur vordergründig die Anzahl der Anbieter, eigentlich geht es um die Beschränkung des Marktzutritts.

Richten wir unsere Aufmerksamkeit zunächst auf den Marktzutritt und fragen, wie ein Monopol entsteht. Die Standardsituation wird durch das bekannte Spiel "Monopoly" treffend simuliert. Ein Anbieter ist besonders erfolgreich und drängt seine Konkurrenten aus dem Markt bzw. kauft deren Unternehmen auf. Es ist bezeichnend, dass wir Monopoly auf einem Grundstücksmarkt spielen, auf dem das Angebot nicht vermehrt werden kann. Der Marktzutritt neuer Anbieter ist also definitiv ausgeschlossen und daraus entwickelt sich die Dynamik des Spiels.

Der andere Fall ist, dass der Staat ein Monopol verleiht. So haben die Regierungen das Recht der Informationsübermittlung lange Zeit für sich beansprucht (Postmonopol). Hier ist der Marktzutritt durch Gesetz ausgeschlossen, die Verletzung dieses Rechts wird sanktioniert. Eine Regierung braucht aber gute Gründe, wenn sie die Koordinationsfunktion des Marktes außer Kraft setzt.

Im Falle des Postmonopols erwiesen sich diese Gründe im Zuge der Deregulierungspolitik der achtziger Jahre als nicht mehr stichhaltig. Das Postmonopol wurde aufgehoben, zunächst für die Telekommunikation, später für die Briefzustellung, und die Post wurde privatisiert.

Daneben kennt die mikroökonomische Theorie den Fall des "natürlichen" Monopols. Ein Alleinanbieter hat eine "natürliche" Monopolposition, wenn er – aufgrund seiner Betriebsgröße – ein Produkt zu niedrigeren Kosten produzieren kann als die (potentielle) Konkurrenz.

In einem Konkurrenzkampf à la Monopoly würde also nur ein Anbieter überleben. Der Kostenvorteil, den er durch das Wachstum seines Betriebes errungen hat, schreckt potentielle Konkurrenten ab und sichert die Monopolstellung. Dabei muss die Produktionskapazität des Monopolisten aber nicht nur im Verhältnis zu anderen Anbietern groß sein, sondern auch im Verhältnis zur Größe des Marktes.

Kostenvorteile aus der Betriebsgröße begründen daher in der Regel nur vorübergehend eine Monopolstellung. Wächst die Nachfrage, so löst sich ein natürliches Monopol auf, sobald der Markt groß genug für mehrere große Anbieter ist.

Ähnlich liegt der Fall, wenn der Marktzutritt durch spezifisches technisches Wissen beschränkt ist. So kann ein Unternehmen durch eine *Innovation* eine Monopolstellung erreichen (Einführung eines neuen Produkts oder eines neuen Produktionsverfahrens). Auch dieses Monopol besteht nur vorübergehend, d.h. nur so lange, wie die potentiellen Konkurrenten noch nicht über die neue Technologie verfügen.

Diese Beispiele zeigen, dass die Bedingung für ein Monopol die Beschränkung des Marktzutritts ist und diese Bedingung in den meisten Fällen nicht auf Dauer erfüllt wird. Selbst der Staat gewährt und sichert ein Monopolrecht nicht auf Dauer.

Preis–Absatz–Funktion und Grenzerlös

Untersuchen wir nun die Entscheidungssituation des Monopolisten, wenn der Marktzutritt potentieller Konkurrenten effektiv ausgeschlossen ist. In diesem Fall sieht sich der Monopolist als einziger Anbieter der gesamten Marktnachfrage gegenüber. Die Preis-Mengen-Beziehung, die wir in der Nachfragekurve abbilden, ist aus seiner Sicht eine Preis-Absatz-Funktion. Wäre dem Monopolisten die Nachfragekurve bekannt, so wüsste er, zu welchem Preis er welche Menge absetzen kann. Der Monopolist kennt die Nachfragepläne nicht, aber er beobachtet Preis-Mengen-Kombinationen. Er beobachtet insbesondere, wie der Absatz reagiert, wenn er den Preis verändert. Wie wir bereits wissen (→Kap. 5), erhält er damit eine Information über die Preiselastizität der Nachfrage und er erfährt, wie der Erlös auf eine Preisänderung reagiert. Nehmen wir den Fall einer Preiserhöhung. Reagiert die Nachfrage elastisch, so wird der Erlös sinken. Diese Erlösänderung hat zwei Komponenten. Für jede abgesetzte Mengeneinheit erzielt der Monopolist einen höheren Preis als zuvor, zugleich aber setzt er eine geringere Menge ab (vgl. Abb. 5.3).

Wir können den Betrag der Erlösänderung annähernd beschreiben als

$$dE = d(px) = pdx + xdp.$$

Die Erlösänderung, die der Monopolist aufgrund einer kleinen Preisänderung erzielt, bezeichnen wir in Anwendung des Marginalprinzips als den *Grenzerlös*.

Wie groß der Grenzerlös ist, richtet sich nach der Preiselastizität der Nachfrage. Erinnern wir uns an den Fall der Ölpreiskrise. So lange die Nachfrage unelastisch reagierte, konnte die OPEC durch eine Preiserhöhung ihren Erlös steigern. Nach einer längeren Zeit des Anpassungsprozesses reagierte die Nachfrage jedoch elastisch. Die OPEC musste deshalb, um ihre Erlöse zu stabilisieren, die Preise wieder senken.

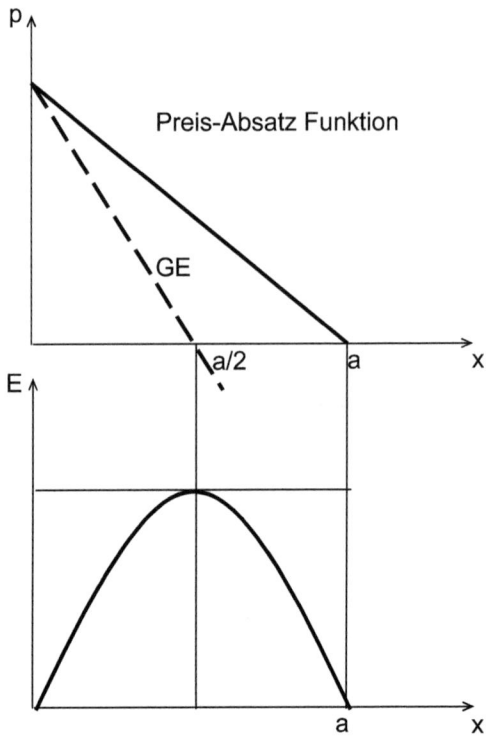

Abb. 8.1 Die Grenzerlösfunktion (GE) wird aus der Preis-Absatz-Funktion abgeleitet. Sie gibt an, um wieviel sich der Erlös verändert, wenn die Produktmenge x um eine Einheit vergößert (oder verkleinert) wird

Die Beziehungen zwischen Preis-Absatz-Funktion, dem Erlös und dem Grenzerlös eines Monopolisten sind für den einfachen Fall einer linearen Nachfragekurve in Abb. 8.1 dargestellt.

Der Zusammenhang zwischen Grenzerlös und Preiselastizität der Nachfrage

Differenzieren wir die Erlösfunktion
$$E = p(x)x ; \tag{8.1}$$
in Bezug auf eine kleine Mengenänderung dx, so ist der Grenzerlös:
$$\frac{dE}{dx} = p + x\frac{dp}{dx}. \tag{8.2}$$
Eine Umformung ergibt
$$\frac{dE(x)}{dx} = p(x)[1+\frac{x}{p(x)}\frac{dp(x)}{dx}];$$
Da die Preiselastizität der Nachfrage

$$\eta = \frac{dx}{dp}\frac{p}{x};$$

ist, erhalten wir durch Einsetzen:

$$\frac{dE}{dx} = p(1+\frac{1}{\eta}). \tag{8.3}$$

Bestimmung des Gewinnmaximums

Wir können nun die Bedingungen für ein Gewinnmaximum im Monopol bestimmen. Dabei gehen wir im Prinzip ebenso vor wie im Konkurrenzmarkt. Der Unterschied liegt darin, dass für ein Unternehmen im Konkurrenzmarkt der Preis ein Datum ist, während das Monopolunternehmen die Preis-Absatz-Funktion als Restriktion zu beachten hat. Der Monopolist muss also eine Mengenreaktion in Rechnung stellen, wenn er Preise setzt. Die Preis-Absatz-Funktion wirkt in gleicher Weise als Restriktion, wenn der Monopolist eine Mengenstrategie wählt, d.h. eine bestimmte Menge anbietet und es dem Markt überlässt herauszufinden, zu welchem Preis diese Menge abgesetzt werden kann. In der Praxis unterscheiden sich diese Strategien, aber für unsere Analyse sind sie gleichwertig. Wir betrachten deshalb im Folgenden eine Mengenstrategie des Monopolisten, um den Vergleich mit der Strategie des Unternehmens im Konkurrenzmarkt zu erleichtern.

Wir definieren den Gewinn wiederum als eine Funktion der Produktmenge, G(x), und bestimmen ihn als Differenz zwischen dem Erlös (E=p(x)x) und den Kosten (K) des Unternehmens. Der Produktpreis ist aber für den Monopolisten nicht gegeben, sondern eine Funktion der Absatzmenge, p(x).

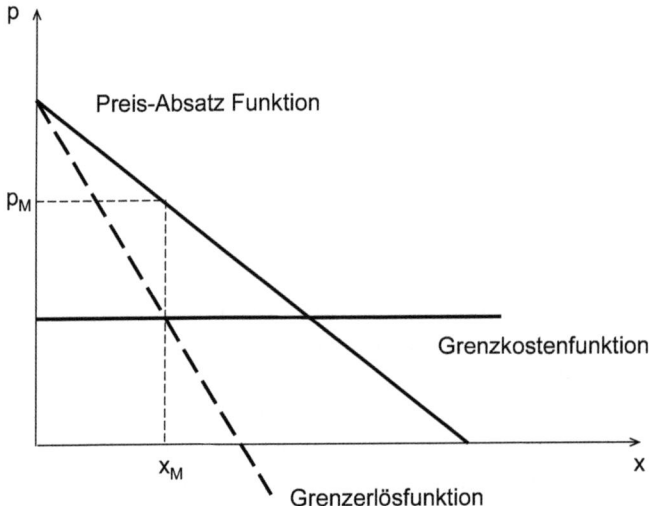

Abb. 8.2 Das Gewinnmaximum im Monopol bei linearer Preis-Absatz-Funktion und konstanten Grenzkosten. Die Produktmenge x_M erfüllt die Bedingung für das Gewinnmaximum. Diese Menge kann zum Preis p_M abgesetzt werden

Der Gewinn des Monopolisten ist also

$$G(x) = xp(x) - K(x); \qquad (8.4)$$

das Gewinnmaximum

$$\max_x G(x);$$

liegt bei

$$\frac{dG(x)}{dx} = 0;$$

d.h.:

$$\frac{dp(x)}{dx}x + p(x) = \frac{dK(x)}{dx}; \qquad (8.5)$$

Die linke Seite dieser Gleichung stellt den Grenzerlös, die rechte Seite die Grenzkosten einer Veränderung der Produktmenge um eine Einheit dar. Vergleichen wir diese Bedingung für das Gewinnmaximum mit der Bedingung

Preis = Grenzkosten

im Konkurrenzmarkt. Der Grenzerlös, den ein Monopolist durch den Absatz einer zusätzlichen Einheit erzielt, ist kleiner als der Preis. Denn die größere Produktmenge kann nur zu einem geringeren Preis abgesetzt werden. Der Korrekturfaktor (das erste Glied in der Gleichung) bemisst sich nach der Preisminderung, multipliziert mit der Absatzmenge.

Die Regel lautet also, dass im Gewinnmaximum des Monopolisten die Bedingung

Grenzerlös = Grenzkosten

erfüllt ist. Eine weitere Absatzerhöhung (bzw. eine weitere Preissenkung) würde den Grenzerlös verringern, so dass der zusätzliche Erlös niedriger wäre als die zusätzlichen Kosten. Dagegen würde eine Verminderung der Absatzmenge zwar den Grenzerlös erhöhen. Der Monopolist würde nun aber auf den Absatz einer Einheit verzichten, deren Erlös noch über den Kosten liegt. In beiden Fällen erzielt der Monopolist daher nicht den maximalen Gewinn.

Die Monopolrente

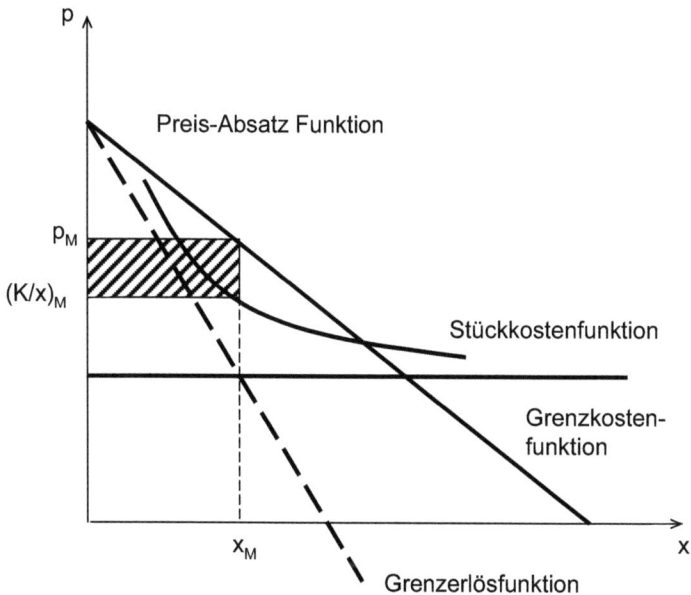

Abb. 8.3 Die Monopolrente ist die Differenz zwischen Erlös und Kosten des Monopolisten. Im Beispiel deckt der Monopolpreis nicht nur die Grenzkosten, sondern auch die Fixkosten je Stück. Die Monopolrente (R) ist daher $R = [p_M - (K/x)_M] x_M$

Anders als im Konkurrenzmarkt kann ein Unternehmen mit einer Monopolstellung auf Dauer einen Zusatzgewinn erzielen. Im Konkurrenzprozess bieten sich zwar auch immer wieder besondere Gewinnchancen, aber solche Zusatzgewinne (*windfall profits*) locken zusätzliche Anbieter in den

Markt, und mit der Ausweitung des Angebots schmelzen die Zusatzgewinne wieder ab. Die Ursache für den (dauerhaften) Monopolgewinn ist daher die Beschränkung des Marktzutritts. Der Monopolist kann sein Angebot auf Dauer künstlich verknappen. Den Monopolgewinn bezeichnen wir deshalb als eine ökonomische Rente. Ein Renteneinkommen im ökonomischen Sinn ist durch Knappheit begründet (→Kap. 12). Hierbei handelt es sich generell um Einkommen, das ein Produktionsfaktor über die Opportunitätskosten seiner Verwendung hinaus erzielen kann.

Eine dauerhaft erzielbare Monopolrente signalisiert, dass die Koordinationsfunktion des Marktes gestört ist. Da im Monopol der Markteintritt beschränkt ist, kommt es nicht zu einer – wünschenswerten – Ausweitung des Angebots.

Wie hoch ist die Monopolrente? Dazu müssen wir vergleichen, welchen Erlös der Monopolist erzielt und wie hoch seine Kosten im Gewinnmaximum sind. Die gewinnmaximale Produktmenge wird durch die Bedingung Grenzerlös = Grenzkosten bestimmt. Bei der Ermittlung der Gewinnhöhe müssen wir aber die gesamten Kosten in Rechnung stellen, d.h. nicht nur die variablen Kosten (Grenzkosten), sondern auch die Fixkosten. Eine einfache Hypothese über den Verlauf der Kostenfunktion (→Abschn. 7.4) ist, dass die Grenzkosten konstant sind, d.h. eine Ausweitung der Produktion um eine Einheit jeweils zusätzliche Kosten in gleicher Höhe verursacht. Bezeichnen wir die Grenzkosten mit k, so lautet die Kostenfunktion

$$K = K_f + kx. \tag{8.6}$$

Je Stück gerechnet, ergeben sich damit Durchschnittskosten in Höhe von

$$\frac{K}{x} = \frac{K_f}{x} + k\ ; \tag{8.7}$$

Diese Kostenfunktion hat die Eigenschaft, dass die durchschnittlichen Kosten mit zunehmender Ausbringungsmenge kleiner werden, weil die Fixkosten auf eine immer größere Stückzahl verteilt werden. Die Stückkosten konvergieren mit zunehmender Produktmenge gegen die Grenzkosten.

Damit können wir die Monopolrente bestimmen. Ihre Höhe (je Stück) richtet sich nach dem Monopolpreis und den Stückkosten, die entstehen, wenn der Monopolist die gewinnmaximale Menge produziert. Die gesamte Monopolrente ist das Produkt aus dem so ermittelten Stückgewinn und der produzierten Stückzahl x_M.

Ein Monopolist, der eine Monopolrente erzielt, wird auf Dauer im Markt bleiben. Der Monopolpreis deckt in diesem Fall die gesamten Kosten, so dass sich auch die Erneuerung alter bzw. veralteter Produktionsanlagen, die auf längere Sicht erforderlich ist, über den Preis finanzieren lässt.

Wir fassen zusammen: Im Monopol ist die Nachfragekurve zugleich die Preis-Absatz-Funktion des Anbieters. Der Anbieter setzt den gewinnmaximalen Preis (Monopolpreis), der sich nach dem Kostenverlauf und der Elastizität der Nachfragefunktion bestimmt. In der Regel liegt der Monopolpreis über den Stückkosten, so dass ein Zusatzgewinn entsteht (Monopolrente).

8.2 Wirkungen monopolistischen Verhaltens

Aus volkswirtschaftlicher Sicht ist ein Monopol ambivalent zu beurteilen. Einerseits wird die Koordinationsfunktion des Marktes gestört, wenn ein Monopolist eine Angebotsbeschränkung durchsetzen kann. Die Wirkungen dieser Angebotsbeschränkung werden deutlich, wenn wir das Verhalten des Monopolisten mit dem Angebotsverhalten von Unternehmen vergleichen, die zu gleichen Kosten produzieren, aber das Gut auf einem Konkurrenzmarkt anbieten.

Auf dem Konkurrenzmarkt wird das Angebot so weit ausgedehnt, bis der Preis den Grenzkosten entspricht. Im Vergleich dazu bietet der Monopolist eine geringere Menge zu einem höheren Preis an. Die Konsumenten zahlen also für das Produkt des Monopolisten mehr als den Opportunitätskosten der Produktion dieses Gutes entspricht.

Nehmen wir an, dass die Grenzkosten des Monopolisten die Opportunitätskosten richtig zum Ausdruck bringen, so signalisieren sie, auf wie viele Einheiten eines anderen Guts verzichtet werden muss, um eine zusätzliche Einheit des Monopolgutes zu produzieren. So lange der Preis des Gutes über den Grenzkosten liegt, kommt man also zu dem Schluss, dass eine Erhöhung des Angebots, verbunden mit einer Preissenkung, die Wohlfahrt der Gesellschaft erhöhen würde. Die Käufer wären bereit, für eine zusätzliche Einheit des Gutes mehr zu zahlen als die Opportunitätskosten. In der langen Frist, unter Beachtung der Fixkosten, kommen wir mit dieser Anwendung des Marginalprinzips zu einem ähnlichen Ergebnis: Sofern der Monopolist eine Monopolrente erzielt, wird das Gut zu einem Preis angeboten, der höher ist als die Opportunitätskosten der Produktion. In diesem Fall führt uns der Vergleich mit den Unternehmen, die auf dem Konkurrenzmarkt anbieten, aber unter Umständen in die Irre: Mehrere kleine Anbieter haben möglicherweise auf lange Sicht höhere durchschnittliche Kosten als ein großer Anbieter. Das ist der Fall des natürlichen Monopols, das zu den geringsten Opportunitätskosten produziert. Aber auch hier zeigt die Existenz einer Monopolrente an, dass der Monopolist eigentlich zu niedrigeren Preisen anbieten könnte und dennoch auf seine Kosten käme.

In einem solchen Fall wäre es aus volkswirtschaftlicher Sicht angezeigt, die Preispolitik des Monopolisten einer staatlichen Regulierung zu unterwerfen. Das ist indessen leichter gesagt als getan. Eine nahe liegende Strategie der Preisregulierung wäre es, den Monopolisten so lange zu Preissenkungen anzuhalten bis die Monopolrente verschwunden ist, der Monopolist also nur noch eine "normale" Verzinsung seines eingesetzten Kapitals erzielt. Aber die Monopolrente ist nicht der einzige Vorzug eines Monopols. Eine alte Regel besagt, der schönste Monopolgewinn sei ein ruhiges Leben. Ein Monopolist hat nicht wie ein Unternehmen, das auf einem Konkurrenzmarkt unter Wettbewerbsdruck steht, einen Anreiz, Kosten zu senken. In diesem Fall verhält sich der Monopolist zwar nicht gewinnmaximierend, d.h. er ist mit einer verminderten Monopolrente zufrieden. Dies kann aber – wenn er der staatlichen Preisaufsicht unterliegt – gerade die rationale Strategie sein. So hat im Frühjahr 2004 eine Untersuchung der Personalkosten bei den Berliner Verkehrsbetrieben (BVG) ergeben, dass die gesamte Leitungsebene (oberes und mittleres Management) Dienstbezüge erhält, die deutlich höher sind als Vergütungen in vergleichbaren Positionen. Zuzüglich werden in großer Zahl Dienstwagen bereitgestellt. Die Kosten eines Monopolisten können also durchaus höher sein als die Opportunitätskosten, die wir aus volkswirtschaftlicher Sicht zum Maßstab nehmen. Auch überhöhte Kosten sind ein Ausdruck davon, dass die Koordinationsfunktion des Marktes gestört ist. Für den staatlichen Preisregulierer (im Beispiel der Berliner Senat) bedeutet dies, dass er die Kostenstruktur des Monopolisten genau unter die Lupe nehmen muss, wenn er die volkswirtschaftlichen Kosten und damit den "richtigen" Preis herausfinden will.

Andererseits gibt es auch wohlfahrtssteigernde Wirkungen des Monopols. So stellt die Aussicht auf eine Monopolrente einen starken Anreiz dar, neue Produkte zu entwickeln und als Innovator in den Markt einzuführen. In diesem Fall ist der Marktzutritt begrenzt, so lange die potentiellen Konkurrenten noch nicht über die neue Technologie verfügen. In dieser Phase kann das Unternehmen, das die Innovation durchführt, eine Monopolrente erzielen.

Warum ist diese Monopolrente aus volkswirtschaftlicher Sicht wünschenswert?

Die Einführung neuer Technologien kommt auf lange Sicht der Allgemeinheit zugute, weil sich neues technisches Wissen ausbreitet, das neue Produkt imitiert wird und andere Anbieter die Marktzutrittsbarrieren überwinden. Das Unternehmen, das die Innovation durchführt, kann also nicht damit rechnen, dass ihm die Erträge aus der Innovation auf Dauer zufließen. Hinzu kommt, dass eine Innovation mit einem besonders großen Risiko verbunden ist.

Auf der anderen Seite hat der Innovator besonders hohe Aufwendungen für Forschung und Produktentwicklung zu tragen. Es werden daher aus volkswirtschaftlicher Sicht vermutlich zu wenige Unternehmen bereit sein, das Risiko einer Innovation auf sich zu nehmen. Die Monopolrente aus der Innovation kann daher als eine Kompensation für das Innovationsrisiko bezeichnet werden. Dies erklärt auch, warum der Staat bereit ist, Erfindungen durch das Patentrecht zu schützen. Er garantiert damit dem Innovator für eine begrenzte Zeit das ausschließliche Nutzungsrecht an der Erfindung, also eine Monopolrente. Wie gesagt, die Laufzeit von Patenten ist begrenzt. Langfristig soll die Innovation der Allgemeinheit zugute kommen.

Wir fassen zusammen:

- Die Monopolrente wird durch Angebotsbeschränkungen gesichert. Das heißt, ein Monopolist produziert weniger als ein Anbieter, der mit gleichen Kosten unter Konkurrenzbedingungen anbieten würde. Die Arbeitsteilung und damit die Produktionsstruktur der Wirtschaft ist nicht optimal,
- Die Monopolrente sichert dem Monopolisten "ein ruhiges Leben". Der Anreiz zur Kostensenkung ist gemindert; in diesem Fall verhält sich der Monopolist aber nicht gewinnmaximierend,
- Im Zuge der Einführung neuer Produkte und der Marktexpansion entstehen vorübergehend Monopolrenten ("Pionierrenten"), die häufig auch durch das Patentrecht geschützt werden. Die Aussicht auf solche "Quasi-Renten" ist ein starker Anreiz für Unternehmen, den technischen Wandel voranzutreiben. Sie kompensieren für das damit verbundene unternehmerische Risiko.

8.3 Politökonomische Aspekte der Monopolmacht

Aus einer politökonomischen Perspektive stellt sich die Frage, wie Monopolmacht kontrolliert und begrenzt werden kann, damit die Koordinationsfunktion der Märkte intakt bleibt. Die Akteure auf dem Markt haben durchaus ein Interesse daran, sich dem harten Druck des Wettbewerbs zu entziehen. Manche Ökonomen behaupten, dass die Marktdynamik unvermeidlich zu einer zunehmenden Unternehmenskonzentration und zur Monopolisierung der Wirtschaft führt – ganz wie im Monopoly-Spiel. Das Offenhalten der Märkte ist deshalb eine wichtige Aufgabe für die Wirtschaftspolitik.

Unsere Analyse hat aber auch gezeigt, dass in der Marktwirtschaft Kräfte wirksam sind, die einer allgemeinen Monopolisierung entgegenstehen. In erster Linie wird die Anbietermacht des Monopolisten durch die Substitutionskonkurrenz begrenzt. Selbst wenn der Monopolist anderen Anbietern den Marktzutritt verwehrt, so haben die Nachfrager die Möglichkeit, abzuwandern, d.h. das Produkt des Monopolisten durch andere Güter zu substituieren. Sogar wenn kurzfristig keine Substitute verfügbar sind, eröffnet das monopolistische Verhalten in anderen Bereichen Gewinnchancen, so dass Substitutionsmöglichkeiten entwickelt werden. Die Ölpreiskrise und die Reaktionen darauf sind ein Lehrbeispiel dafür, dass die

Nachfrage langfristig elastisch reagiert und die Monopolmacht begrenzt ist.

Zweitens trägt die Expansion der Märkte dazu bei, Monopolmacht wieder abzubauen. So verliert ein "natürliches" Monopol seinen Kostenvorteil, wenn der Markt groß genug für mehrere Großanbieter wird. Darüber hinaus bewirkt die Öffnung der Märkte im internationalen Handel eine Intensivierung des Wettbewerbs, weil Unternehmen, die im lokalen und nationalen Maßstab marktbeherrschend sind, in einem gemeinsamen Markt zu anderen Unternehmen in Wettbewerb treten müssen. Der Europäische Binnenmarkt, der in den Jahren nach 1992 geschaffen wurde, hat auf vielen Märkten den Wettbewerb intensiviert, nicht zuletzt in der Automobilindustrie. Die Globalisierung als ein Prozess der Integration von Märkten hat nicht nur den Effekt, dass komparative Vorteile durch den internationalen Handel genutzt werden können (→Kap. 3), sondern führt auch dazu, monopolistisches Verhalten zu begrenzen. Schließlich werden der Monopolmacht durch die Ausbreitung technischen Wissens Grenzen gesetzt. Der technische Wandel und der damit verbundene wirtschaftliche Strukturwandel bedeutet immer auch eine Herausforderung für etablierte Unternehmen, die in Märkten mit herkömmlicher Technologie eine marktbeherrschende Stellung errungen haben.

Die Wettbewerbsordnung

In einer liberalen Wirtschaftsordnung, die dem Einzelnen Gestaltungsmöglichkeiten gibt, bedarf es bestimmter Spielregeln, damit die unsichtbare Hand des Marktes sich zum Wohle der Allgemeinheit auswirkt. Diese Norm haben wir schon bei Adam Smith kennen gelernt (→Kap. 1).

Obwohl mit der Substitutionskonkurrenz, der Globalisierung und dem technischen Wandel Kräfte wirksam sind, die die Monopolmacht immer wieder begrenzen, sieht unsere Wirtschaftsordnung doch Regeln vor, die den Zweck haben, monopolistisches Verhalten zu verhindern oder zu kontrollieren. Als besonders wirksame Maßnahmen der Wettbewerbspolitik haben sich die Mißbrauchsaufsicht über marktbeherrschende Unternehmen und die Fusionskontrolle bei großen Unternehmenszusammenschlüssen erwiesen. Diese Maßnahmen haben ihre gesetzliche Grundlage im *Gesetz gegen Wettbewerbsbeschränkungen* von 1958, das mehrfach novelliert wurde und die Entwicklung des europäischen Wettbewerbsrechts beeinflusst hat. Die Maßnahmen der Wettbewerbspolitik sind nicht immer marktkonform, was ein grundsätzliches Problem darstellt.

Kann der Wettbewerb durch staatliche Eingriffe in seiner Wirksamkeit gesichert werden, wenn diese Eingriffe selbst nicht marktkonform sind?
So kann das Kartellamt Unternehmenszusammenschlüsse untersagen, wenn dadurch eine marktbeherrschende Stellung erreicht würde. Es gibt aber keine eindeutigen Kriterien für Marktbeherrschung. Und Marktbeherrschung muss nicht unbedingt eine Wohlfahrtsminderung zur Folge ha-

ben. Wie wir wissen, kann mit einer Monopolstellung durchaus eine wohlfahrtserhöhende Wirkung verbunden sein, nämlich wenn das Monopol durch Innovationen den technischen Wandel stimuliert. Die empirische Forschung zeigt, dass große Unternehmen relativ viel für Forschung und Entwicklung ausgeben und so den technischen Wandel vorantreiben. Eine ökonomische Begründung für diese Beobachtung könnte sein, dass sich große Unternehmen auf diese Weise die Monopolrente sichern wollen. Das würde bedeuten, dass sie unter Wettbewerbsdruck handeln und der Wohlfahrtseffekt ihres Verhaltens, der technische Wandel, der Allgemeinheit zugute kommt. In einem solchen Fall gäbe es keinen ökonomischen Grund, einen Unternehmenszusammenschluss zu untersagen. Als marktkonform kann dagegen die Regulierung eines „natürlichen" Monopols angesehen werden. Obwohl hier Probleme auftreten, weil der staatliche Regulierer, wie wir gesehen haben, nicht alle erforderlichen Informationen über das zu regulierende Unternehmen besitzt, so geht es hier doch nur darum, das Unternehmen zu einem Verhalten zu veranlassen, als ob es unter Wettbewerb stünde.

8.4 Strategisches Preissetzen

Auf vielen Märkten haben mehrere Anbieter Marktmacht, d.h. ihre Aktionen haben einen sichtbaren Einfluss auf den Marktpreis. In diesem Fall eines Oligopols muss jeder der Akteure die Reaktion der Konkurrenten in Rechnung stellen. Jeder befindet sich also bei seiner Produktionsplanung in der Situation eines strategischen Spiels.

Das Dilemma in einer solchen Situation ist, dass die Anbieter ein gemeinsames Interesse an hohen Preisen haben (und daher eine Strategie der Mengenbeschränkung wählen müssen), zugleich aber ein individuelles Interesse an großen Mengen (sie können sich durch eine Strategie der Preissenkung Vorteile verschaffen, aber nur unter der Bedingung, dass die Konkurrenten auf eine Preissenkung nicht reagieren).

Das Gefangenen-Dilemma

Als Gefangenen-Dilemma wird eine Entscheidungssituation bezeichnet, in der Kooperation für alle Beteiligten die beste Lösung wäre, aber niemand weiß, ob eine Kooperationsvereinbarung von den anderen auch eingehalten wird. Jeder sucht daher nach der für ihn besten Strategie, unabhängig vom Verhalten der anderen (nicht-kooperatives Spiel). Die in den USA praktizierte Kronzeugen-Regelung in Gerichtsverfahren liefert hier den Modellfall: zwei Täter, denen eine Tat, die sie gemeinsam begangen haben, nicht nachzuweisen ist, werden isoliert befragt. Ihre Entscheidungssituation lässt sich in einer Matrix (vgl. Abb. 8.4.) abbilden. Würden beide die Tat leugnen (Kooperation), so kämen sie mit einer geringen Strafe wegen einer

Bagatelle, die ihnen nachgewiesen werden kann, davon. Da aber keiner weiß, wie sich der andere verhalten wird, wählen sie die für sie optimale Strategie "Gestehen". Betrachten wir die Entscheidungssituation des Gefangenen A. Falls B leugnet, ist es für ihn vorteilhaft zu gestehen, denn als Kronzeuge geht er straffrei aus. Falls B gesteht, ist es für A ebenfalls vorteilhaft zu gestehen. Entsprechend wird B feststellen, dass Gestehen für ihn in jedem Fall die vorteilhafte Strategie ist. Beide werden also gestehen und stellen sich damit schlechter als wenn sie geschwiegen hätten. (Das berüchtigte Schweigegebot der Mafia findet hier eine rationale Begründung.)

A \ B	Leugnen	Gestehen
Leugnen	1 / 1	0 / 10
Gestehen	10 / 0	5 / 5

Abb. 8.4 Das Gefangenen-Dilemma. Die Ziffern stehen für das Strafmaß

Das Dilemma im Oligopol

Das Gefangenen-Dilemma beschreibt das Grundproblem des Oligopols. Auch hier gibt es ein gemeinsames Interesse an Kooperation, aber jeder Anbieter kann sich einen zusätzlichen Vorteil verschaffen, indem er die Kooperation bricht. Die Bedingungen des Gefangenen-Dilemmas sind aber auf oligopolistischen Märkten in der Regel nicht erfüllt. Die Bedingungen dieses "Spiels" sind, dass es keine Möglichkeit zu Absprachen und keine Spielwiederholung gibt. Auf oligopolistischen Märkten beobachten wir daher auch andere Verhaltensweisen. Die typischen Verhaltensweisen auf solchen Märkten sind (1) Preiskämpfe, (2) Preisführerschaft und (3) Kollusion (Kartellabsprachen).

1. Preiskämpfe entstehen, wenn jeder Anbieter versucht, durch Preissenkungen seinen Marktanteil zu erhöhen (unter der Annahme, dass der Konkurrent nicht mitzieht). Durch solche Kämpfe stehen alle Anbieter am Ende schlechter da. Ein stabiles Marktgleichgewicht stellt sich erst ein, wenn keine weiteren Preissenkungen mehr möglich sind (der Preis

dem Marktpreis auf einem Konkurrenzmarkt entspricht). Dieses Ergebnis entspricht am ehesten dem Gefangenen-Dilemma.
2. Bei Preisführerschaft übernimmt ein Unternehmen die Rolle des Marktführers. Der Marktführer beachtet, dass seine Strategie die Entscheidungen der anderen Unternehmen (Marktfolger) beeinflusst. Diese passen sich an. Auf diese Weise stellt sich ein Marktgleichgewicht ein zu Preisen, die über den Konkurrenzpreisen liegen.
3. Bei Kollusion bilden die Anbieter ein Kollektivmonopol (Kartell), d.h. sie maximieren den gemeinsamen Gewinn. Die Stabilität eines solchen Kartells hängt entscheidend davon ab, ob sich jeder einzelne Anbieter an die ihm zugewiesene Produktionsquote hält. Der Anreiz auszuscheren ist groß, weil bei festgesetztem Monopolpreis jeder Anbieter seinen individuellen Gewinn durch Angebotserhöhung vergrößern kann. Die Monopolpreissenkung, die sich dadurch ergibt, mindert zwar den Gewinn. Diese Gewinnminderung muss aber von allen Kartellmitgliedern getragen werden.

Monopolrenten, die durch Kartellabsprachen oder eine Strategie der Preisführerschaft erzielt werden, sind durch den Marktzutritt neuer Konkurrenten bedroht ("potentielle Konkurrenz"). Die Unternehmen im Markt haben daher ein gemeinsames Interesse, "newcomer" abzuschrecken. Die Drohung mit Preissenkungen, die als Abschreckung dient, muss aber glaubwürdig sein. D.h. die Unternehmen im Markt müssen gegebenenfalls zu einer raschen Angebotsausweitung in der Lage sein. Sie müssen zu diesem Zweck über freie Produktionskapazität verfügen. Solche "Überkapazitäten" sind ein typisches Merkmal auf oligopolistischen Märkten.

Es zeigt sich, dass auf oligopolistischen Märkten verschiedene Kooperationsstrategien angewendet werden, die den Zweck haben, die Entstehung eines Gefangenen-Dilemmas zu vermeiden. Diese Strategien können aber den grundsätzlichen Interessenkonflikt, den wir im Gefangenen-Dilemma abbilden, nicht lösen. Sie führen nicht zu einem Gleichgewicht wie auf dem Konkurrenzmarkt, von dem wir wissen, dass im Gleichgewicht niemand einen Anreiz hat, seine Pläne zu ändern. Im Oligopol besteht dieser Anreiz weiter. Ein Kooperations-Gleichgewicht im Oligopol ist daher labil. Die OPEC liefert uns auch hier ein Lehrbeispiel. Die drastischen Preissteigerungen für Rohöl konnten nur gelingen, weil sie von entsprechenden Produktionseinschränkungen begleitet waren. Die OPEC ist ein internationales Kartell, das wie ein Monopolist die Produktionsmenge beschränkt und die gemeinsame Monopolrente über Produktionsquoten aufteilt. Jedes Land in diesem Kartell muss seine Produktionsquote einhalten, damit diese Strategie aufgeht. Tatsächlich ist das OPEC-Kartell immer wieder zusammengebrochen. Die Instabilität des OPEC-Kartells liefert uns eine weitere Erklärung für die Entwicklung der Rohölpreise. Nicht nur die Substitutionskonkurrenz, die Energieeinsparung und die Entwicklung alternativer

Energiequellen haben Preissenkungen ausgelöst, auch die Erhöhung der Produktionsquoten in einigen Mitgliedsländern der OPEC, die damit aus dem Kartell ausscherten, hatte diesen Effekt.

Andere Strategien

Auch auf Märkten, auf denen die Anbieter nicht die Reaktion der Konkurrenten beachten müssen, wie im Oligopol, beobachten wir, dass Angebotspreise gesetzt werden. Der Grund dafür ist klar: So lange die Nachfrage nicht elastisch reagiert, kann ein Anbieter durch eine Preiserhöhung den Umsatz und in der Regel auch den Gewinn steigern. Die Strategie der Produzenten ist daher häufig darauf gerichtet, die Elastizität der Nachfrage zu verringern, d.h. den Kunden an ihr Produkt zu binden. Im Modell des Konkurrenzmarktes ist das nicht möglich – die Nachfrage ist vollkommen elastisch, weil die Produkte als homogen angenommen werden. Sobald sich aber die Produkte verschiedener Anbieter unterscheiden – sei es durch ihre tatsächlichen oder auch nur vermeintlichen Eigenschaften –, entsteht Spielraum für Preiserhöhungen. Eine solche Strategie nennt man *Produktdifferenzierung*. Sie erlaubt einem Anbieter, sich innerhalb bestimmter Grenzen wie ein Monopolist zu verhalten, d.h. Preise zu nehmen, die über den Grenzkosten liegen. Das ist der Fall der *monopolistischen Konkurrenz*. In diesem Fall können wir das Marktgleichgewicht nicht mehr einfach als eine Preis-Mengen-Beziehung definieren. Ein stabiles Marktgleichgewicht ist aber möglich und die Koordinationsfunktion des Marktes bleibt erhalten.

8.5 Bilaterales Verhandeln

Der Marktmacht der Anbieter tritt häufig die Gegenmacht der Nachfrager entgegen. In diesem Fall werden "Marktpreise" durch bilaterale Verhandlungen bestimmt. Tendenziell findet sich diese Form der Entscheidungsfindung in allen Bereichen, die nicht durch starke Konkurrenz gekennzeichnet sind, aber auch in den Beziehungen zwischen Staat und Privaten ("Interessengruppen"). So müssen Produzenten bei Lieferungen an Großabnehmer einen Preis aushandeln; in Tarifverhandlungen zwischen Gewerkschaften und Arbeitgeberverbänden wird der Lohn als der Preis für Arbeit bestimmt; bei der staatlichen Auftragsvergabe (z.B. an die Rüstungsindustrie) werden Preise vereinbart (hier besteht aber auch die Möglichkeit, einen Bieter-Wettbewerb zu organisieren, →Kap. 5).

Konstitutiv für das Verhandlungsmodell ist ein gemeinsames Interesse der Verhandlungspartner an einer Lösung. Da Verhandlungen freiwillig geführt werden, ist anzunehmen, dass jeder, der Verhandlungen aufnimmt, sich durch das Ergebnis einen Vorteil verspricht. Kommt ein Ergebnis zustande, so ist anzunehmen, dass die Verhandlungspartner besser gestellt sind als ohne Verhandlung. Die ökonomische Theorie schließt daraus, dass sich die Wohlfahrt in der Volkswirtschaft erhöht, wenn Verhandlungen zu einem Ergebnis führen. Über die Größe des Wohlfahrtseffekts kann sie aber nichts aussagen. Da in Verhandlungen alle Beteiligten die Macht haben, das Ergebnis zu beeinflussen, ist das Ergebnis prinzipiell unbestimmt und abhängig vom strategischen Verhalten der Beteiligten.

Im Grunde geht es zu wie auf einem orientalischen Basar. Der Anbieter verlangt einen (zu) hohen Preis, der Nachfrager bietet einen (zu) niedrigen. Dann beginnt das Feilschen. Eine alte Kaufmannsweisheit lautet: „Wer schimpft, kauft noch". Der Zweck dieser Übung ist, die wahren Opportunitätskosten der Gegenseite zu entdecken, den jeweiligen Vorbehaltspreis. Der Verkäufer tastet sozusagen die ihm unbekannte Zahlungsbereitschaft des Käufers (die Nachfragekurve) ab, *et vice versa*. Einigen sich beide Seiten auf einen Preis, so liegt die Vermutung nahe, dass sich die Wohlfahrt der Beteiligten erhöht hat.

Verhandlungsergebnisse sind jedoch nicht immer auch im volkswirtschaftlichen Sinne rational.

1. Ein Verhandlungsergebnis kann dadurch beeinflusst sein, dass die Interessen der beteiligten Gruppen unterschiedlich gut organisiert sind.

Dieses Problem tritt zum Beispiel bei internationalen Verhandlungen im Bereich des Umweltschutzes auf, wenn es darum geht, einerseits die Interessen der Emittenten von Schadstoffen, andererseits das Interesse der Allgemeinheit an Klimaschutz zu organisieren und an den Verhandlungstisch zu bringen. Während sich das spezifische Interesse der Emittenten gut organisieren lässt, ist das Interesse der Allgemeinheit schwer zu organisieren, weil der Klimaschutz ein öffentliches Gut darstellt (→Kap. 13). In solchen Fällen ist nicht sicher, ob eine an sich wünschenswerte Verminderung der Emission von Schadstoffen durch Verhandlungen erreicht werden kann. Aus der Tatsache, dass Verhandlungen scheitern, dürfen wir daher nicht schließen, dass wir schon in der besten aller möglichen (Um-)Welten leben.

2. Verhandlungspartner können sich zu Lasten Dritter einigen.

Diese Gefahr besteht zum Beispiel in einem wirtschaftlichen Boom, wenn die Gewerkschaften hohe Lohnsteigerungen durchsetzen und die Arbeitgeberverbände diese Lohnsteigerungen auch zugestehen, weil die Unternehmen keinen Streik riskieren wollen und die Lohnsteigerungen zum Anlass nehmen, die Preise zu erhöhen. Die makroökonomische Analyse, der wir uns in den folgenden Kapiteln zuwenden, führt zu dem Ergebnis, dass ein solcher Tarifabschluss zu Lasten der Allgemeinheit gehen kann. Ein mögliches Ergebnis ist, dass die Lohnsteigerungen einen allgemeinen Preisanstieg (Inflation) auslösen, zum Nachteil aller, die Geldvermögen halten und deren Einkommen nicht im gleichen Maß steigen wie die Löhne der begünstigten Arbeitnehmer.

Der Tarifabschluss im öffentlichen Dienst für die Jahre 2000–2002

Im Frühjahr 2000 verhandelt der Bundesminister des Inneren, Otto Schily, als Verhandlungsführer für Bund, Länder und Gemeinden mit der Gewerkschaft ÖTV (inzwischen mit anderen Gewerkschaften des Dienstleistungsgewerbes zu Verdi fusioniert) über einen neuen Tarifvertrag. Betroffen sind 3,1 Mio. Arbeiter und Angestellte des Öffentlichen Dienstes. Die Arbeitgeberseite übernimmt einen Tarifabschluss grundsätzlich auch für 1,7 Mio. Beamte. Im Zuge der Konsolidierung öffentlicher Haushalte planen die Arbeitgeber, pro Jahr 6% der Stellen im öffentlichen Dienst abzubauen. Die Tarifverhandlungen finden vor dem Hintergrund einer Lohnrunde in der Privatwirtschaft statt, in der zu Jahresbeginn Tariflohnsteigerungen in Höhe von 2,5% pro Jahr vereinbart worden sind. Die Laufzeit des alten Tarifvertrags endet zum 31. März 2000. In der ersten Verhandlungsrunde fordert die ÖTV eine Erhöhung des Tariflohnniveaus um 5% zuzüglich einer Anpassung der Löhne und Gehälter in Ostdeutschland, die zu diesem Zeitpunkt bei 86,5% des Westniveaus liegen. Eine volle Angleichung würde einer Steigerung des Tariflohnniveaus von 3,24% entsprechen, eine Anhebung auf 90% des Westniveaus würde 0,84% des Tariflohnniveaus ausmachen. Die Arbeitgeber bieten mit dem Hinweis auf ihre Verpflichtung, den Haushalt zu konsolidieren, eine Erhöhung des Tariflohnniveaus um 1% zum 1. April 2000 und um weitere 1,3% zum 1.April 2001. Sie fordern eine Laufzeit des Tarifvertrags von 24 Monaten, d.h. bis zum 31. März 2002. Forderung und Angebot liegen so weit auseinander, dass eine Einigung nicht möglich erscheint. Es wird ein unabhängiger Schlichter berufen, der folgenden Vorschlag unterbreitet: Lohnerhöhungen um 1,8% zum 1.April 2000 und um weitere 2,2% zum 1.April 2001 (Laufzeit insgesamt 24 Monate), zuzüglich einer Anpassung der Löhne und Gehälter in Ostdeutschland auf 90% des Westniveaus bis zum Jahr 2002. Dieses Paket würde die öffentlichen Haushalte mit insgesamt 15 Mrd. DM belasten. Die ÖTV lehnt den Vorschlag des Schlichters ab und organisiert eine Urabstimmung über einen Streik. Die Streikdrohung erweist sich aber als nicht glaubwürdig. Zwar stimmen 76% der Arbeitnehmer, die ihre Stimme abgeben, für den Streik; das sind aber nur etwa 50% der stimmberechtigten Gewerkschaftsmitglieder. Für einen Streik sind aber 75% der Stimmberechtigten erforderlich.

Auf dieser Grundlage kommt es zu Neuverhandlungen. Der Tarifabschluss, auf den man sich schließlich einigt, hat drei Komponenten:

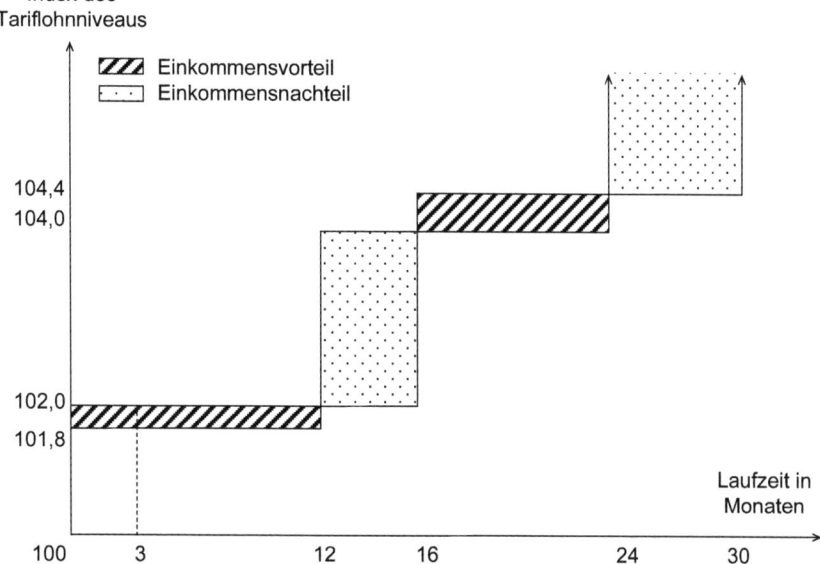

Abb. 8.5 Der Tarifabschluss bringt den Beschäftigten zunächst einen Einkommensvorteil, dem aber wegen der langen Laufzeit spätere Einkommensnachteile gegenüberstehen

- In einer ersten Phase, von April bis Juni 2000, erhalten die Arbeitnehmer eine pauschale Zahlung von 3 x 100,- DM. Diese Pauschale hat keinen Einfluss auf das Tariflohnniveau, bewirkt aber eine Umverteilung: Alle Arbeitnehmer, deren Monatseinkommen geringer ist als 5000,- DM, erhalten damit eine (einmalige) Zulage von mehr als 2%,
- In der zweiten Phase (ab Juli 2000) wird das Tariflohnniveau um 2% erhöht; Laufzeit 13 Monate,
- In der dritten Phase (ab 1. August 2001) folgt eine Tariflohnsteigerung von 2,4%, die für weitere 14 Monate gilt. Die gesamte Laufzeit des Tarifvertrags beträgt also 30 Monate.

Welche Partei hat gegenüber dem Schlichterspruch gewonnen? Auf den ersten Blick haben die Gewerkschaften ein besseres Ergebnis erzielt, deren Strategie darauf ausgerichtet war, Tariflohnsteigerungen von mehr als 2% zu erreichen („die Zwei vor dem Komma"). Aber bei genauerer Betrachtung schwindet dieser Vorteil. Da die Streikdrohung nicht glaubwürdig war, konnten die Arbeitgeber hart verhandeln, und sie haben ein Ergebnis erzielt, das sie schätzungsweise 13,5 Mrd. DM kostet, d.h. weniger als ein Abschluss entsprechend des Schlichterspruchs gekostet hätte. Der Grund dafür liegt in der Verlängerung der Tariflaufzeit. Tabelle 8.1 verdeutlicht den Unterschied am Beispiel der Einkommenserhöhung für ausgewählte Arbeitnehmer.

Wir berechnen die Einkommensänderungen für einen Zeitraum von 24 Monaten (die Tariflaufzeit nach dem Schlichterspruch) und betrachten die Einkommenssituation der Arbeitnehmer in den restlichen 6 Monaten getrennt davon. Nehmen wir an, dass ein Arbeitnehmer vor Beginn der Tariflaufzeit ein Monatseinkommen von 5000 DM bezieht, so entsprechen die monatlichen Pauschalzahlungen in der ersten Phase genau 2% eines Monatseinkommens. Arbeitnehmer mit geringerem Einkommen (beispielsweise monatlich 3000 DM) haben durch die Pauschalzahlungen einen relativen Vorteil.

Tabelle 8.1

Zeitraum	Schlichterspruch	Tarifabschluss
	Einkommenszuwachs in DM pro Jahr bei einem Monatseinkommen von 5000 DM	
1.4.2000-31.3.2001	1080	1200
1.4.2001-31.3.2002	2424	2179
Insgesamt	3504	3379
	Einkommenszuwachs in DM pro Jahr bei einem Monatseinkommen von 3000 DM	
1.4.2000-31.3.2001	**648**	840
1.4.2001-31.3.2002	**1454**	1308
Insgesamt	2102	2148

Für die Restlaufzeit des Tarifabschlusses, vom 1.4. bis zum 1.10.2002, ist ebenfalls ein Einkommenszuwachs vereinbart worden. (Bei einem Ausgangseinkommen von 5000DM beträgt das zusätzliche Einkommen 1334 DM, bei 3000 DM Ausgangseinkommen beträgt der Zuwachs 801 DM.) Nach dem Schlichterspruch hätte aber bereits zum 1.4.2002 ein neuer Tarifvertrag ausgehandelt werden können mit einem entsprechend größeren Einkommenszuwachs. Diese Phase ist daher nicht eindeutig zu beurteilen. Einerseits ist das Tariflohnniveau als Ausgangspunkt für die neue Tarifrunde auf der Basis des Tarifabschlusses höher, andererseits gibt es erst sechs Monate später neue Tarifverhandlungen und damit die Möglichkeit für erneute Einkommensanpassungen.

In Abb. 8.5. ist die Einkommensentwicklung nach den beiden Varianten grafisch dargestellt. Der Betrag des Einkommenszuwachses errechnet sich aus dem monatlichen Basiseinkommen, der Lohnsteigerungsrate und der Laufzeit in Monaten.

Kontrollfragen

1. In welchem Verhältnis steht der Grenzerlös zum Preis eines Gutes?
2. Was kennzeichnet ein Monopol?

3. Wie ist das Gewinnmaximum im Monopol definiert?
4. Wie sind Monopole aus volkswirtschaftlicher Sicht zu beurteilen?
5. Welche staatlichen Eingriffe bieten sich bei einem natürlichen Monopol an?
6. Warum gibt das Patentrecht den Unternehmen bei einer Innovation (zeitweise) einen Monopolschutz?
7. Welches sind typische Verhaltensweisen im Oligopol?
8. Warum ist das Gleichgewicht in einem Kartell instabil?
9. Diskutieren Sie ein Beispiel für das Gefangenen-Dilemma!

9 Modelle der Einkommensbildung

Wenden wir uns nunmehr der makroökonomischen Theorie zu. Makroökonomische Modelle untersuchen ebenfalls die Interaktion auf Märkten und sie liefern Antworten auf die drei Grundfragen der Volkswirtschaftslehre (→Kap. 1), aber in diesen Modellen arbeitet man mit aggregierten Indikatoren, so dass ihre Ergebnisse etwas über den Zustand der gesamten Volkswirtschaft aussagen.

Makroökonomische Modelle liefern insbesondere Informationen über kurzfristige Entwicklungen, d.h. ihre Aussagen gelten unter der Annahme, dass sich in den Rahmenbedingungen der Wirtschaftsordnung und der Wirtschaftsstruktur nichts ändert. Sie sind damit eine wichtige Entscheidungshilfe für Regierungen, wenn diese den Wirtschaftsprozess durch wirtschaftspolitische Eingriffe beeinflussen wollen („Interventionsstaat"). Sie entsprechen in ihrer Grundstruktur der Volkswirtschaftlichen Gesamtrechnung (→Kap. 13) und sie bilden die theoretische Grundlage ökonometrischer Prognosemodelle.

Ein makroökonomisches Modell bildet drei Märkte ab: den Gütermarkt, den Vermögensmarkt („Geldmarkt") und den Arbeitsmarkt. Auf dem Gütermarkt werden Produktionsentscheidungen getroffen und durch das Zusammenspiel von Angebot und Nachfrage nach Waren und Dienstleistungen das *Einkommensniveau* bestimmt („Einkommensbildung"). Dabei ist im Zeitablauf zu unterscheiden, ob einem Einkommenszuwachs eine reale Mehrproduktion an Waren und Dienstleistungen entspricht, oder ob der Einkommenszuwachs nur einen allgemeinen Preisanstieg reflektiert. Der Vermögensmarkt bildet die Entscheidungen über die Art und Weise, Vermögen zu halten ab. Die vielfältigen Dispositionen über Geld, verzinsliche Finanzanlagen und Sachvermögen bestimmen zusammen das *Zinsniveau*. Auf dem Arbeitsmarkt wird in Abhängigkeit von Produktionsniveau, Lohnniveau und Preisniveau das *Beschäftigungsniveau* bestimmt. Die Aggregate Einkommen, Zins, Preisniveau und Beschäftigung sind die wichtigsten makroökonomischen Indikatoren für die Wirtschaftspolitik.

Die Aussagen makroökonomischer Modelle leiten sich aus der Interaktion zwischen dem Vermögensmarkt, dem Gütermarkt und dem Arbeitsmarkt ab. Beginnen wir zunächst mit dem Gütermarkt, um dann den Vermögensmarkt (→Kap. 10) und den Arbeitsmarkt (→Kap. 11) einzubeziehen.

9.1 Aggregierte Nachfrage, Einkommen und Beschäftigung

Mit dem Konzept der effektiven Nachfrage (→ Kap. 2) haben wir bereits ein einfaches Modell der Einkommensbildung kennen gelernt. Ein gesamtwirtschaftliches Gleichgewicht setzt nach diesem Konzept voraus, dass die effektive Nachfrage auf den Gütermärkten groß genug ist, die vorhandenen Produktionsmöglichkeiten auszuschöpfen. Für die klassische Ökonomie war diese Frage ohne Bedeutung. Sie nahm an, dass der Zweck jedes Angebots die Nachfrage nach anderen Gütern sei. Ein allgemeines Überschussangebot in der Volkswirtschaft sei nicht möglich, weil sich „jedes Angebot seine Nachfrage schaffe" (Say'sches Gesetz, nach dem französischen Nationalökonomen *Jean-Baptiste Say*, 1767 - 1832). Erst Keynes hat in seiner Analyse der Weltwirtschaftskrise die Bedingungen ausgearbeitet, unter denen die effektive Nachfrage – entgegen dem Say'schen Gesetz – Produktion und Einkommen beschränkt.

Nehmen wir an, es gebe nur zwei Arten, ein erzieltes Einkommen zu verwenden: Konsum oder Investition. Während private Haushalte Konsumgüter nachfragen, verwenden die Unternehmen ihr Einkommen für den Kauf von Investitionsgütern. Ein gesamtwirtschaftliches Gleichgewicht ist dadurch gekennzeichnet, dass der Teil des Einkommens, der nicht konsumiert wird, für Investitionen ausgegeben wird. (Dabei ist unerheblich, welcher Teil des Einkommens in den Unternehmen bleibt, welcher als Arbeitnehmerentgelt ausgezahlt wird, weil Investitionen auch durch Kredit finanziert werden können).

Wir können die Gleichgewichtsbedingung also auf zweifache Art darstellen:

$$\text{Aggregiertes Angebot} = \text{Aggregierte Nachfrage} \quad (9.1)$$
$$Y = C+I;$$

oder

$$\text{Investition} = \text{Sparen} \quad (9.2)$$
$$I = S;$$

wobei C für Konsum steht.

Keynes hat darauf hingewiesen, dass in einer Geldwirtschaft (→Kap. 10) die Koordination von Investition und Sparen gestört sein kann. In einer Krise kann es also zu einem allgemeinen Angebotsüberschuss kommen, der durch

$$I < S;$$

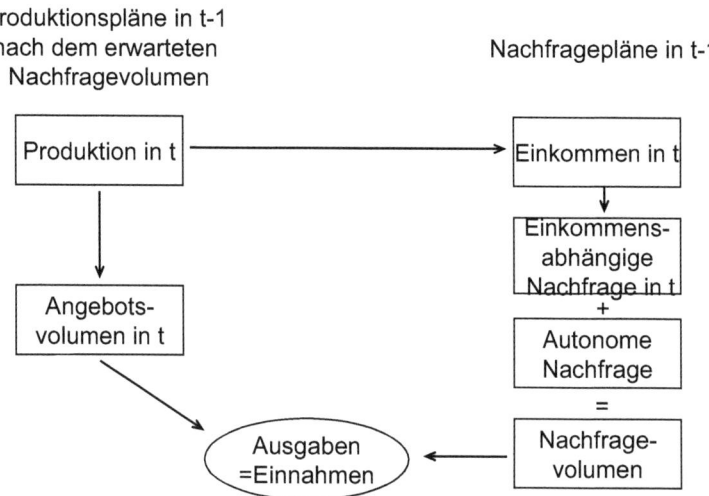

Abb. 9.1 Definition eines gesamtwirtschaftlichen Gleichgewichts. Ein Gleichgewicht setzt voraus, dass Produktionspläne und Nachfragepläne übereinstimmen

gekennzeichnet ist. Umgekehrt ist der Gütermarkt in einem Boom durch einen allgemeinen Nachfrageüberschuss charakterisiert, der in der Bedingung

$$I > S$$

zum Ausdruck kommt.

Betrachten wir die makroökonomische Gleichgewichtsbedingung etwas genauer. In der mikroökonomischen Theorie hat ein Marktgleichgewicht die Eigenschaft, dass Angebotspläne und Nachfragepläne übereinstimmen (→Kap. 4). Diese Bedingung ist auch für ein gesamtwirtschaftliches Gleichgewicht konstitutiv. Obwohl wir in makroökonomischen Modellen Produktion, Einkommen, Konsum, Investition und Ersparnis als aggregierte Größen abbilden, so handelt es sich doch um Pläne der Unternehmen und Haushalte. Ein Ungleichgewicht zwischen Investition und Sparen bedeutet also, dass die *geplanten* Investitionen der Unternehmen und das *geplante* Sparen der privaten Haushalte nicht übereinstimmen. Ebenso wie ein Ungleichgewicht zwischen Angebot und Nachfrage auf einem Markt bringt ein gesamtwirtschaftliches Ungleichgewicht daher zum Ausdruck, dass nicht alle Pläne realisiert werden können.

Die Erkenntnis, dass es auf die Nachfragepläne ankommt, führte dazu, die Einkommensbildung als Funktion der aggregierten Nachfrage zu modellieren. Das „Einkommen-Ausgaben-Modell" ist ein Modell des Einkommenskreislaufs, das die Wirkungen von Änderungen der aggregierten Nachfrage auf das Einkommen untersucht und Aussagen darüber erlaubt, wie sich ein Impuls (Schock) im Einkommenskreislauf verstärkt – bzw. durch welche Einflüsse der Impuls gedämpft wird. Die Wirkungen auf die Beschäftigung folgen in diesem einfachen makroökonomischen Modell aus den Einkommenswirkungen.

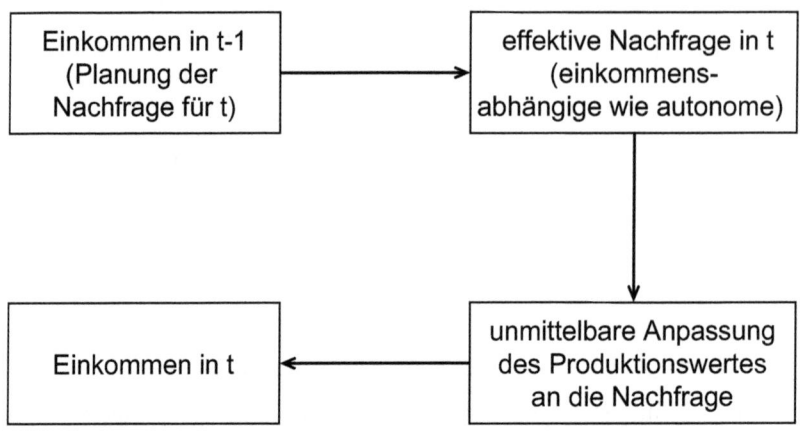

Gleichgewicht: Einkommen in t-1=Einkommen in t

Abb. 9.2 Das Einkommen-Ausgaben-Modell

Das Modell geht von der Annahme aus, dass das Angebot auf den Gütermärkten vollkommen elastisch ist (freie Produktionskapazitäten; die Ausweitung der Produktion ist zu konstanten Grenzkosten möglich). Die Implikationen des Modells sind:

1. Die aggregierte Nachfrage bestimmt das *Niveau* von Produktion, Einkommen und Beschäftigung
2. Güterpreise und Produktionskosten reagieren nicht auf Änderungen der Nachfrage,
3. Die Wirtschaftspolitik hat in der Steuerung der Nachfrage ein wirksames Instrument zur Beeinflussung von Einkommen und Beschäftigung,
4. Definition eines gesamtwirtschaftlichen Gleichgewichts: Kräfte, die auf eine *Veränderung* des Einkommensniveaus hinwirken, treten nicht auf (d.h. eine Revision von Plänen, die Einfluss auf die makroökonomischen Aggregate haben würde, ist nicht erforderlich).

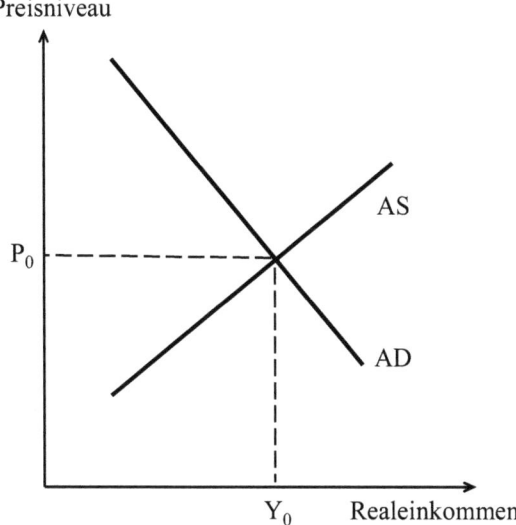

Abb. 9.3 Aggregiertes Angebot, aggregierte Nachfrage

Aggregiertes Angebot, Aggregierte Nachfrage

Das gesamtwirtschaftliche Gleichgewicht wird in Lehrbüchern häufig als ein Gleichgewicht von Aggregiertem Angebot *(aggregate supply, AS)* und Aggregierter Nachfrage *(aggregate demand, AD)* auf dem Gütermarkt dargestellt, wobei das Preisniveau und das Realeinkommen die Gleichgewichtsbedingungen kennzeichnen.

Diese Darstellung ist für den Anfänger irreführend, denn es handelt sich dabei nicht um aggregierte Angebots- und Nachfragefunktionen, also um Preis-Mengen-Beziehungen wie auf einem einzelnen Markt. Die Bezeichnungen „Kurve der aggregierten Nachfrage" und „Kurve des aggregierten Angebots" laden zu einem solchen Missverständnis ein.

Es handelt sich vielmehr um die Darstellung der Bedingungen eines gesamtwirtschaftlichen Gleichgewichts. Wenn das Preisniveau höher liegt als P_0 (und das Realeinkommen Y_0 beträgt), so gibt die Kurve der aggregierten Nachfrage an, um wie viel die aggregierte Nachfrage fallen muss, damit wieder ein Gleichgewicht auf dem Gütermarkt erreicht wird. Man darf nicht schließen, dass die aggregierte Nachfrage tatsächlich fällt, weil auf den Märkten die Nachfragepläne an höhere Preise angepasst werden. Denn die Nachfrageänderungen auf Märkten werden von relativen Preisen bestimmt, während das Preisniveau einen Standard für den Geldwert zum Ausdruck bringt. Deshalb hängt die Bewegung der aggregierten Nachfrage nicht vom Preisniveau, sondern von Bedingungen ab, die auf dem Vermögensmarkt gesetzt werden (→Kap. 10). Ebenso spiegelt die Kurve des aggregierten Angebots die Gleichgewichtsbedingungen des Arbeitsmarktes (→Kap. 11).

Das Missverständnis hat allerdings Tradition. Die Erwartung, dass ein Prozess allgemein fallender Preise (Deflation) das Realeinkommen erhöht, war einer der großen Irrtümer der klassischen Volkswirtschaftslehre, der die Wirtschaftspolitik in der großen Depression der Weltwirtschaftskrise falsch geleitet hat. Milton Friedman hat in einer empirischen Untersuchung gezeigt, dass die Geldpolitik der Vereinigten Staaten während der großen Depression restriktiv war und damit die Depression (nämlich den Rückgang des Realeinkommens) verschärft hat.

9.2 Die Konsumfunktion

Die Konsumfunktion bringt zum Ausdruck, wie sich Nachfrageimpulse im Einkommenskreislauf verstärken. Damit erhält das Konsum- bzw. Sparverhalten der privaten Haushalte einen zentralen Stellenwert im Einkommen-Ausgaben-Modell.

Die Verhaltenshypothese ist, dass die Konsumausgaben der privaten Haushalte vom verfügbaren Einkommen bestimmt werden. Es gibt zwar eine einkommensunabhängige Komponente des Konsums (so die Ausgaben für „lebensnotwendige Güter"). Aber die Änderungen des verfügbaren Einkommens der privaten Haushalte haben einen bestimmenden Einfluss auf die *Änderungen* des Konsumniveaus.

Die gesamtwirtschaftliche Konsumfunktion ist

$$C = \overline{C} + cY ;$$ (9.3)

für $\overline{C} > 0$ autonome Konsumausgaben (unabhängig von Veränderungen des aktuellen Einkommens) und $0 < c < 1$:marginale Konsumneigung.

Mit der marginalen Konsumneigung lernen wir eine weitere nützliche Anwendung des Marginalprinzips kennen. So können wir vermuten, dass ein Haushalt, der im Zuge der Steuerreform eine steuerliche Entlastung von 800 € erhält (sein verfügbares Einkommen also um diesen Betrag steigt), davon 640 € für zusätzlichen Konsum ausgeben wird, wenn seine marginale Konsumneigung 0,8 beträgt. In der Gesamtwirtschaft bedeutet also unter dieser Annahme eine steuerliche Entlastung der privaten Haushalte von 15 Mrd. € zusätzliche Konsumausgaben in Höhe von 12 Mrd. €. Aber damit sind die Wirkungen der Steuerreform noch nicht vollständig beschrieben. Im Einkommenskreislauf bewirken zusätzliche Konsumausgaben wiederum zusätzliche Einkommen. Das Einkommen-Ausgaben-Modell führt uns zu der Schlussfolgerung, dass die Steuerreform, die Anfang 2004 wirksam wurde, einen Einkommenszuwachs von bis zu 60 Mrd. € induzieren kann, wenn wir eine marginale Konsumneigung von 0,8 annehmen (vgl. Anhang).

Aktuell verfügbares oder permanentes Einkommen?

Die Konsumfunktion ist ein elementarer Baustein makroökonomischer Modelle, und gerade deshalb gab es über sie ausgedehnte theoretische Kontroversen. Die zentrale Frage lautete, ob sich die Konsumausgaben tatsächlich mit dem aktuell verfügbaren Einkommen ändern oder ob sie nicht vielmehr unabhängig von aktuellen Einkommensschwankungen sind. Während Keynes das aktuell verfügbare Einkommen als Bestimmungsgrund des Konsums betrachtet (sein „fundamentalpsychologisches Gesetz"), behauptet Milton Friedman, der Begründer des „Monetarismus" (→Kap. 10), dass die privaten Haushalte ein Konsumniveau entsprechend ihres „permanenten" (über die gesamte Lebenszeit erwarteten) Einkommens wählen.

Hintergrund: Während bei Keynes die Konsumfunktion ein wichtiger Baustein zur Erklärung kumulativer Einkommensprozesse ist (s. den Anhang „Multiplikator"), zielt die Kritik Friedmans darauf ab, die Stabilität des privaten Sektors der Wirtschaft zu begründen. Die von Friedman behauptete „Instabilität der Konsumfunktion" besagt, dass sich die Konsumausgaben – die größte Nachfragekomponente – unabhängig von aktuellen Schwankungen des Einkommens entwickeln. Damit haben die Konsumausgaben auf kurze Sicht in einem kumulativen Einkommensprozess eher eine dämpfende Wirkung.

9.3 Das Gleichgewicht auf dem Gütermarkt bei autonomen Investitionen

Wir können nun die Bedingungen für ein gesamtwirtschaftliches Gleichgewicht neu formulieren. Dabei nehmen wir an, dass das Investitionsvolumen unabhängig von den aktuellen Einkommensschwankungen ist, dass aber der Konsum eine einkommensabhängige Komponente hat.

Setzen wir Gleichung (9.3) in Gleichung (9.1) ein, so ergibt sich für das Gleichgewichtseinkommen

$$Y = \frac{1}{1-c}(\overline{C} + I). \qquad (9.4)$$

Veränderungen der autonomen Komponenten der aggregierten Nachfrage, beispielsweise eine Veränderung der Investitionen, ΔI, führen zu einer Veränderung des Gleichgewichtseinkommens:

$$\Delta Y = \frac{1}{1-c}\Delta I. \qquad (9.5)$$

Das Ausmaß der Einkommensänderung richtet sich nach der Stärke des Impulses und nach der marginalen Konsumneigung, c.

9.4 Staatshaushalt und Einkommen

Die Regierung kann das Gleichgewicht auf dem Gütermarkt beeinflussen, indem sie die aggregierte Nachfrage verändert, entweder unmittelbar durch Käufe von Waren und Dienstleistungen (Staatsausgaben) oder mittelbar durch Veränderungen der Steuersätze und damit des verfügbaren Einkommens der privaten Haushalte und Unternehmen. Den zweiten Fall haben wir mit dem Beispiel der Wirkungen der Steuerreform bereits angesprochen. Die Wirkungen einer Veränderung von Staatsausgaben lassen sich durch eine Erweiterung des Modells leicht abbilden.

Die Staatsausgaben G (für „government") seien eine Komponente der aggregierten Nachfrage. Dann lautet die Bedingung für das Gütermarktgleichgewicht:

$$Y = \overline{C} + cY + I + G, \qquad (9.6)$$

die Einkommenswirkungen einer Veränderung der Staatsausgaben sind entsprechend

$$\Delta Y = \frac{1}{1-c} \Delta G. \qquad (9.7)$$

Ein vorläufiges Urteil über die Wirkungsweise der Finanzpolitik

Staatsausgaben und Steuersätze sind die beiden Hauptinstrumente der Finanzpolitik (Fiskalpolitik) des Staates. In dem dargestellten Modell lässt sich die Finanzpolitik wirksam zur Steuerung von Volkseinkommen, Produktionsvolumen und Beschäftigung einsetzen. Sie verändert

- entweder direkt die aggregierte Nachfrage (ΔG),
- oder induziert Ausgaben durch eine Veränderung des verfügbaren Einkommens. Die Einkommensänderungen sind jeweils ein Vielfaches der Ausgabenänderung.

9.5 Wirtschaftspolitische Bedeutung

Wir haben in diesem Kapitel das Kernmodell einer postkeynesianischen Nachfragesteuerung kennengelernt, das die Wirtschaftspolitik der 50er und 60er Jahre maßgeblich beeinflusste. Es lieferte die Begründung für die Vollbeschäftigungspolitik nach dem Zweiten Weltkrieg, die vor allem mit den Mitteln der Finanzpolitik praktiziert wurde. Das herausragende Beispiel dafür ist die Wirtschaftspolitik der USA, die nicht wie andere Industrieländer, z.B. Großbritannien, auf außenwirtschaftliche Probleme Rücksicht nehmen mussten und ein „demand management" nach dem Modell der geschlossenen Volkswirtschaft betreiben konnten. Ausgehend von den

USA wurden die theoretischen Modelle der Multiplikatoranalyse immer weiter ausdifferenziert mit dem Ziel, das Instrumentarium für eine Feinsteuerung der Konjunktur zu einem Vollbeschäftigungsgleichgewicht zu entwickeln.

In der Bundesrepublik Deutschland wurden die Ziele und Mittel der Steuerung des „gesamtwirtschaftlichen Gleichgewichts" durch finanzpolitische Maßnahmen im *Stabilitäts- und Wachstumsgesetz* von 1967 verankert. Eine erfolgreiche Anwendung dieses Instrumentariums gelang Karl Schiller, der 1967 – damals Bundeswirtschaftsminister – mit einem Konjunkturprogramm nach dem Modell des „*deficit spending*" maßgeblich dazu beitrug, die erste große Rezession der Nachkriegszeit (800.000 Arbeitslose) zu überwinden. In den 70er Jahren wurden aber die inflatorischen Wirkungen einer expansiven Finanzpolitik sichtbar. Damit war der kritische Punkt der postkeynesianischen Modelle getroffen, die – wegen der Annahme konstanter Preise – keine Aussagen darüber machen können, wie sich ein finanzpolitischer Impuls auf Preiswirkungen und Mengenwirkungen (Realeinkommenswirkungen) aufteilt. Der Postkeynesianismus konnte das Phänomen der Stagflation nicht erklären (*Stag*nation + In*flation*). Das Modell der Nachfragesteuerung ist deshalb heute nur noch von beschränkter Bedeutung für die Wirtschaftspolitik.

Kontrollfragen

1. Wie ist das gesamtwirtschaftliche Gütermarktgleichgewicht definiert? Diskutieren Sie verschiedene Gleichgewichtskonzeptionen!
2. Welche Annahmen liegen dem Einkommen-Ausgaben-Modell zugrunde?
3. Wodurch unterscheidet sich die Konsumfunktion bei Keynes und Friedman?
4. Die Steuerentlastung der privaten Haushalte, die Anfang 2004 wirksam wurde, wird zum Teil durch eine Kürzung der Pendlerpauschale finanziert. Wie würden Sie die Einkommenswirkungen des Netto-Effekts berechnen?
5. In einer geschlossenen Volkswirtschaft sei das Einkommen 1200, der private Konsum 700 und die Staatsausgaben 300. Wie hoch sind die Investitionen im Gleichgewicht?
6. Wie groß ist die private Ersparnis, wenn die Steuereinnahmen des Staates abzüglich der Transferleistungen an private Haushalte 250 betragen?
7. Der Bundeskanzler hat in seiner Neujahrsansprache an die Bürger appelliert, mehr zu konsumieren und damit zum Wirtschaftsaufschwung beizutragen. Zeigen Sie in einem einfachen güterwirtschaftlichen Modell, wie sich eine Erhöhung der marginalen Konsumneigung auf den Multiplikator und das Gleichgewichtseinkommen auswirkt!

Anhang: Der Multiplikator

1. Die Frage: In welchem *Ausmaß* ändert sich das Einkommen bei Änderungen der autonomen Ausgaben?

Induzierte Konsumausgaben:

$$\Delta \overline{A} \to \Delta Y \to \Delta C \to \Delta Y \to \Delta C \ ;$$

bewirken eine Erhöhung des Gleichgewichteinkommens Y_o um

$$\Delta Y_o = \Delta \overline{A} + c(\Delta \overline{A}) + c^2(\Delta \overline{A}) + \ldots = \frac{1}{1-c}\Delta \overline{A}. \tag{9.8}$$

Wichtig: Das Einkommen bleibt nur auf dem neuen Niveau, wenn die Änderung der autonomen Ausgaben von Dauer ist.

2. Folgerungen:

- Eine Erhöhung der autonomen Ausgaben erhöht das Gleichgewichtseinkommen,
- Der Einkommensanstieg ist ein Vielfaches der Ausgabenerhöhung, da $0<c<1$,
- Je größer die marginale Konsumneigung ist, desto größer sind die Schwankungen des Einkommens für jede gegebene Verschiebung bei den aggregierten Ausgaben.

10 Geld

Ähnlich wie die mikroökonomische Theorie die Bedingungen eines Marktgleichgewichts definiert, fragt die makroökonomische Theorie nach den Bedingungen eines gesamtwirtschaftlichen Gleichgewichts. Viele Ökonomen sind deshalb der Meinung, dass die Aussagen der makroökonomischen Theorie nur gelten, wenn sie aus der Mikro-Theorie abgeleitet werden können („mikroökonomische Fundierung"). Es gibt aber einen wichtigen Unterschied in der Untersuchungsmethode. Die makroökonomische Theorie untersucht den Wirtschaftsprozess in der historischen Zeit (im Unterschied zur reinen Logik von Entscheidungsprozessen). Sie muss deshalb das Phänomen der Unsicherheit erfassen, d.h. sie muss die Verhaltensweisen von Akteuren im Markt erklären, die nicht vollständig über die künftigen Entwicklungen und damit über die Folgen ihrer Entscheidungen informiert sind. Die Annahme der Unsicherheit erlaubt es uns, die Aussagen der makroökonomischen Theorie in zweifacher Hinsicht zu erweitern. Erstens lassen sich unter Bedingungen der Unsicherheit typische Verhaltensweisen erklären, die zu einer Krise führen können (→ manias, panics, crashes). Zweitens bilden sich in einer Volkswirtschaft, deren Zukunft unsicher ist, bestimmte Institutionen heraus, die den Zweck haben, die Ungewissheit über die Zukunft zu vermindern. Die wichtigste dieser Institutionen ist das Geld.

Im Folgenden werden wir das Modell der Einkommensbildung um den Vermögensmarkt erweitern und dabei den Aspekten der Unsicherheit besondere Beachtung schenken. Auf dem Vermögensmarkt werden Investitionsentscheidungen getroffen. Eine Investition ist dadurch charakterisiert, dass Auszahlungen (Ausgaben) in der Gegenwart getätigt werden, denen unsichere Einzahlungen (Einnahmen) in der Zukunft gegenüber stehen. Die Alternative zu einer Investition in Sachanlagen oder Finanzanlagen ist, Geld zu halten. Geld als Vermögensanlage bringt zwar keinen Ertrag, schützt aber andererseits vor Vermögensverlusten, die bei riskanter Vermögensanlage entstehen können. Der Ausgangspunkt unserer Überlegungen ist daher das Geld.

10.1 Geldfunktionen

Geld dient als Recheneinheit und als Zahlungsmittel, das allgemein akzeptiert wird. Die beiden Funktionen können durchaus getrennt erfüllt werden. So verwendeten die Institutionen der Europäischen Union und die Zentralbanken der Mitgliedsländer vor Einführung des Euro einen Währungskorb als Recheneinheit, den ECU. Diese „European Currency Unit" erhielt ihren Namen in Anspielung auf eine alte französische Goldmünze. Der Wert eines ECU wurde als gewogenes Mittel der europäischen Währungen bestimmt. Gesetzliches Zahlungsmittel – und als solches allgemein akzeptiert – waren aber die nationalen Währungen.

Der Bedarf an Zahlungsmitteln richtet sich im allgemeinen nach dem Transaktionsvolumen, das während einer Periode zu finanzieren ist. In makroökonomischen Modellen wird deshalb die Geldnachfrage (money demand, M_D) als eine Funktion des Einkommens bestimmt.

$$M_D = M_D(Y); \qquad (10.1)$$

Geld, das zu Transaktionszwecken gehalten wird, nennt man Transaktionskasse. Wächst das Einkommen, so erhöht sich der Bedarf an Transaktionskasse und die Geldnachfrage steigt. Die funktionale Beziehung zwischen dem Einkommen und der Transaktionskasse ist in einer längerfristigen Betrachtung nicht stabil, weil sich auf lange Sicht die Zahlungsgewohnheiten ändern können.

Zweitens dient Geld als Mittel der Wertaufbewahrung. Es wird als eine sichere Vermögensanlage gehalten, die keinen Ertrag abwirft, aber auch kein spezifisches Investitionsrisiko birgt. Es ist sozusagen der sichere Hafen für Spekulanten. Dieser Teil der Geldnachfrage wird deshalb als Spekulationskasse bezeichnet. Wer sein Vermögen in Form von Geld hält, ist liquide, d.h. jederzeit zahlungsfähig, aber er oder sie nimmt für diese Liquidität Kosten in Kauf. Die Opportunitätskosten der Geldhaltung sind der Verzicht auf Zinserträge, die durch eine Investition in Finanztitel erzielt werden könnten. Geld zu halten ist dennoch rational, nämlich dann, wenn der Liquidität ein Wert beigemessen wird, der die Opportunitätskosten der Geldhaltung übersteigt. Diese so genannte Liquiditätspräferenz kann insbesondere unter der Annahme der Unsicherheit einen großen Wert annehmen.

Da sich aber die Unsicherheit der Erwartungen über die Zukunft sehr rasch ändern kann, ist die Liquiditätspräferenz ein sehr unsteter Zeitgenosse. Wenn wir daher die Spekulationskasse als eine Funktion des Zinses (interest rate, i) darstellen,

$$M_D = M_D(i); \qquad (10.2)$$

um den Einfluss der Opportunitätskosten der Geldhaltung auf die Geldnachfrage zum Ausdruck zu bringen, so müssen wir bedenken, dass diese Funktion von wechselnden Erwartungen abhängig und daher sehr instabil ist.

10.2 Geld, das man nicht selbst herstellen kann

Wir müssen nun der Frage nachgehen, wie das Geldangebot zustande kommt, das erforderlich ist, die Geldnachfrage zu decken. Damit Geld seine Funktion als ein Mittel der Wertaufbewahrung erfüllen kann, muss es knapp sein, d.h. seine Produktion muss einer besonderen Kontrolle unterliegen. Diese Bedingung haben die früheren Goldwährungen in idealer Weise erfüllt. Der Wert dieser Währungen war durch das Versprechen der Notenbanken gesichert, das Geld jederzeit zu einem bestimmten Kurs in Gold einzutauschen. Nach dem Zweiten Weltkrieg war der US-Dollar als die Leitwährung im Währungssystem von Bretton Woods noch durch ein solches Versprechen der amerikanischen Regierung gesichert – jedenfalls bis Richard Nixon im Jahr 1971 die Goldeinlösepflicht für den US-Dollar aufhob. Dem Euro, der 1999 als Gemeinschaftswährung der Europäischen Währungsunion eingeführt wurde, liegt kein solches Versprechen mehr zugrunde. Die Europäische Zentralbank ist lediglich verpflichtet, Preisstabilität als vorrangiges Ziel zu verfolgen. Dazu muss sie das Geldangebot kontrollieren können. Denn offensichtlich führt eine starke und rasche Ausweitung des Geldangebots dazu, dass allgemein Preise und Löhne steigen (Inflation) und der Wert des Geldes verfällt.

In der heutigen globalisierten Welt ist der Geldbedarf so groß, dass die Goldreserven nicht mehr ausreichen würden, diesen Bedarf zu decken. Heute entsteht Geld durch eine vertragliche Beziehung zwischen einem Kreditinstitut einerseits und einem Unternehmen, einem privaten Haushalt oder dem Staat andererseits. Betrachten wir dazu das Schema einer Bankbilanz:

Aktiva	Passiva
Kasse	Eigenkapital
Kredite an Nichtbanken	Einlagen mit langer Kündigungsfrist (Geldkapital)
Wertpapiere	Einlagen mit kurzer Kündigungsfrist (Spareinlagen)
andere	auf Sicht kündbare Einlagen (Sichteinlagen)
	andere

Das Geldangebot steigt, wenn ein Kreditinstitut beispielsweise einem Unternehmen einen zusätzlichen Kredit gewährt. Denn mit dem Kredit erhält das Unternehmen ein zusätzliches Sichtguthaben, das es für Zahlungen verwenden kann.

Aktiva	Passiva
zusätzlicher Kredit an Nichtbanken	zusätzliches Sichtguthaben

Unter der Bedingung, dass das Unternehmen Zahlungen nur in der Form von Überweisungen durchführt, kann dieser Prozess der „Geldschöpfung" unbegrenzt fortgesetzt werden. Die Zahlungen des Unternehmens führen nur zu neuen Kreditbeziehungen innerhalb des Bankensystems. Aber die Bank muss auch für den Fall Vorsorge treffen, dass der Kreditnehmer die Auszahlung seines Guthabens verlangt, sei es in der Form von Banknoten (Geldscheinen) oder auch in der Form ausländischer Währung. In diesem Fall benötigt die Bank Geld, das sie nicht selbst schaffen kann, nämlich das Geld der Notenbank (Zentralbank). Die Banken halten deshalb in bestimmter Relation zu ihren Einlagen Reserven, da erfahrungsgemäß immer ein Teil der neu geschaffenen Einlagen aus dem Bankensystem abgezogen wird. Diese Reserven sind Guthaben bei der Zentralbank (Zentralbankgeld). Über die Reservehaltung kann die Zentralbank das Geldangebot kontrollieren. Sie setzt die Mittel der Geldpolitik ein, um die Konditionen, zu denen die Banken Zentralbankguthaben erhalten, günstiger oder ungünstiger zu gestalten. Auf diese Weise hat sie eine indirekte Kontrolle über das Geldangebot (vgl. den Geldangebotsmultiplikator im Anhang).

10.3 Was bestimmt die Höhe des Zinses?

Wir haben nun die Voraussetzungen für eine einfache Zinstheorie. Der Zins wird auf dem Vermögensmarkt bestimmt. Dispositionen über Vermögen, d.h. Entscheidungen darüber, in welcher Form Vermögen gehalten wird (Geld, verzinsliche Finanzanlagen, nicht-monetäres Vermögen), richten sich nach dem Zins. Da es sich hierbei um Alternativen handelt, die sich gegenseitig ausschließen, ändert sich mit der Geldnachfrage zugleich spiegelbildlich die Nachfrage nach den anderen Arten der Vermögensanlage. Für die Zinsbestimmung genügt es daher, allein die Geldnachfrage zu betrachten.

Die Geldnachfrage wird von der Liquiditätspräferenz und dem Einkommen, andererseits von den Opportunitätskosten der Geldhaltung, dem Zins, bestimmt (Gleichung 10.1 und 10.2). Das Geldangebot nehmen wir als exogen an, d.h. wir nehmen an, dass die Zentralbank das Geldangebot kontrolliert, um ihr vorrangiges Ziel, die Sicherung des Geldwertes zu erreichen. Das Geldangebot ist also eine Variable, die von der Geldpolitik vorgegeben wird. Ein Gleichgewicht auf dem Vermögensmarkt ist erreicht, wenn der Zins Geldangebot (M_S) und Geldnachfrage (M_D) zum Ausgleich bringt.

Mit Bezug auf die Gleichungen 10.1 und 10.2 können wir das Gleichgewicht bestimmen:

$$M_S = M_D(i, Y). \qquad (10.3)$$

Im Gleichgewicht entspricht die gewünschte Geldhaltung der tatsächlich vorhandenen Geldmenge (dem Geldangebot). Es gibt also keinen Anlass, über die Art der Vermögensanlage neu zu disponieren. Wird dagegen mehr Liquidität gewünscht als in der Volkswirtschaft vorhanden ist, z.B. weil die Zentralbank das Geldangebot verringert hat, so steigt der Zins. Bei einem höheren Zins (höheren Opportunitätskosten der Geldhaltung) und gegebener Liquiditätspräferenz kommt es wieder zu einem Gleichgewicht auf dem Vermögensmarkt. Ein anderes Beispiel ist, dass mit steigendem Einkommen der Bedarf an Transaktionskasse steigt – bei gegebenem Geldangebot. Auch in diesem Fall steigt der Zins, bis wieder ein neues Gleichgewicht erreicht wird. Wie es zu diesem Zinsanstieg kommt? Nun, ein zunehmender Liquiditätsbedarf führt dazu, dass verzinsliche Geldforderungen, z.B. Wertpapiere, angeboten werden. Ein allgemeines Überschussangebot an Wertpapieren bewirkt fallende Kurse auf dem Wertpapiermarkt. Für die Käufer dieser Wertpapiere hat sich damit die Effektivverzinsung erhöht. Der Marktzins steigt mit der Folge, dass auch bei der Neuemission von Wertpapieren der Schuldner eine höhere Verzinsung bieten muss.

10.4 Die Investitionsfunktion

Betrachten wir nun die Implikationen für die Einkommensbildung. Der Zins beeinflusst nicht nur die Art der Vermögenshaltung, sondern hat auch Einfluss auf die Höhe der aggregierten Nachfrage und damit des Einkommens in der Volkswirtschaft. Die Höhe des Zinses bestimmt, in welchem Ausmaß die Unternehmen neues Sachvermögen bilden. Die Sachvermögensbildung der Unternehmen wird in den makroökonomischen Modellen Investition genannt. Dabei unterscheidet man Anlageinvestitionen (Ausrüstungen, Bauten, sonstige Anlagen) und Lagerinvestitionen.

Das Investitionskalkül eines Unternehmens wird bestimmt von der Erwartung künftiger Erträge aus der Investition einerseits, den Anschaffungskosten des Investitionsgutes andererseits. Damit wir diese beiden Größen vergleichen können, berechnen wir den Barwert der erwarteten Erträge

$$P_o = \frac{E_t}{1+i} + \frac{E_{t+1}}{(1+i)^2} + \dots \frac{E_{t+n}}{(1+i)^{n+1}}.$$

Dazu werden die künftig erwarteten Erträge diskontiert. Der Diskontfaktor ist der Marktzins. Denn auch für die Investition drückt der Marktzins die Opportunitätskosten aus. Das Unternehmen hat die Möglichkeit, ein vorhandenes Geldvermögen zum Marktzins anzulegen – bzw. muss einen Kredit zur Finanzierung der Investition zum Marktzins bedienen.

Diesen Wert der Investition vergleicht das Unternehmen mit den Anschaffungskosten (P_A). Eine Investition lohnt offensichtlich, wenn

$$P_o > P_A.$$

In diesem Fall kann das Unternehmen aus der Investition einen höheren Ertrag als den Marktzins erwarten. Veränderungen des Marktzinses beeinflussen das Investitionskalkül: Je höher der Marktzins, umso kleiner ist der Barwert der Investitionserträge, P_0. Der Anschaffungspreis des Investitionsgutes bleibt dagegen unverändert. Bei gegebenen Ertragserwartungen können wir daher folgende gesamtwirtschaftliche Investitionsfunktion bestimmen:

$$I = I(i).\qquad(10.4)$$

Die Investitionen sind eine Funktion des Zinses, wobei eine Zinserhöhung das Investitionsvolumen verringert – und umgekehrt.

Das Gleichgewicht auf dem Gütermarkt ist unter der Annahme, dass die Investitionen von der Höhe des Zinssatzes abhängen, wie folgt definiert:

$$Y = C(Y) + I(i) + G.\qquad(10.5)$$

Im Unterschied zum Gütermarkt-Gleichgewicht bei autonomen Investitionen (Gl. 9.6) hat damit der Zins einen Einfluss auf die aggregierte Nachfrage. Der Zins stellt das Bindeglied zwischen dem Vermögensmarkt und dem Gütermarkt dar.

10.5 Die Interaktion zwischen dem Vermögensmarkt und dem Gütermarkt

Wir können nun das Modell der Einkommensbildung erweitern: Geldmenge, Zinssatz und Geldpolitik werden als zusätzliche Variable eingeführt. Das Gleichgewicht auf dem Gütermarkt ist weiterhin dadurch gekennzeichnet, dass aggregiertes Angebot und aggregierte Nachfrage übereinstimmen (Gl. 10.5). Aber der Zins ist jetzt ein Bestimmungsgrund der aggregierten Nachfrage, so dass das Gleichgewicht auf dem Gütermarkt auch von den Dispositionen abhängt, die auf dem Vermögensmarkt getroffen werden, sowie von der Geldpolitik. Umgekehrt wirkt die Einkommensbildung auf den Vermögensmarkt zurück, weil Einkommensänderungen eine Änderung der Geldnachfrage zur Folge haben. Zugleich lassen sich die Wirkungen abbilden, die von der Finanzpolitik ausgehen und den Vermögensmarkt und die Zinsbildung tangieren. Damit bietet das Modell die Möglichkeit, die Wirkungsweise von Finanzpolitik und Geldpolitik im Zusammenhang zu untersuchen (Abb. 10.1).

Ein gesamtwirtschaftliches Gleichgewicht ist in diesem Modell erreicht, wenn sowohl der Vermögensmarkt als auch der Gütermarkt im Gleichgewicht sind. Die Gleichgewichtsbedingungen lauten:

$$M_S = M_D(Y,i) \tag{10.3}$$

$$Y = C(Y) + I(i) + G \tag{10.5}$$

oder

$$S(Y) = I(i) ; \tag{10.6}$$

Wenn wir die exogenen Variablen, nämlich das Geldangebot M_S, die Staatsausgaben G (und entsprechend die Steuereinnahmen T) vorgeben – also jene Variablen, durch die der Einfluss der Geldpolitik und der Fiskalpolitik wirksam wird – so lässt sich das gesamtwirtschaftliche Gleichgewicht in Abhängigkeit von Einkommen Y und Zinssatz i bestimmen.

Ein Gleichgewicht auf dem Vermögensmarkt ist dadurch gekennzeichnet, dass bei gegebenem Geldangebot mit einer Erhöhung des Einkommens eine Zinserhöhung einhergeht (u.u.).

Der Zinsanstieg muss umso größer ausfallen:

- je mehr die Geldnachfrage als Folge einer Einkommenserhöhung steigt,
- je weniger die Geldnachfrage auf Zinsänderungen reagiert (je geringer die Zinselastizität der Geldnachfrage).

Diese Gleichgewichtsbedingung wird in den Lehrbüchern LM-Kurve genannt (die zum Ausdruck bringt, dass die Geldnachfrage, hier L, und das Geldangebot M übereinstimmen).

Die Lage dieser LM-Kurve wird vom Geldangebot bestimmt. Eine Erhöhung des Geldangebots – als Folge einer expansiven Geldpolitik – verschiebt diese Kurve nach rechts: Bei gegebenem Zinssatz kann als Folge der Erhöhung des Geldangebots ein größeres Transaktionsvolumen (Einkommen) finanziert werden.

Ein Gleichgewicht auf dem Gütermarkt ist dadurch gekennzeichnet, dass mit einer Erhöhung des Zinssatzes eine Senkung des Einkommens einhergeht, weil die Zinserhöhung die aggregierte Nachfrage dämpft und deshalb auch Produktion und Einkommen sinken müssen, damit das Gütermarktgleichgewicht wieder erreicht wird.

Der Einkommensrückgang, der erforderlich ist, um eine Zinserhöhung auszugleichen, ist umso größer,

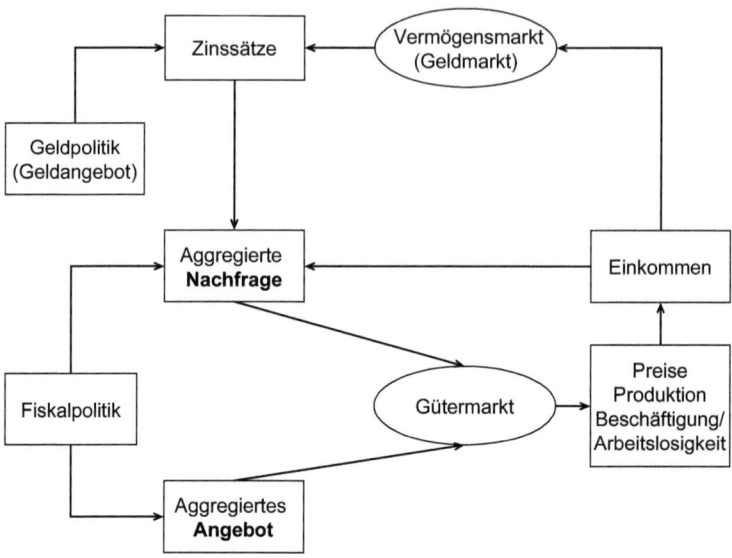

Abb. 10.1 Schematische Darstellung der Interaktion von Vermögensmarkt und Gütermarkt

- je sensibler die Investition auf Zinsänderungen reagiert,
- je größer die marginale Konsumneigung und damit der Multiplikator ist.

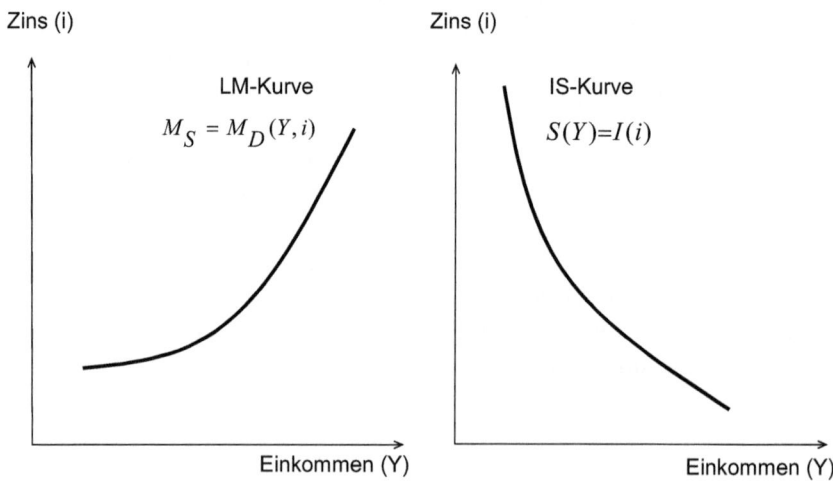

Abb. 10.2 Die LM-Kurve zeigt alle Kombinationen von Zins und Einkommen, die bei gegebenem Geldangebot M_S ein Gleichgewicht auf dem Vermögensmarkt repräsentieren. Die IS-Kurve zeigt bei gegebenen autonomen Ausgaben alle Kombinationen von Zins und Einkommen, die ein Gleichgewicht auf dem Gütermarkt repräsentieren

Die Lage dieser IS-Kurve wird von der Höhe der autonomen Ausgaben und von der Finanzpolitik bestimmt. Eine expansive Finanzpolitik bewirkt bei gegebenem Zinssatz eine Einkommenserhöhung und verschiebt damit die IS-Kurve nach rechts.

Störungen des gesamtwirtschaftlichen Gleichgewichts

Das IS-LM-Modell eignet sich sehr gut, in einfacher Form die Wirkungen einer Störung des gesamtwirtschaftlichen Gleichgewichts auf Einkommensniveau und Zinssatz zu analysieren. In gleicher Weise lassen sich damit die Wirkungen von Geldpolitik und Finanzpolitik demonstrieren.

Beispielsweise löst eine Erhöhung der autonomen Ausgaben, verursacht durch einen fiskalpolitischen Impuls, folgende Anpassungsprozesse aus:

$$\Delta \overline{A} \to \Delta Y \to \Delta M_D \to \Delta i \to \begin{cases} -\Delta I \\ -\Delta M_D \end{cases} \to -\Delta Y;$$

usw. Im neuen Gleichgewicht sind sowohl das Einkommen als auch der Zinssatz höher (vgl. Abb. 10.4).

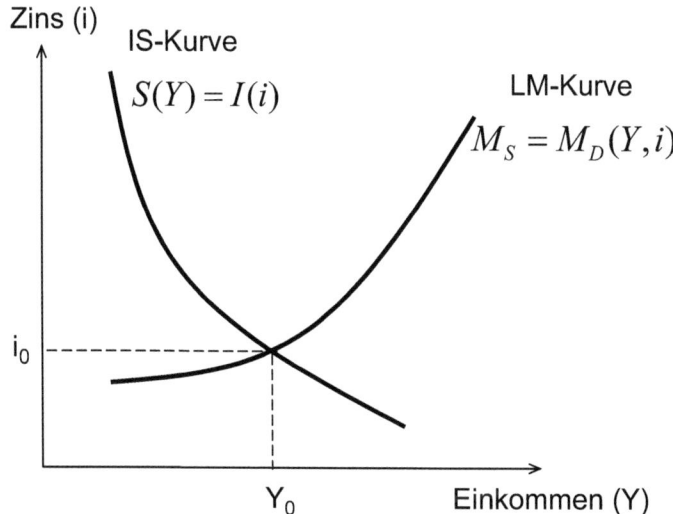

Abb. 10.3 Güterwirtschaftliches und monetäres Gleichgewicht im IS-LM-Modell. Die Kombination von Zinssatz i_0 und Einkommen Y_0 im Schnittpunkt von IS-Kurve und LM-Kurve erfüllt die Bedingung, dass sowohl der Gütermarkt als auch der Vermögensmarkt im Gleichgewicht sind

Eine Erhöhung der Geldmenge löst folgende Wirkungskette aus:

$$\Delta M \rightarrow -\Delta i \rightarrow \begin{cases} \Delta I \\ \Delta M_D \end{cases} \rightarrow \Delta Y \rightarrow \Delta M_D;$$

usw.

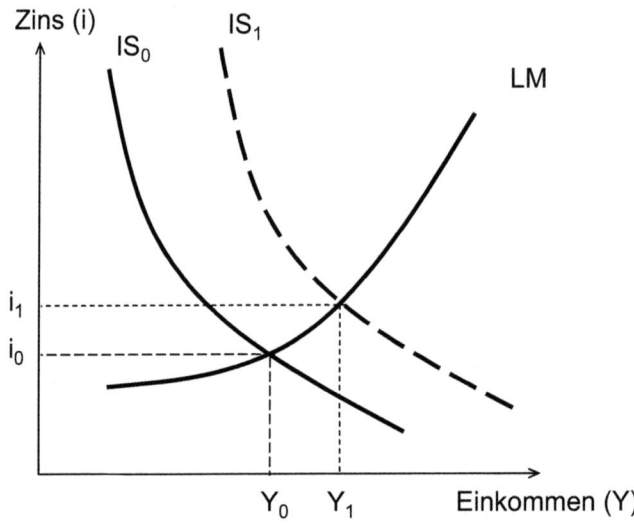

Abb. 10.4 Ein fiskalischer Impuls wird durch Verschiebung der IS-Kurve zum Ausdruck gebracht. Das neue Gleichgewicht ist durch einen höheren Zins und ein höheres Einkommen gekennzeichnet

Ein neues Gleichgewicht auf den Gütermärkten und Vermögensmärkten stellt sich bei niedrigerem Zinssatz und höherem Einkommen ein (vgl. Abb. 10.5).

Folgerungen für die Wirkungsweise der Geldpolitik

Ein expansiver geldpolitischer Impuls löst zunächst eine Zinssenkung aus, die durch die Umstrukturierung privater Portefeuilles zustande kommt. Die dadurch induzierten Investitionen bewirken eine Einkommenserhöhung: Die Zinssenkung erhöht den Marktwert von Investitionsgütern und damit ihren Nachfragepreis; bei gegebenem Angebotspreis werden mehr Investitionsgüter gekauft. Eine kritische Annahme für dieses Ergebnis ist die Zinselastizität der Geldnachfrage.

Die „Liquiditätsfalle". Bei vollkommen zinselastischer Geldnachfrage bleibt die Erhöhung der Geldmenge ohne Wirkung auf den Zinssatz. Der Vermögensmarkt wird liquider, aber die zusätzliche Liquidität hat keinen Einfluss auf den Zins. Der Grund dafür ist, dass die zusätzliche Liquidität nicht die Nachfrage nach (verzinslichen) Wertpapieren und/oder Aktien stimuliert.

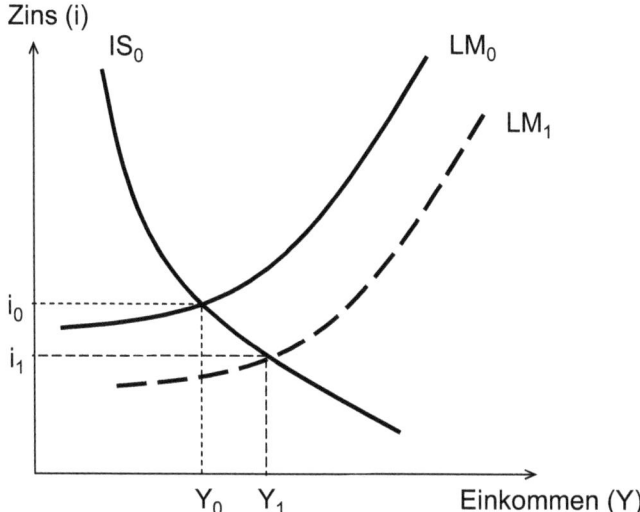

Abb. 10.5 Ein geldpolitischer Impuls wird durch die Verschiebung der LM-Kurve zum Ausdruck gebracht. Das neue Gleichgewicht ist durch einen niedrigeren Zins und ein höheres Einkommen gekennzeichnet

Die privaten Haushalte halten ihre Portefeuilles liquide, d.h. ihre Liquiditätspräferenz hat sich offensichtlich erhöht. Ein solches Verhalten ist in einer Situation rational, in der sich die Unsicherheit der Erwartungen über die künftigen Erträge aus verzinslicher Vermögensanlage bzw. aus einer Investition in Sachkapital vergrößert hat. Auf dem Vermögensmarkt herrscht die Erwartung einer künftigen Zinserhöhung vor – und deshalb kann der Zins nicht sinken. Eine Zunahme der Liquiditätspräferenz beobachten wir vor allem in einer wirtschaftlichen Krise. Nicht nur die privaten Haushalte in ihren Vermögensdispositionen, sondern auch die Unternehmen entscheiden sich, Liquidität zu halten – anstatt ihre Gewinne in Sachanlagen zu investieren. In einem solchen Fall ist die Beziehung zwischen dem Vermögensmarkt und dem Gütermarkt gestört. Es kommt nicht zu zinsinduzierten Investitionen und einer Stimulierung der Einkommensentwicklung und die Geldpolitik bleibt wirkungslos (Keynesianischer Pessimismus hinsichtlich der Wirksamkeit der Geldpolitik).

Der klassische Fall. Bei vollkommen zinsunelastischer Geldnachfrage wird alle zusätzliche Kasse als zusätzliche Transaktionskasse benötigt. In der klassischen Theorie wird angenommen, dass Geld nur zu Transaktionszwecken gehalten wird; spekulative Geldhaltung („Horten") wäre irrational, weil man damit auf den Zinsertrag verzichtet. Erhöht sich die Liquidität in der Volkswirtschaft als Folge eines expansiven geldpolitischen

Impulses, so führt das zu einer Erhöhung von Ausgaben und entsprechend höherem Einkommen.

Die moderne Geldtheorie hat ähnliche Vorstellungen davon, wie ein geldpolitischer Impuls wirkt. Zwar wird angenommen, dass spekulative Geldnachfrage rational sein kann. Aber die Liquiditätspräferenz ist nach dieser Theorie (dem Monetarismus) keine Größe, die starken Schwankungen unterliegt. Vielmehr haben die Menschen, wenn sie über ihr Vermögen disponieren, stabile Erwartungen, und die Geldnachfragefunktion ist dementsprechend stabil. Im klassischen Fall ergibt sich daher eine maximale Wirkung der Geldpolitik auf das Einkommensniveau.

Fazit. Wie die Geldnachfrage auf Zinsänderungen reagiert, ist ein zweiter wichtiger Unterschied zwischen den Theorien von Keynes und Friedman (→Kap. 9), der die Debatte zwischen Keynesianern und Monetaristen über die „richtige" Wirtschaftspolitik prägt. Im IS-LM-Modell wird diese Kontroverse darin sichtbar, dass die Wirksamkeit der Geldpolitik (und entsprechend der Finanzpolitik, s.u.) von den Annahmen über die Zinselastizität der Geldnachfrage abhängt. Dies ist aber keine Frage, die empirisch geklärt werden könnte. Vielmehr handelt es sich um unterschiedliche Theorien der Geldnachfrage, die zu unterschiedlichen Elastizitätsannahmen führen.

Folgerungen für die Wirkungsweise der Finanzpolitik

Ein finanzpolitischer Impuls wird entweder durch eine Erhöhung der Staatsausgaben ausgelöst oder durch Steuersenkungen bzw. zusätzliche Transferzahlungen an private Haushalte, die das verfügbare Einkommen der Privaten erhöhen. Im Ergebnis steigen – wie bei einer Erhöhung der autonomen Ausgaben – das Einkommen und der Zins. Auch hier erweist sich die Zinselastizität der Geldnachfrage als eine kritische Annahme.

Der Fall zinselastischer Geldnachfrage. Die für eine Einkommensexpansion nötige Transaktionskasse wird ohne nennenswerte Zinssteigerungen frei, geringe Beeinträchtigung der Investitionsnachfrage.

Der Fall zinsunelastischer Geldnachfrage. Ohne Erhöhung der Geldnachfrage kann das Einkommen nicht steigen; die zusätzliche Nachfrage des Staates nach Transaktionskasse – bzw. die vom Staat induzierte private Nachfrage – verdrängt über eine Erhöhung des Zinssatzes private Nachfrage *(crowding out)*. Im Ergebnis bleibt das Einkommensniveau unverändert.

Fazit. Bei hoher Zinselastizität der Geldnachfrage (hoher Liquiditätspräferenz) erweist sich damit im IS-LM-Modell die Finanzpolitik als wirksam, während ein geldpolitischer Impuls unwirksam bleibt. Umgekehrt kann die Geldpolitik effektiv eingesetzt werden, wenn die Geldnachfrage nicht elastisch in Bezug auf Zinsänderungen reagiert. In diesem Fall bewirkt eine expansive Finanzpolitik ein *crowding out*, d.h. sie drängt über die Zinssteigerung private Nachfrage zurück. Ein Effekt auf das Einkommen bleibt aus.

Kontrollfragen

1. Wie kann die Zentralbank das Geldangebot kontrollieren?
2. Wie ist das Gleichgewicht auf dem Vermögensmarkt definiert? Beschreiben Sie den Anpassungsprozess nach einer Störung des Gleichgewichts durch einen geldpolitischen Impuls!
3. Unter welchen Bedingungen gilt die Aussage, dass eine Zinsänderung das Investitionsvolumen der Volkswirtschaft beeinflusst?
4. Zeigen Sie in einem IS-LM-Modell, welche Wirkungen eine Verringerung des Geldangebots durch restriktive Geldpolitik auf Zinsniveau und Einkommen hat.
5. Unter welcher Annahme trifft die Aussage zu, die Fiskalpolitik habe keinen Einfluss auf das Einkommensniveau?

Anhang: Der Geldangebotsmultiplikator

Die Geldschöpfung durch das Bankensystem erfordert den Zustrom von Zentralbankgeld (das „Geld der Banken").

Der quantitative Zusammenhang zwischen Geldmenge (M) und Geldbasis (B)

$$M = mB;$$

kann als ein Geldangebotsmultiplikator interpretiert werden. Dieser Multiplikator bringt zum Ausdruck, wie viel Zentralbankgeld erforderlich ist, um eine Ausweitung des Geldangebots („Geldschöpfung") um einen bestimmten Betrag zu finanzieren.

Abgrenzungen

- *Geldbasis* (B): aktuell vorhandenes Zentralbankgeld im privaten Bereich der Wirtschaft,
- *Geldmenge* (M): Bargeldumlauf und Depositen (hierfür gibt es, je nach dem Liquiditätsgrad, d.h. der Laufzeit von Depositen, verschiedene Abgrenzungen; die gebräuchliche Geldmenge M_3 umfasst Sichtguthaben, Sparguthaben mit gesetzlicher Kündigungsfrist, kurzfristige Termineinlagen, Schuldverschreibungen bis zu einer Laufzeit von zwei Jahren, Geldmarktfondsanteile u.a.; vgl. Europäische Zentralbank, Monatsberichte, Statistischer Anhang.)

Geldangebotsmultiplikator

In welcher Weise sich das Geldangebot mit der Geldbasis verändert, wird bestimmt

1. durch die Bargeldhaltungsgewohnheiten der Nichtbanken,
2. durch die tatsächliche Reservehaltung der Banken.

Der Einfluss dieser Verhaltensweisen auf den Geldangebotsmultiplikator, m, stellt sich formal wie folgt dar.

Es sei:
C: Bargeldumlauf,
c: Bargeldhaltungskoeffizient,
D: Giralgeld (Depositen),
R: Bankreserven, einschl. Bargeld bei Banken,
r: Reservehaltungskoeffizient.

Dann gilt:

$$\left. \begin{array}{l} M = C + D \\ B = C + R \end{array} \right\} \text{Definitionsgleichungen} \, ;$$

und:

$$\left. \begin{array}{l} B = C + R \\ C = cM \\ D = (1-c)M \\ R = rD = r(1-c)M \end{array} \right\} \text{Verhaltensgleichungen} \, .$$

Nach Transformation erhält man für den Geldangebotsmultiplikator

$$m = \frac{1}{c + r(1-c)} = \frac{M}{B}.$$

11 Arbeitsmarkt und Einkommensverteilung

Die makroökonomische Theorie der Einkommensbildung liefert auch eine Erklärung für die Entwicklung des Beschäftigungsgrades in der Volkswirtschaft. Um die Wirkungen auf die Beschäftigung zu bestimmen, die von einer Änderung der aggregierten Nachfrage und des Einkommens ausgehen, betrachten wir zusätzlich den Arbeitsmarkt. Das Modell des Arbeitsmarktes bildet das Angebot an Arbeit und die Nachfrage nach Arbeit in der Volkswirtschaft als eine Funktion des Lohnes ab. Ebenso wie im Fall des Vermögensmarktes und des Gütermarktes handelt es sich um einen aggregierten Markt. Das bedeutet, dass nicht einzelne Löhne, sondern das Lohnniveau in der Volkswirtschaft auf dem Arbeitsmarkt bestimmt werden. Wir werden feststellen, dass wir die Verhaltensweisen auf dem Arbeitsmarkt nur angemessen erklären können, wenn wir mit dem Lohnniveau auch das Preisniveau in die Untersuchung einbeziehen.

Die Kenntnis des Lohnniveaus, des Preisniveaus und des Beschäftigungsgrades in der Volkswirtschaft erlaubt uns auch Aussagen darüber, wie sich ein gegebenes Einkommen auf die sozialen Gruppen verteilt. Dabei werden soziale Gruppen jedoch nach ihren Funktionen im Wirtschaftsprozess definiert, d.h. wir unterscheiden Einkommen aus unselbständiger Arbeit (Arbeitnehmerentgelt) und Einkommen aus Unternehmertätigkeit und Vermögen. Diese funktionelle Einkommensverteilung wird durch die sog. Lohnquote zum Ausdruck gebracht (→ Kap. 1). Sie ist von der personellen Einkommensverteilung zu unterscheiden, die eigentlich zugrunde gelegt werden muss, wenn wir Aussagen über die Verteilungsgerechtigkeit treffen wollen. Zur personellen Einkommensverteilung kann man aus den makroökonomischen Modellen aber keine Aussagen ableiten.

11.1 Realeinkommen und Preisniveau

In der bisherigen Analyse des Gütermarktes und des Vermögensmarktes haben wir angenommen, dass das Preisniveau in der Volkswirtschaft gegeben ist. Diese Annahme ist nicht gleichzusetzen mit der Annahme, dass alle Güterpreise konstant sind. Auch wenn sich die Preise auf den einzelnen Gütermärkten verändern und dabei zu einem Ausgleich von Marktungleichgewichten beitragen, kann das Preisniveau im ganzen konstant sein. Das ist dann der Fall, wenn die Notenbank ihr Ziel, den Geldwert zu sichern, erreicht. Bleibt das Preisniveau konstant, so ändert sich die Kaufkraft der Einkommen nicht und wir können uns auf die Analyse der realwirtschaftlichen Zusammenhänge konzentrieren. Die Annahme eines konstanten Preisniveaus würde uns aber keine Möglichkeit lassen, die Wirkungen der Geldpolitik zu untersuchen. Wir müssen sie daher aufheben und Bewegungen des Preisniveaus zulassen. Eine Veränderung des Preisniveaus beeinflusst den realen Wert (die Kaufkraft) der Geldmenge. Wir schreiben daher das Vermögensmarkt-Gleichgewicht als

$$M_s = PL(Y,i); \qquad (11.1)$$

wobei P für das Preisniveau steht und L für die reale Geldnachfrage. Eine Veränderung des Preisniveaus beeinflusst also das Vermögensmarkt-Gleichgewicht. Das Gleichgewicht auf dem Gütermarkt (Gleichung 10.5) ist dagegen unabhängig vom Preisniveau definiert. Darauf haben nur reale Größen Einfluss.

Die Begriffe des „Einkommen-Ausgaben-Modells" (→ Kap. 9) müssen wir nun aber präziser fassen. Eine Änderung der Ausgaben kann Ausdruck einer Preisänderung oder einer Mengenänderung sein. Im gesamtwirtschaftlichen Zusammenhang unterscheiden wir deshalb Änderungen des Preisniveaus und Änderungen des Realeinkommens und die damit verbundenen Änderungen des Produktionsniveaus und des Beschäftigungsniveaus. Es ist eine der Hauptfragen der Wirtschaftspolitik, ob ein monetärer Impuls, sei es der Geldpolitik oder der Finanzpolitik, der die Ausgaben in der Volkswirtschaft erhöht, letztlich zu Wirkungen auf das Realeinkommen oder auf das Preisniveau führt. Um diese Frage zu klären, betrachten wir den Arbeitsmarkt.

11.2 Der Arbeitsmarkt

In das Kreislaufmodell (→Kap. 9) können wird den Arbeitsmarkt als einen der Faktormärkte einordnen. Die privaten Haushalte bieten Arbeitsleistungen an und die Unternehmen fragen Arbeitsleistungen nach. Dem Leistungsstrom (in einer Periode) entspricht der Einkommensstrom, das Arbeitnehmerentgelt. In der Realität treffen Angebot und Nachfrage nach Arbeit nicht täglich aufeinander, wie auf einem *Spotmarkt* (der biblische Tagelöhner). Vielmehr handelt es sich in der Regel um dauerhafte Vertragsbeziehungen zwischen Arbeitnehmern und Arbeitgebern, wobei das Arbeitnehmerentgelt und der Aufgabenbereich des Arbeitnehmers vertraglich vereinbart werden, nicht aber die konkrete Arbeitsleistung. Der Arbeitgeber hat vielmehr ein Weisungsrecht. Das Modell des Arbeitsmarktes gibt uns nur ein stark vereinfachtes Abbild dieser Vertragsbeziehungen, die auf eine Beziehung zwischen dem Lohnniveau und der Arbeitsmenge (in Stunden) reduziert werden. Dabei ergibt sich das Lohnniveau aus der Interaktion der geplanten Arbeitsnachfrage (der Unternehmen) und dem geplanten Arbeitsangebot der Arbeitskräfte.

Die Nachfrage nach Arbeit

Die Nachfrage nach Arbeit wird durch das Gewinnmaximierungskalkül der Unternehmen bestimmt. Wie in Kap. 7 gezeigt wurde, erhöht ein gewinnmaximierendes Unternehmen die Einsatzmenge eines Faktors (hier: Arbeit), bis der Wert des Grenzprodukts dieses Faktors dem Faktorpreis entspricht. Wieviel „Wertschöpfung" einer zusätzlich geleisteten Arbeitsstunde zuzuschreiben ist, richtet sich – bei gegebenen Güterpreisen – nach der Grenzproduktivität der Arbeit. Diese wird aus der Produktionsfunktion abgeleitet. Die übliche Annahme in der ökonomischen Theorie ist, dass das Grenzprodukt eines Faktors mit zunehmendem Faktoreinsatz sinkt. Mit zunehmendem Arbeitseinsatz wird also unter dieser Annahme der Produktionszuwachs geringer.

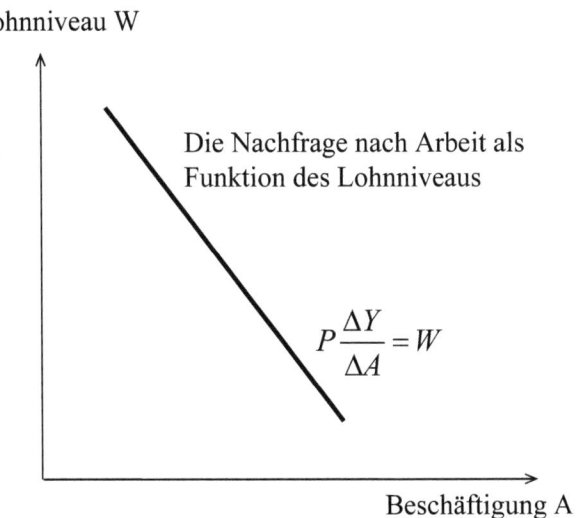

Abb.11.1 Die Funktion der Nachfrage nach Arbeit

Damit haben wir die Bedingungen für die Bestimmung der gesamtwirtschaftlichen Nachfrage nach Arbeit formuliert. Zur Verknüpfung des Gütermarktes mit dem Arbeitsmarkt nehmen wir eine gesamtwirtschaftliche Produktionsfunktion an:

$$Y = Y(A, ...). \qquad (11.2)$$

Dabei soll Arbeit (A) der einzige variable Produktionsfaktor sein und mit zunehmendem Arbeitseinsatz soll der Produktionszuwachs geringer werden. Setzen wird P für das Preisniveau, W für das Lohnniveau, so lautet die Bedingung für die gewinnmaximierende Beschäftigungsmenge in der Volkswirtschaft

$$P\frac{dY}{dA} = W ; \qquad (11.3)$$

Da wir annehmen, dass die Grenzproduktivität der Arbeit, dY/dA mit zunehmender Beschäftigung abnimmt, ist also bei gegebenem Preisniveau ein Sinken des Lohnniveaus erforderlich, damit die Beschäftigung erhöht wird.

Das Angebot an Arbeit

Das Arbeitsangebot nehmen wir der Einfachheit halber unabhängig vom Lohnniveau als gegeben an. Die Kurve des Arbeitsangebots kennzeichnet eine Situation, in der alle Arbeitskräfte voll beschäftigt sind. Kurzfristige Abweichungen davon durch Lohnanreize (Überstunden, Sonderschichten) sind möglich, ebenso eine kurzfristige Einschränkung des Arbeitsangebots bei sinkenden Löhnen. Auf lange Sicht ändert sich das Arbeitsangebot nur wenig. Es wird bestimmt von der Bevölkerungsentwicklung, einer Veränderung der Erwerbsquote oder durch Migration.

Reallohn und Beschäftigung im Gleichgewicht

Im Modell des Arbeitsmarktes bestimmt die Nachfrage nach Arbeit, bei welchem Lohnniveau Arbeitsangebot und Arbeitsnachfrage zum Ausgleich kommen. Da wir annehmen, dass die Unternehmen um Arbeitskräfte konkurrieren, können sie diese Machtposition nicht ausnützen, sondern müssen tatsächlich einen Lohn in Höhe des Grenzwertproduktes der Arbeit zahlen.

Das Modell zeigt, dass unter Konkurrenzbedingungen und der Annahme eines gegebenen Arbeitsangebots die Höhe des Lohnniveaus von zwei Bedingungen abhängt: Der Grenzproduktivität der Arbeit und dem Preisniveau. Wir können auch sagen, dass im gesamtwirtschaftlichen Gleichgewicht das Verhältnis von Lohnniveau zu Preisniveau der Grenzproduktivität der Arbeit entspricht.

$$\frac{dY}{dA} = \frac{W}{P} ; \qquad (11.4)$$

Dieses Verhältnis W/P bezeichnet man als den Reallohn. Der Reallohn ist – bei gegebener Produktivität – für den Arbeitgeber das entscheidende Kriterium, wenn er die gewinnmaximierende Beschäftigung bestimmt. Der Reallohn ist aber auch für den Arbeitnehmer die eigentlich interessierende Größe, weil er die Kaufkraft des Lohnes zum Ausdruck bringt. Das Gleichgewicht auf dem Arbeitsmarkt wird deshalb üblicherweise wie in Abb. 11.3 dargestellt.

Der Arbeitsmarkt 143

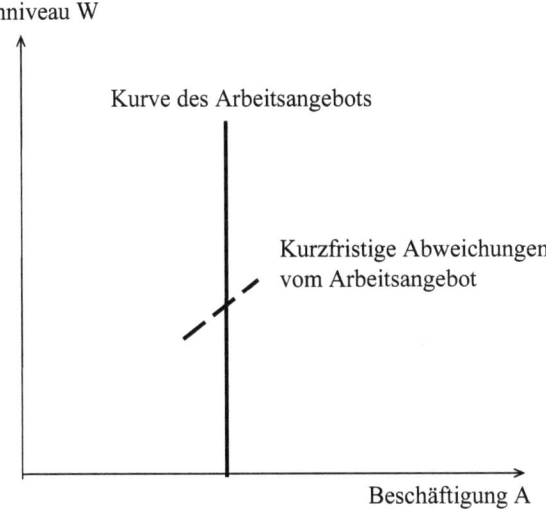

Abb. 11.2 Funktion des Arbeitsangebotes

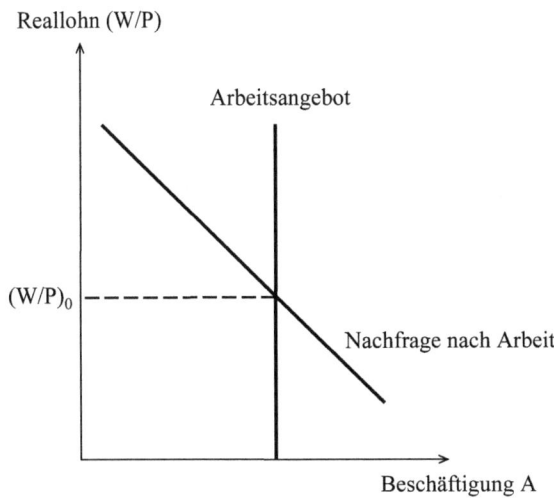

Abb. 11.3 Gleichgewicht auf dem Arbeitsmarkt

In den Tarifverhandlungen zwischen Gewerkschaften und Arbeitgeberverbänden, die das Lohnniveau der Volkswirtschaft weitgehend bestimmen, wird zwar über den Geldlohn verhandelt, aber eigentlich geht es aus Sicht beider Vertragsparteien um den Reallohn. Dieser kann jedoch im vorhinein nicht festgelegt werden. Denn welcher Reallohn sich schließlich ergibt, wenn ein bestimmtes Lohnniveau ausgehandelt wird, hängt von den Bedingungen auf dem Gütermarkt und dem Vermögensmarkt ab. Diese Bedingungen, die weder von den Gewerkschaften noch von den Arbeitgeberverbänden kontrolliert, ja nicht einmal richtig vorausgesagt werden können, geben den Spielraum für Preiserhöhungen an. Sicherlich ist es vernünftig anzunehmen, dass ein Unternehmen versucht, den Kosteneffekt von Lohnerhöhungen durch produktivitätssteigernde Maßnahmen zu kompensieren oder den Kostenanstieg in höheren Preisen weiter zu geben (zu „überwälzen"). Aber ob ihnen das in Gesamtheit gelingt, ist eine offene Frage. Die Tarifparteien wissen deshalb nicht, welcher Reallohn sich als Ergebnis von Tarifverhandlungen einstellt.

11.3 Zur Erklärung von Arbeitslosigkeit

Die Bedeutung des Reallohns für den Beschäftigungsgrad führt uns zu einer ersten Erklärung von Arbeitslosigkeit. Unter Bedingungen eines Konkurrenzmarktes würde sich ein Reallohn einstellen, bei dem – entsprechend der Nachfragefunktion für Arbeit – Vollbeschäftigung erreicht wird. Der Gleichgewichts-Reallohn richtet sich nach der Produktivität der zuletzt geleisteten Arbeitsstunde – eine weitere Anwendung des Marginalprinzips. Dieser Reallohn ist den Tarifparteien bei den Lohnverhandlungen aber nicht bekannt.

Es gibt nun zwei Gründe, warum sich als Folge von Tarifverhandlungen ein Reallohn einstellt, der von dem Gleichgewichts-Reallohn eines Konkurrenzmarktes abweicht. Entweder die Gewerkschaften beachten die Bedingungen des Marktgleichgewichts nicht und versuchen aus verteilungspolitischen Gründen, einen höheren Lohn auszuhandeln. Gelingt ihnen das, so wird der Reallohn höher sein als im Marktgleichgewicht. Oder die Tarifparteien gehen bei ihren Lohnverhandlungen von falschen Erwartungen über die Entwicklung des Preisniveaus aus. Selbst wenn sie in den Lohnverhandlungen den Gleichgewichts-Reallohn anstreben, kann sich der vereinbarte Lohn nachträglich als zu hoch erweisen, wenn nämlich das Preisniveau sinkt oder weniger steigt als erwartet. Aus diesen Gründen kommt es zu Arbeitslosigkeit, weil der Reallohn höher ist als die Grenzproduktivität bei Vollbeschäftigung. Der offenkundigste – wenn auch nicht unbedingt der häufigste – Fall ist, dass die Tarifparteien in verteilungspolitischer Absicht einen zu hohen Lohn setzen oder der Gesetzgeber einen zu hohen Lohn als Mindestlohn vorschreibt. Die resultierende Arbeitslosigkeit wird deshalb „Mindestlohn-Arbeitslosigkeit" genannt. Diese Art von Arbeitslosigkeit betrifft besonders die Gruppe der gering qualifizierten Arbeitskräfte, zu deren Gunsten häufig Mindestlöhne vereinbart bzw. gesetzt werden.

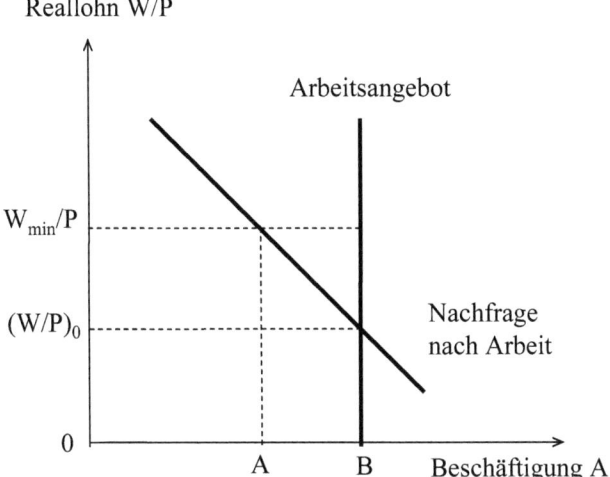

Abb. 11.4 Mindestlohn-Arbeitslosigkeit. Bei einem Mindestlohn in Höhe von W_{MIN} und dem daraus resultierenden Reallohn W_{MIN}/P findet nur ein Tiel der Arbeitskräfte (0A) Beschäftigung, der Rest (AB) ist arbeitslos

Die zweite Art von Arbeitslosigkeit stellt sich unabhängig vom Reallohn ein, d.h. selbst dann, wenn die Unternehmen alle Arbeitskräfte zum gegebenen Reallohn beschäftigen könnten. Diese Arbeitslosigkeit ist die Folge eines Mangels an effektiver Nachfrage. Die Unternehmen können ihre Produktion nicht – wie geplant – zu den herrschenden Preisen absetzen. Sie werden auf dem Gütermarkt rationiert. In ihrer Entscheidung, Arbeitskräfte weiter zu beschäftigen oder zu entlassen, richten sie sich daher nicht nach der Grenzproduktivität der Arbeit, sondern sie schränken mit der Produktion die Beschäftigung ein. Es ergibt sich ein Rationierungsgleichgewicht, das wir im Modell des Arbeitsmarktes so ausdrücken, dass die Nachfragekurve nach Arbeit abbricht.

Die Frage stellt sich, warum die Unternehmen dem Mangel an effektiver Nachfrage auf dem Gütermarkt nicht durch Preissenkungen begegnen. Hierauf gibt es verschiedene Antworten. Die einfachste ist, dass Unternehmen generell mit Preissenkungen zögern, aus institutionellen Gründen (Kundenbeziehungen etc.).

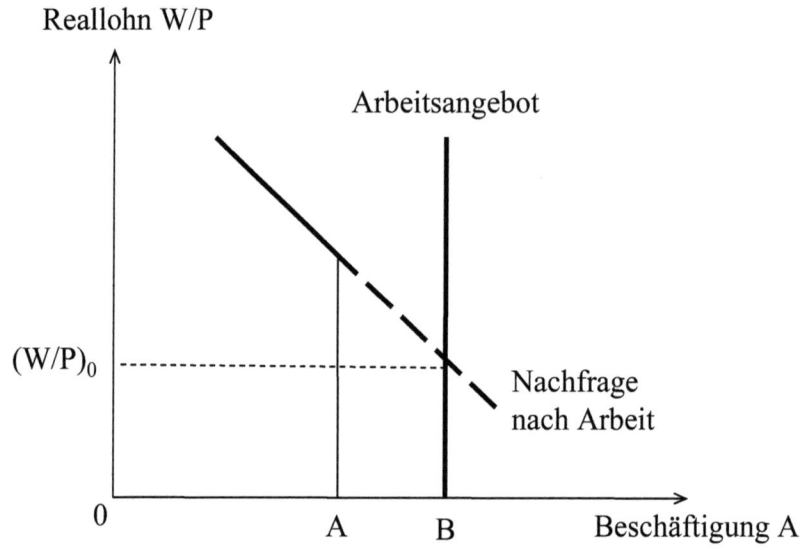

Abb. 11.5 Arbeitslosigkeit aus Mangel an effektiver Nachfrage. Obwohl der Reallohn Vollbeschäftigung erlaubt, wird die Beschäftigung „rationiert". Als Folge eines Mangels an effektiver Nachfrage auf dem Gütermarkt findet nur ein Teil der Beschäftigten Arbeit (0A), der Rest ist arbeitslos (AB). Kurzfristig hilft die Arbeitsmarktpolitik in einer solchen Situation durch die Subventionierung von „Kurzarbeit", damit Entlassungen vermieden werden können

Wir halten uns mit dieser Annahme der Preisrigidität nicht weiter auf, denn sie passt nicht ins Wettbewerbsmodell. Auf Wettbewerbsmärkten führt ein Überschussangebot auf den Gütermärkten zu Preissenkungen. Damit ist das Problem der Arbeitslosigkeit aber nicht gelöst, denn als Folge einer Senkung des Preisniveaus steigt der Reallohn und die Unternehmen haben keinen Anlass, die Beschäftigung zu erhöhen. Wir beobachten nunmehr nur eine Spielart der Mindestlohn-Arbeitslosigkeit. Aber auch, wenn mit dem Preisniveau das Lohnniveau sinkt, ist nicht gewährleistet, dass die Beschäftigung steigt. Die entscheidende Voraussetzung für den Beschäftigungsanstieg ist in diesem Fall eine Erhöhung der aggregierten Nachfrage. Diese Voraussetzung ist im Modell nur erfüllt, wenn der Zins sinkt. Wir können den Fall der Arbeitslosigkeit aus Mangel an effektiver Nachfrage daher auch als Arbeitslosigkeit aufgrund (zu) hoher Zinsen bezeichnen. Die beiden hauptsächlichen Bestimmungsgründe für Arbeitslosigkeit sind also einerseits der Reallohn, andererseits der Zins. (Die Bedingungen einer Zinssenkung haben wir in Kap. 10 diskutiert).

11.4 Theorien der Einkommensverteilung

Makroökonomische Modelle erklären nicht nur die Einkommensbildung, sondern lassen auch Aussagen über die Verteilung der Einkommen zu. Wie jede Modelltheorie liefert auch die Theorie der Einkommensverteilung nur bedingte Aussagen. Ihre Aussagen stehen insbesondere unter der Bedingung, dass wir es mit Wettbewerbsmärkten zu tun haben, d.h. sowohl die Unternehmen (auf den Güter- und Faktormärkten) als auch die privaten Haushalte (auf dem Arbeitsmarkt) stehen unter Konkurrenzdruck. Mit aus diesem Grunde betreffen die Aussagen der Verteilungstheorie nur Leistungseinkommen, das sind Einkommen, die als Leistungsentgelte im Zuge der Einkommensbildung entstehen. Mit Einkommen, die nicht als Leistungsentgelte verstanden werden können, so genannten ökonomischen Renten, befassen wir uns in Abschnitt 11.5.

Grundsätzlich unterscheiden wir zwei Ansatzpunkte für eine Erklärung der Einkommensverteilung. Erstens können wir am Produktionsprozess ansetzen und die Einkommensverteilung aus einer makroökonomischen Produktionsfunktion erklären (Grenzproduktivitätstheorie der Verteilung). Der zweite Ansatzpunkt sind die Investitions- und Sparentscheidungen, die jeweils von Unternehmen und privaten Haushalten getroffen werden (Kreislauftheorie der Verteilung).

Voraussagen der Grenzproduktivitätstheorie der Verteilung

Im Zentrum dieser Theorie steht die Entscheidung eines gewinnmaximierenden Unternehmens über den Beschäftigungsgrad. Diese Entscheidungssituation wird durch die Nachfragekurve nach Arbeit abgebildet (→11.2). Die Entscheidung des Unternehmens richtet sich nach dem Verhältnis von Reallohn zu Grenzproduktivität der Arbeit. Dieses sind in einem gesamtwirtschaftlichen Zusammenhang die Determinanten der Einkommensverteilung.

Als Theorie der Einkommensverteilung geht die Grenzproduktivitätstheorie von einer makroökonomischen Produktionsfunktion aus

$$Y = f(A, K);$$

die das Produktionsergebnis als eine Funktion des Einsatzes von Arbeit und Kapital abbildet.

Die Produktionsfaktoren sind substituierbar, das technische Wissen ist gegeben. Unter diesen Annahmen kommt die Grenzproduktivitätstheorie zu folgenden Aussagen:

1. Eine Faktorpreisänderung, zum Beispiel eine Lohnerhöhung als Folge aggressiver Lohnpolitik, führt zu Mengenreaktionen. Es ist daher fraglich, ob sich die Einkommensverteilung ändert,

2. Entsprechend führt eine Veränderung der Mengen zu Faktorpreisänderungen.

Allgemein gilt in beiden Fällen, dass die Änderung der Einkommensverteilung von den Produktionselastizitäten[1] bestimmt wird. Damit wird die Vermutung begründet, dass sich die Einkommensverteilung längerfristig nur wenig ändert (→Kap. 1 Lohnquote).

Der Grenzproduktivitätstheorie der Verteilung liegt die Annahme zugrunde, dass das Preisniveau in der Volkswirtschaft gegeben ist. Eine Änderung des Faktorpreises bedeutet also eine Änderung des Reallohnes. Darüber hinaus wird angenommen, dass der Produktionsfunktion das „Gesetz abnehmender Ertragszuwächse" zugrunde liegt (→Kap. 7). Unter Wettbewerbsbedingungen folgt daraus, dass jeder Produktionsfaktor (real) nach dem Grenzprodukt entlohnt wird (Marginalprinzip) und das Grenzprodukt mit zunehmendem Faktoreinsatz sinkt – wenn sich sonst nichts ändert. Daran zeigt sich, dass die Entlohnung nach dem Marginalprinzip nicht als „Leistungslohn" missverstanden werden darf. Die Definition eines Grenzprodukts erlaubt keine Aussage über den Beitrag eines Produktionsfaktors zum Gesamtprodukt. Zum Beispiel hängt die Grenzproduktivität eines Arbeiters von der Leistungsfähigkeit der Maschine ab, an der er tätig ist.

Dennoch vermittelt uns die Grenzproduktivitätstheorie der Verteilung gute Einsichten in die Verteilungsgesetze des Marktes. Sie zeigt, dass die Einkommensverteilung, die sich als ein Marktergebnis einstellt, in der Regel nicht mit der Vorstellung von einer leistungsgerechten Entlohnung übereinstimmt.

Regeln der Lohnpolitik

Die Wirtschaftspolitik gibt den Tarifparteien auf dem Arbeitsmarkt bestimmte Regeln für die Lohnverhandlungen vor. Diese dürfen aber nur als unverbindliche Richtlinien verstanden werden, denn die Tarifparteien sind bei ihren Verhandlungen autonom („Tarifautonomie") und achten sehr darauf, dass die Regierung ihren Verhandlungsspielraum nicht einschränkt.

Dennoch haben diese Regeln einen Sinn, denn das Ergebnis der Tarifverhandlungen kann gesamtwirtschaftliche Wirkungen auslösen, beispielsweise auf das Preisniveau oder den Beschäftigungsgrad, die das Interesse der Allgemeinheit berühren und unter Umständen von den Tarifparteien so nicht beabsichtigt waren. Die Regeln der Lohnpolitik können da-

---

[1] Die Produktionselastizität ist ein Elastizitätsmaß, das den Verlauf der Produktionsfunktion genauer beschreibt. Sie setzt die (relative) Veränderung der Faktoreinsatzmengen ins Verhältnis zur (relativen) Veränderung der Produktmenge. Da wir in dieser Einführung die gesamtwirtschaftliche Produktionsfunktion nicht näher spezifizieren, können wir die Frage der Produktionselastizität erst einmal zurückstellen.

her in erster Linie als eine Aufklärung über die volkswirtschaftlichen Konsequenzen des autonomen tarifpolitischen Handelns verstanden werden. Sie werden in dieser Funktion auch als Argument bei den Tarifverhandlungen benutzt.

1. Produktivitätsorientierte Lohnpolitik: Diese Regel besagt, dass sich Lohnerhöhungen am gesamtwirtschaftlichen Produktivitätsfortschritt orientieren sollen. Sie ist aus der Grenzproduktivitätstheorie der Verteilung abgeleitet. Da sich die Grenzproduktivität empirisch kaum bestimmen lässt, wird der Regel aber ein Maß der durchschnittlichen Entwicklung der Arbeitsproduktivität zugrunde gelegt. Die Konsequenz dieser Regel ist, dass die Lohnpolitik (genauer: die Tariflohnerhöhungen) im Durchschnitt der Volkswirtschaft keinen Kostendruck auslösen, so dass kein Anstieg des Preisniveaus zu befürchten ist. Die Einhaltung der Regel wird deshalb auch als kostenniveau-neutrale Lohnpolitik bezeichnet. Der Sachverständigenrat zur Begutachtung der gesamtwirtschaftlichen Entwicklung hat in seinem ersten Jahresgutachten (1964) ein entsprechendes Konzept für die Lohnpolitik ausgearbeitet.
2. Reallohn-Sicherung: Diese Regel setzt den zu erwartenden Anstieg des Preisniveaus als Richtschnur für Lohnerhöhungen. Unter der Voraussetzung, dass der Anstieg des Preisniveaus richtig vorausgesehen wird, bleibt die Kaufkraft der Lohneinkommen unverändert. Hier liegt aber auch das Problem dieser Regel, denn eine falsche Antizipation der Inflationsrate (= der Rate des Preisniveauanstiegs) kann nachhaltige volkswirtschaftliche Konsequenzen haben, beispielsweise die Inflation zu beschleunigen oder eine Beschäftigungskrise auszulösen.

Eine Lohnpolitik, die den beiden genannten Regeln folgt und die künftige Entwicklung des Preisniveaus auch richtig voraussagt, hat zur Folge, dass sich die Einkommensverteilung nicht verändert. Denn in diesem Fall entspricht die Entwicklung des Reallohnes im Durchschnitt der Gesamtwirtschaft genau der Fortschrittsrate der Arbeitsproduktivität. Die Gewerkschaften verfolgen aber darüber hinaus das Ziel der Umverteilung von Einkommen. In diesem Fall gehen Lohnerhöhungen zu Lasten der Gewinneinkommen und damit der Kapitalrendite. (Eine Variante wäre eine Gewinnbeteiligung der Arbeitnehmer). Eine solche Strategie der Lohnverhandlungen mag in einzelnen Unternehmen oder einzelnen Branchen erfolgreich sein. Ob aber der Anteil der Lohneinkommen am Volkseinkommen insgesamt auf diese Weise erhöht werden kann, ist fraglich. Eine mögliche Antwort darauf gibt uns die Kreislauftheorie der Verteilung.

Kreislauftheorie der Verteilung

Im Unterschied zur Grenzproduktivitätstheorie der Verteilung, die das Verteilungsergebnis aus einer makroökonomischen Produktionsfunktion ableitet, setzt die Kreislauftheorie der Verteilung an der Verwendung des

Einkommens an. Auch diese Theorie kann nur Aussagen über die funktionelle Einkommensverteilung treffen, also über die Aufteilung des Einkommens in Arbeitnehmerentgelt (Lohneinkommen) einerseits und Unternehmereinkommen (Profit) andererseits. Ihre Aussagen werden dadurch gehaltvoll, dass sie bei den Beziehern dieser Einkommen typische Verhaltensweisen unterstellt. So wird angenommen, dass Arbeitnehmerhaushalte nur Arbeitnehmerentgelt beziehen (und kein anderes Einkommen) und dieses ausschließlich für Konsum ausgeben. Allenfalls ein geringer Teil des Einkommens wird gespart. Auf der anderen Seite fließt der Profit an Unternehmerhaushalte, die ihr Einkommen zu einem geringen Teil für Konsum verwenden, hauptsächlich aber sparen, um damit Investitionen zu finanzieren. Diese Annahmen sind durchaus realistisch, vor allem wenn man bedenkt, dass die Entscheidungen eines „Unternehmerhaushalts" in der Regel in den Unternehmen selbst getroffen werden, wenn es nämlich darum geht, nicht ausgeschüttete Gewinne der Investition zuzuführen. In diesem Fall würde der Unternehmerkonsum überhaupt keine Rolle mehr spielen.

Die Aussagekraft dieser Theorie liegt darin, dass ihr die Logik des Einkommenskreislaufs zugrunde liegt (→Kap. 2, 9). Die Theorie gibt deshalb die Bedingungen an, die erfüllt sein müssen, damit eine Umverteilung des Einkommens überhaupt gelingt. Sie macht aber keine Voraussagen über die tatsächliche Entwicklung der Einkommensverteilung, d.h. sie hat keinen empirischen Gehalt.

Im einfachsten Fall ("strong case") nimmt die Kreislauftheorie der Verteilung an, dass Arbeitnehmerhaushalte ihr gesamtes Einkommen für Konsumzwecke ausgeben und Unternehmen (bzw. Unternehmerhaushalte) sparen, um Investitionsausgaben zu finanzieren.

Unter diesen Annahmen zeigt das Modell, dass die Höhe der Gewinne in der Volkswirtschaft und damit die Einkommensverteilung von den Investitionsausgaben der Unternehmen bestimmt werden. Eine Umverteilung von Einkommen zugunsten der Arbeitnehmer hätte eine Ausweitung der Konsumausgaben zur Folge. Zur Produktion zusätzlicher Konsumgüter sind daher wiederum Investitionen erforderlich, d.h. die Investitionsquote, der Anteil der Investition am Einkommen, kann nicht sinken. Eine Umverteilung, die zu einer Erhöhung der Konsumquote in der Volkswirtschaft führt, gelingt daher nicht. Dieses Ergebnis wird modifiziert, wenn wir annehmen, dass Arbeitnehmerhaushalte nicht ihr gesamtes Einkommen konsumieren, sondern einen Teil sparen. In diesem Fall kann eine Umverteilung gelingen, weil das zusätzliche Einkommen der Arbeitnehmer nicht – oder nicht vollständig – konsumiert wird, so dass die Investitionsquote erhalten bleibt.

Das Modell führt also zu folgenden Schlussfolgerungen:

1. Wenn die Investitionsquote erhalten bleiben soll, lässt sich die Einkommensverteilung nicht ändern. Eine Einkommensumverteilung zu-

gunsten der Arbeitnehmerhaushalte würde den Konsum erhöhen und die Investition verringern,
2. Eine Veränderung des Sparverhaltens der Arbeitnehmer führt dagegen zu einer Veränderung der Einkommensverteilung,
3. Umgekehrt gilt: Eine Erhöhung der Investitionsquote (durch zusätzliche Investitionsausgaben) erhöht die Gewinne (Unternehmereinkommen). Die Arbeitnehmer können nur durch zusätzliches Sparen an diesen Gewinneinkommen partizipieren.

Eine formale Darstellung dieses einfachen Verteilungsmodells findet sich im Anhang.

In einer Variante unterscheidet das Verteilungsmodell zwischen einem „normalen" Gewinn, der der Investitionsplanung der Unternehmen zugrunde liegt, und einem ungeplanten Gewinn (*windfall profit, Marktlagengewinn*). Unter dieser Annahme zeigt das Modell eine zusätzliche Konsequenz auf. Es zeigt, dass mit der Investition im Einkommenskreislauf die Gewinne entstehen, welche die Gewinnerwartungen der Unternehmen erfüllen.

11.5 Ökonomische Renten

Eine Rente gilt im allgemeinen Sprachgebrauch als ein leistungsloses Einkommen. Solche Einkommen können sehr hoch sein und ihre Existenz beeinflusst offensichtlich die Einkommensverteilung in der Volkswirtschaft. Man sollte meinen, dass die ökonomische Theorie dazu nichts zu sagen hat, denn sie erklärt das Einkommen als ein Leistungsentgelt. Tatsächlich fasst die ökonomische Theorie den Begriff der Rente präziser. Wir werden im Folgenden untersuchen, was eine ökonomische Rente ist und wovon sie abhängt. Wir werden feststellen, dass der Begriff der ökonomischen Rente zu einem besseren Verständnis der Verhaltensweisen im Marktprozess beiträgt. Diese Frage ist auch für die Wirtschaftspolitik von Bedeutung, insbesondere wenn es darum geht, die Reaktionen auf eine Besteuerung der Einkommen zu beurteilen.

Die Grundrente

Der klassische Fall ist die Grundrente. Eigentümer von Grund und Boden erzielen im Stadtzentrum einen höheren Mietzins als am Stadtrand – ohne dafür etwas zu leisten. Die Grundrente – und ihre Differenzierung entsprechend der Lage eines Grundstücks – ist in der Regel stabil, sie kann aber auch stark schwanken. In Berlin stieg die Grundrente in den guten Wohnlagen nach dem Fall der Mauer drastisch an, als Bundesregierung und Bundestag beschlossen hatten, nach Berlin umzuziehen. Nach einiger Zeit sank die Grundrente in den meisten Wohngebieten wieder, weil weniger

Zuzügler kamen als zunächst erwartet worden war und die Wohnungssuchenden das Berliner Umland als Wohnort entdeckten.

Die Grundrente können wir mit unserem Modell der Preisbildung (→Kap. 4 und 5) recht einfach erklären. Grund und Boden ist nicht vermehrbar, d.h. das Immobilienangebot in einer bestimmten Lage ist vollkommen unelastisch. Die Grundrente und der Immobilienpreis richten sich allein nach der Nachfrage. Das unelastische Angebot erklärt die starken Schwankungen der Grundrente, die sich als Folge von Nachfrageschwankungen einstellen.

Die Zahlungsbereitschaft der Nachfrager wird durch die Nutzungsmöglichkeiten und ihre Opportunitätskosten bestimmt. Stehen die Nachfrager in Konkurrenz zueinander, so wird das Grundstück jener Nutzung zugeführt, die den höchsten Ertrag verspricht. Damit erklärt sich, warum die Grundrente im Stadtzentrum höher ist als am Stadtrand. Wegen der höheren Ertragserwartung, die die Nutzung eines Grundstücks im Zentrum verspricht, sei es durch Wohnnutzung oder gewerbliche Nutzung, werden Investoren so lange um die „guten" Grundstücke konkurrieren, bis sich die Ertragsrate auf das von ihnen zu investierende Kapital wieder auf ein „normales" Maß reduziert hat. Dabei ist unerheblich, ob der Investor das Grundstück pachtet und dem Grundstückseigentümer einen Pachtzins entrichtet (wie bei Ricardo), oder ob er kauft und den Barwert der höheren Ertragserwartung in Form eines erhöhten Immobilienpreises zahlt. Die Preistheorie sagt voraus, dass ein in Berlin investierter Euro überall den gleichen Ertrag erwirtschaftet, sei es am Potsdamer Platz oder im Wedding. Die Ertragsdifferenz fließt als Grundrente den Grundeigentümern zu. Die Grundrente wird deshalb – in Anlehnung an Ricardo – als eine *Differentialrente* bezeichnet.

Grundrente und Profit bei Ricardo

David Ricardo klärt seine Zeitgenossen zu Beginn des 19. Jahrhunderts über den Zusammenhang von Grundrente und Getreidepreis auf. Während die vorherrschende Meinung in England nach dem Ende der napoleonischen Kriege ist, dass der hohe Getreidepreis eine Folge hoher Renten des Landadels sei, zeigt Ricardo anhand eines einfachen ökonomischen Modells, dass es sich genau umgekehrt verhält. Das Modell erklärt die Verteilung des Bodenertrags zwischen Grundbesitzern, Pächtern und Landarbeitern.

Die Grundrente ist bei Ricardo eine Differentialrente. Sie resultiert:

1. bei unterschiedlicher Produktivität der für die Getreideproduktion bewirtschafteten Böden aus der Konkurrenz der Pächter um die guten Böden (Qualitätsrente),

2. bei zunehmender Intensität der Bodenbewirtschaftung (z.B. zunehmender Arbeitseinsatz je Morgen) aus der Verringerung der dadurch erzielbaren Ertragszuwächse (Intensitätsrente).

Die Grundrente steigt mit dem Getreidepreis, wenn für die zusätzlich produzierten Einheiten ein höherer Faktoreinsatz (Arbeit, Kapital) erforderlich ist; die Grundrente fällt dagegen mit dem Getreidepreis, wenn durch technischen Fortschritt die Produktivität der Grenzböden verbessert wird (und sich deshalb die Produktivitätsunterschiede verringern).

Mit zunehmender Ausdehnung der Getreideproduktion - bei gegebener Technik - steigt die Rente der Grundbesitzer zu Lasten des Profits; der Lohn verharrt in Ricardos Modell auf dem Subsistenzniveau.

Ricardo leitet aus diesem Modell die Forderung nach einer Senkung der Importzölle für Getreide ab. Diese Maßnahme senkt den Getreidepreis und die Grundrente, während ein Sinken der Profitrate und damit der Rate der Akkumulation vermieden wird.

Den Grenzfall stellt offensichtlich ein Grundstück dar, dessen Nutzung zwar die Kapitalkosten und die laufenden Betriebskosten erwirtschaftet, das darüber hinaus aber keinen Ertrag abwirft. In diesem Fall ist die Grundrente Null und der Eigentümer hat kein Interesse, das Grundstück zu nutzen.

Das Konzept der Grundrente nach Ricardo lässt sich auf alle Güter anwenden, die nicht produzierbar, aber dennoch knapp sind. Solche Güter sind nur in begrenzter Menge vorhanden, aber werfen einen wirtschaftlichen Nutzen ab und werden deshalb nachgefragt. In diesem Sinne ist nicht nur Grund und Boden knapp, sondern auch allgemein die natürlichen Ressourcen der Erde. Das Einkommen aus ihrer Nutzung stellt eine ökonomische Rente dar. Wiederum leitet sich die Höhe dieser Rente aus dem Wert der Güter ab, zu deren Produktion die Ressourcen verwendet werden (Konzept der abgeleiteten Nahfrage). Ist also das Einkommen aus der Erdölförderung (nach Abzug der Förderkosten) eine ökonomische Rente? Ja und nein. Das Erdöl hat nämlich auch einen Wert, wenn es nicht verbraucht wird, sondern im Boden bleibt. D.h. die Opportunitätskosten der Nutzung natürlicher Ressourcen (hier: des Verbrauchs von Erdöl) sind zu beachten. Bevor wir den Begriff der ökonomischen Rente in diesem Sinne präzisieren, ist noch ein anderer Aspekt zu beleuchten.

Madonna und Pavarotti

Nicht nur auf einem Bestandsmarkt wie dem Grundstücksmarkt wird eine ökonomische Rente erzielt, sondern auch für Leistungen die einmalig und daher nicht reproduzierbar sind. So ist das Einkommen der großen Stars wie Madonna oder Pavarotti eine ökonomische Rente, die nicht durch Konkurrenz bedroht ist und allein durch die Zahlungsbereitschaft der Nachfrager begrenzt wird. Wie kommt diese Rente zustande?

In diesem Fall konkurrieren die Konzertagenturen um die Stars. Wiederum sagt die Preistheorie voraus, dass ein in Konzertreisen investierter Dollar immer den gleichen Ertrag abwirft – und die Differentialrente von den Stars einbehalten wird. Agenten und Produzenten bieten deshalb jungen Künstlern häufig langfristige Verträge mit fester Vergütung an, um im Erfolgsfall die Rente zu kassieren. So hat Marilyn Monroe, als ihre Filme bereits 25 Mio. Dollar pro Jahr einspielten (1953), immer noch ein bescheidenes Honorar erhalten – die Rente kassierten die 20th Century-Fox Studios.

Präzisierung des Rentenbegriffs

Wir greifen nun auf das Prinzip der Opportunitätskosten zurück, um den Begriff der ökonomischen Rente zu präzisieren. Wir lernen dabei zugleich, was unter der Mobilität der Produktionsfaktoren im ökonomischen Sinne zu verstehen ist.

Nehmen wir an, dass ein Produktionsfaktor zu verschiedenen Zwecken genutzt werden kann. So kann ein Grundstück im Stadtzentrum genutzt werden, um Wohnungen zu errichten oder ein Bürohaus zu bauen. Zum Zeitpunkt der Entscheidung muss der erwartete Ertrag aus der gewählten Nutzungsart (z.B. Bürohaus) mindestens ebenso groß sein wie die Opportunitätskosten der Nutzung (in diesem Fall der Ertrag des Wohnhauses). Das Einkommen aus der Faktorleistung muss also unter dieser Annahme ausreichend groß sein, um die Opportunitätskosten zu decken (sonst würde das Bürohaus nicht gebaut). Daraus ergeben sich Konsequenzen für die Definition der ökonomischen Rente.

Ricardos Differentialrente steht unter der Annahme, dass es keine alternative Nutzung für Boden gibt: Die Opportunitätskosten des Bodens sind Null. Unter dieser Annahme ist die gesamte Grundrente eine ökonomische Rente. Gibt es für Boden alternative Nutzungsmöglichkeiten, so ist zumindest ein Teil der Grundrente, die in einer bestimmten Verwendung erzielt wird, notwendig, ihn in dieser Verwendung zu halten. Insofern handelt es sich nicht um eine ökonomische Rente. Damit kommen wir zu dem Ergenis, dass die gleiche Grundrente sowohl eine Differentialrente sein kann als auch Ausdruck der Opportunitätskosten – je nachdem, welchen Vergleich wir vornehmen: Hohe Grundrenten auf städtischen Boden stellen im Stadt/Land-Vergleich eine ökonomische Rente dar. Hinsichtlich der Nutzungskonkurrenz zwischen Wohnungsnutzung und gewerblicher Nutzung in der Stadt handelt es sich dagegen um Zahlungen, die notwendig sind, den Boden in der gewählten Nutzung zu halten. Die moderne ökonomische Theorie wendet diese Unterscheidung allgemein an: Das Einkommen aus der Verwendung eines Produktionsfaktors (natürliche Ressourcen, Arbeitskraft, produzierte Produktionsmittel) enthält einen Teil der erforderlich ist, um den Faktor in der gewählten Verwendung zu halten bzw. den Transfer des Faktors in eine alternative Verwendung zu verhindern. Der darüber hinaus erzielte andere Teil ist eine Rente. Wie groß jeweils die Anteile sind – und entsprechend, wie groß die Mobilität des Faktors ist -, ist von Fall zu Fall verschieden. So wird das Einkommen Pavarottis zum überwiegenden Teil eine ökonomische Rente darstellen. Seine Opportunitätskosten, beispielsweise in Höhe des Einkommens eines Gesangslehrers, sind vermutlich gering. Das bedeutet, dass die berufliche Mobilität Pavarottis ebenfalls gering ist. Er würde auch zu einem weitaus niedrigeren Honorar Konzerte geben. Im Allgemeinen ist der Anteil der ökonomischen Rente im Einkommen aber gering, was auf größere Mobilität hinweist. So wird eine Akkordarbeiterin, die geschickter ist als ihre Kolleginnen, einen höheren Stundenlohn erreichen und eine geringe Differentialrente beziehen. Im Konkurrenzmarkt erzielen entsprechend alle Anbieter, die zu niedrigeren Kosten produzieren als der „Grenzanbieter", eine Produzentenrente Abb. 11.6.

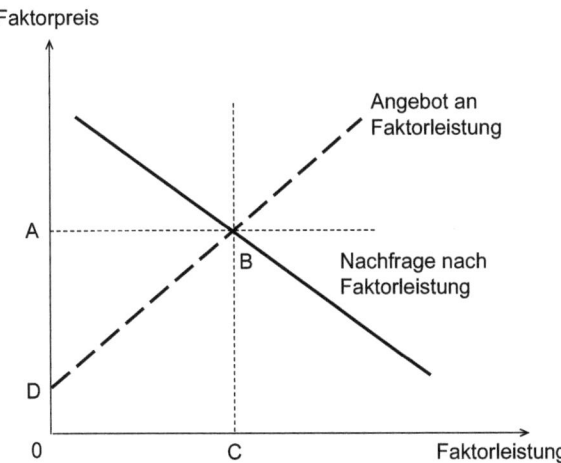

Abb.11.6 Auf einem Faktormarkt wird das Faktoreinkommen (OABC) durch das Zusammenwirken der Nachfrage nach der Faktorleistung und dem Faktorangebot bestimmt. Es hängt von den Annahmen über die Elastizität des Faktorangebots ab, zu welchem Teil das Faktoreinkommen eine ökonomische Rente darstellt und zu welchem Teil es eine Entgelt in Höhe der Opportunitätskosten ist – d.h. in Höhe des Einkommens, das der Faktor in einer anderen Verwendung erzielt. Bei vollkommen elastischem Angebot entspricht das gesamte Faktoreinkommen den Opportunitätskosten. In diesem Fall ist der Faktor mobil und würde abwandern, wenn das Einkommen sinken sollte. Bei vollkommen unelastischem Angebot stellt das gesamte Faktoreinkommen eine ökonomische Rente dar. Für diesen Faktor gibt es keine alternativen Verwendungsmöglichkeiten. Die Realität liegt häufig dazwischen: Zum Teil ist das Faktoreinkommen eine ökonomische Rente (ABD), der andere Teil ist erforderlich, damit das Faktorangebot nicht reduziert wird (OCBD)

Die Unterscheidung zwischen der ökonomischen Rente einerseits und den Opportunitätskosten andererseits erlaubt uns Aussagen über die Wirkung einer Besteuerung von Faktoreinkommen. So wird in dem zuvor genannten Beispiel eine Grundsteuer auf den städtischen Boden keine Ausweichreaktionen auslösen, weil im Stadt-Land-Vergleich der Ertrag auf städtischen Boden eine Differentialrente darstellt. Durch die Steuer vermindert sich diese Rente. Wird dagegen die Grundsteuer nur auf Immobilien erhoben, die gewerblich genutzt werden, während Wohngrundstücke von der Steuer befreit sind, so verändern sich die Opportunitätskosten der Bodennutzung innerhalb des Stadtgebietes. Die Folge wird sein, dass Grundstücke vermehrt für Wohnzwecke genutzt werden, im Zuge der Neubebauung oder durch Umwidmung.

Wir kommen damit zu einer wichtigen Schlussfolgerung: In einem Marktsystem werden Faktorwanderungen ausgelöst, wenn das Einkommen eines Faktors unter die Opportunitätskosten sinkt. Der Abbau einer ökonomischen Rente hat diese Wirkung nicht. Die Besteuerung einer ökonomischen Rente löst also keine Ausweichreaktionen aus.

Vorstandsbezüge in Deutschland

Mit der Aktienhausse der neunziger Jahre ist das Einkommen der Vorstandsmitglieder deutscher Aktiengesellschaften kräftig gewachsen. Es ist aber in der nachfolgenden Baisse nicht entsprechend gesunken. Besonders stark wurden die Vorstandsbezüge im Zuge von Unternehmenszusammenschlüssen mit ausländischen Aktiengesellschaften angehoben. So haben sich die Bezüge des Daimler-Vorstandes in den Jahren nach dem Zusammenschluss mit Chrysler etwa verdreifacht. Die Financial Times Deutschland schätzt das Jahreseinkommen von Jürgen Schrempp, Vorsitzender des Vorstandes von DaimlerChrysler, auf 5,7 Mio. € (19.07.2004).

Ist das Einkommen von Jürgen Schrempp in dieser Höhe notwendig, damit er die Funktion des Vorstandsvorsitzenden ausübt, oder bezieht er eine ökonomische Rente?

Die ökonomische Theorie gibt hier eine klare Antwort. Falls Schrempp ein Angebot hat, einen Management-Job im Ausland zu übernehmen, der mit 5,7 Mio. € honoriert wird, handelt es sich um Opportunitätskosten und DaimlerChrysler muss ihm eine entsprechende Vergütung zahlen, damit Schrempp nicht abwandert. Anderenfalls bezieht er eine Rente und würde die Funktion des Vorstandsvorsitzenden auch für ein geringeres Salär ausüben.

Die Aktiengesellschaften sind besonders deshalb in die Kritik geraten, weil sie als Antwort auf die Globalisierung in ihren Unternehmen ein rigoroses Kostensenkungsprogramm umsetzen, ihre eigenen Bezüge aber davon ausnehmen oder sich sogar für die Kostensenkung eine Erfolgsprämie auszahlen lassen. Sie rechtfertigen ihr Verhalten in der Öffentlichkeit mit dem Argument, dass hohe Bezüge für Unternehmensleistungen international üblich seien. Wir sehen, dass dieses Argument ökonomisch nicht stichhaltig ist. Es muss schon ein konkretes Angebot vorliegen. Der Hinweis auf das Übliche lässt eher vermuten, dass es sich bei den Vorstandsbezügen um Renten handelt, nicht um eine Leistungsvergütung im ökonomischen Sinn.

Quasi-Renten

Wir haben den Begriff der ökonomischen Rente bisher auf Güter und Faktorleistungen angewendet, die nicht vermehrbar und damit knapp sind. In diesem Fall können wir die ökonomische Rente auch als eine Knappheitsrente bezeichnen. Anders als im Fall der Monopolrente – wenn der Marktzutritt beschränkt und damit das Angebot (künstlich) verknappt wird – kann die Angebotsbeschränkung, die einer Knappheitsrente zugrunde liegt, grundsätzlich nicht aufgehoben werden. Pavarotti steht in Konkurrenz zu anderen Sängern und bezieht dennoch eine Knappheitsrente.

Die moderne ökonomische Theorie hat den Rentenbegriff aber noch erweitert und wendet ihn auch auf produzierbare Güter an. Auch in diesem Fall erweist sich der Begriff der ökonomischen Rente als nützlich, um Produktionsentscheidungen und Angebotsentscheidungen zu verstehen. Nehmen wir an, ein Unternehmen plane eine Investition in die Erweiterung seiner Produktionskapazität. Vor der Investition stehen ihm noch eine Reihe von Alternativen offen (verzinsliche Geldanlage, Kauf eines anderen Unternehmens usw.). Die Investition in die Erweiterung der Produktionskapazität lohnt sich für das Unternehmen, wenn der erwartete Ertrag mindestens den Opportunitätskosten entspricht. Nach der Investition ist das Kapital aber gebunden. Das heißt, die Opportunitätskosten dieser Investition sinken, möglicherweise bis auf den Schrottwert der Anlage. In einem solchen Fall hat praktisch der gesamte Nettoertrag aus dieser Investition für die Lebensdauer des Kapitalgutes den Charakter einer Rente (Quasi-Rente nach *Alfred Marshall*). Daraus ergeben sich bedeutende Konsequenzen für die Produktionsentscheidungen des Unternehmens. Angenommen, die Erweiterung der Produktionskapazität erweist sich nachträglich als eine Fehlinvestition, weil die Nachfrage nach dem Produkt unerwartet zurückgeht. Die Preise sinken und es stellt sich die Frage, bei welchem Preis das Unternehmen die Produktion einstellen soll. Der Begriff der ökonomischen Rente gibt uns hier den Schlüssel: Das Unternehmen kann so lange produzieren, wie die laufenden Kosten der Produktion (Grenzkosten) gedeckt sind – auch wenn es auf die ökonomische Rente, den Nettoertrag aus der Investition, ganz oder teilweise verzichtet. Die Kosten einer Investition, für die es keine alternativen Verwendungsmöglichkeiten gibt, werden deshalb auch als versunkene Kosten (*sunk cost*) bezeichnet.

Andererseits gilt für einen wachsenden Markt – und diesen Fall hatte Alfred Marshall im Sinn –, dass die Rente aus der Investition vorübergehend ist. Sie hat nur so lange Bestand bis andere Unternehmen mit einer

Ausweitung der Produktion reagieren. Auch sie müssen investieren und der Zeitbedarf für ihre Investitionen kennzeichnet die „lange Frist", also die Zeitspanne, in der unser Unternehmen „quasi" eine Rente aus der Investition bezieht.

Kontrollfragen

1. Wie ist der Reallohn definiert?
2. Welche Konzepte bietet die ökonomische Theorie zur Erklärung von Arbeitslosigkeit? Welche Erklärung trifft Ihrer Ansicht nach für die Arbeitslosigkeit in Deutschland am ehesten zu?
3. Welche Voraussagen macht die ökonomische Theorie über die Entwicklung der Einkommensverteilung? Diskutieren Sie verschiedene Einflussgrößen!
4. Was sagt das Konzept der produktivitätsorientierten Lohnpolitik aus?
5. Welches wirtschaftspolitische Ziel lässt sich damit erreichen?
6. Stellen Sie das Modell eines Faktormarktes dar und zeigen Sie, welcher Teil des Faktoreinkommens ökonomische Rente ist!
7. Zeigen Sie an einem Beispiel, welche Wirkungen die Besteuerung einer ökonomischen Rente auslöst!
8. Was ist eine Quasi-Rente?

Anhang

Kreislauftheorie der Verteilung (1)

Es sei
Y=Volkseinkommen,
I=Investition,
C=Konsum,
W=Lohneinkommen,
Q=Profit,
S=Sparen.

Die Einkommensverteilung ist definiert als:

$$Y = W + Q \text{ (Verteilungsgleichung)}; \qquad (11.5)$$

Das Einkommen wird für Konsum und die Investition verwendet.

$$Y = C + I \text{ (Verwendungsgleichung)}; \qquad (11.6)$$

Aus (11.5) und (11.6) folgt die Bestimmung des Profits als

$$Q = C + I - W; \qquad (11.7)$$

Da sich der Konsum aus dem Lohneinkommen und dem Profit speist

$$C = C_W + C_Q;$$

und das Lohneinkommen für Konsum und Sparen verwendet werden kann

$$W = C_W + S_W;$$

gilt

$$Q = C_W + C_Q + I - C_W - S_W;$$

oder

$$Q = I + C_Q - S_W; \tag{11.8}$$

Annahme im „Strong case": $S_W = 0$. Daraus folgt:

- Je mehr die Unternehmen ausgeben, umso höher ist – bei gegebenem Lohneinkommen – der Profit in der Volkswirtschaft.
- Eine Erhöhung des Sparens der Arbeitnehmer lässt den Profit schrumpfen.

Kreislauftheorie der Verteilung (2)

Unterscheiden wir zwischen geplanten und ungeplanten Gewinnen

$$Q = Q^* + Q_U,$$

Für Q^*: Diesen Gewinn erwarten die Unternehmen; stellt sich Q^* ein, so haben sie keinen Anlass, ihre Produktions- und Beschäftigungsentscheidungen zu revidieren (Gleichgewicht); Q_U: Ungeplanter Gewinn, „Marktlagengewinn".

Dann gilt wegen (11.8):

$$Q^* + Q_U = I + C_Q - S_W;$$

Oder

$$Q_U = I + C_Q - Q^* - S_W;$$

Da

$$Q^* - C_Q = S_Q;$$

das geplante Sparen der Unternehmen ist, folgt:

$$Q_U = I - S, \text{ für } S_W + S_Q = S \tag{11.9}$$

160   Arbeitsmarkt und Einkommensverteilung

Daraus folgt: die (geplanten) Investitionen werden immer finanziert, entweder durch Sparen oder durch Extragewinne. In diesem Modell gibt es keine ungeplanten Investitionen (Markträumung).

12 Wohlfahrtsmessung (1): Inlandsprodukt und Nationaleinkommen

Wir kommen nun zu unserer Ausgangsfrage zurück und beschäftigen uns abschließend mit einigen Problemen der Wohlstandsmessung. Wie unterscheidet man zwischen armen und reichen Volkswirtschaften, wie erkennt man, dass Gebiete mit Entwicklungsrückstand aufholen? Der hauptsächlich verwendete Indikator bei solchen Wohlstandsvergleichen ist das Nationaleinkommen bzw. das Nationaleinkommen je Einwohner. Wir wissen bereits, dass dieser Indikator die wirtschaftliche Leistung der Einwohner eines Landes bzw. ihre Versorgung mit Waren und Dienstleistungen in einer Periode zum Ausdruck bringt (→Kap. 1). Wir werden in diesem Kapitel die Berechnung des Nationaleinkommens und seiner Verteilung behandeln. Im folgenden Kapitel werden wir dann auf einige Probleme eingehen, die bei dieser Berechnungsmethode nicht zufriedenstellend gelöst werden können.

Dabei müssen wir uns im Klaren sein, dass wir mit dem Nationaleinkommen nur den wirtschaftlichen Wohlstand in einem materiellen Sinn erfassen. Konkret erfassen wir nur Markttransaktionen, d.h. wir können nur Volkswirtschaften beurteilen, in denen die wirtschaftliche Versorgung der Bevölkerung ganz überwiegend auf Märkten geschieht. Die so genannte Subsistenzwirtschaft, die in vielen Ländern Afrikas noch vorherrscht, geht in diese Berechnung nicht ein.

Außerdem erhalten wir mit dem Nationaleinkommen keine Informationen – oder allenfalls indirekte – über viele Aspekte der Lebensqualität wie Kindersterblichkeit, Analphabetismus, HIV-Infektionen, Umweltzerstörung usw.

Die Vereinten Nationen haben deshalb einen *Human-Development-Index* konstruiert, der Sozialindikatoren dieser Art erfasst und die Wohlfahrt der Bevölkerung umfassender abbildet als das Nationaleinkommen. Diese allgemeineren Aspekte der Wohlfahrtsmessung werden wir in dieser Einführung aber nicht vertiefen.

Für die Berechnung des Nationaleinkommens gibt es ebenfalls einen internationalen Standard, der von den Vereinten Nationen entwickelt wurde. In den Mitgliedstaaten der Europäischen Union wird im Rahmen dieses Standards ein einheitliches *Europäisches System Volkswirtschaftlicher Gesamtrechnungen (ESVG 1995)* verwendet. Dieses System wurde im Jahre 1999 – etwa gleichzeitig mit dem Euro – eingeführt. Seither heißt das allen so geläufige „Bruttosozialprodukt" Nationaleinkommen. Wir werden im Folgenden die Begriffe des Europäischen Systems verwenden, aber nur von „der" Volkswirtschaftlichen Gesamtrechnung (VGR) sprechen.

12.1 Die Volkswirtschaftliche Gesamtrechnung (VGR) als Konzept der Wohlstandsmessung

Die VGR orientiert sich am theoretischen Modell einer Produktionswirtschaft, in der Güter zum Zweck des Konsums produziert werden. Der Wirtschaftskreislauf wird als ein System von Markttransaktionen zwischen Unternehmen (den Produzenten) und Haushalten (den Konsumenten) dargestellt. Die Markttransaktionen werden in Geldeinheiten ("zu Marktpreisen") bewertet. Die aggregierten Geldwerte dieser Transaktionen messen einerseits die Produktionsleistung einer Periode, andererseits das dabei entstehende Einkommen.

Die Kreislaufidee

Die VGR verknüpft das buchhalterische Konzept der Ausgaben / Einnahmen-Rechnung mit dem theoretischen Konzept der Produktionsfunktion. Damit ergibt sich die Vorstellung von einem Produktionskreislauf (→Kap. 2). Auf den Gütermärkten werden im Grundmodell die Ausgaben der Haushalte erfasst (Konsumausgaben), auf den Faktormärkten die Ausgaben der Unternehmen für Faktorleistungen der Haushalte, insbesondere für Arbeitsleistungen.

Produktion mit Kapitalgütern

Werden Güter in der Periode, in der sie produziert werden, nicht für Konsumzwecke verwendet, so bilden sie ein "Kapital" für künftigen Konsum. Ganz unmittelbar stellt der Zuwachs von Lagerbeständen in den Unternehmen eine solche Kapitalbildung dar (bei gegebenen Preisen). Mittelbar werden die künftigen Konsummöglichkeiten ausgeweitet, wenn die Produktionsfaktoren für die Herstellung von Kapitalgütern eingesetzt werden. Über einen solchen "Produktionsumweg", nämlich der Produktion mittels Kapitalgütern, steigt die Produktivität der Produktionsfaktoren in künftigen Perioden. Die VGR erfasst einen Überschuss der Produktionsleistung über die Konsumausgaben als Investitionsausgaben. Dem entspricht rein buchhalterisch, dass die Haushalte einen Teil ihres Einkommens nicht für Konsumausgaben verwenden, sondern *sparen*.

Während die Investitionsausgaben für eine Kapitalbildung und damit für eine Ausweitung der künftigen Produktionsmöglichkeiten stehen, findet zugleich im Produktionsprozess ein Kapitalverzehr statt, entweder rein physisch, durch die Abnutzung der eingesetzten Kapitalgüter, oder durch Entwertung des vorhandenen Kapitals aufgrund von Preisbewegungen. Die VGR unterscheidet daher zwischen Bruttoinvestitionen, das sind die Investitionsausgaben, und Nettoinvestitionen als Ausdruck dafür, wie sich die künftigen Produktionsmöglichkeiten per Saldo verändert haben. Zu diesem Zweck werden in jeder Periode auf den vorhandenen Kapitalbestand Abschreibungen geschätzt. Dabei wird für jeden früheren Investitionsjahrgang der nutzungsbedingte Kapitalverzehr ermittelt. Durch Preisbewegungen bedingte Entwertungen gehen in diese Rechnung aber nicht ein.

Die Abschreibungen finden auch in der Einkommensrechnung Berücksichtigung. Das Netto-Einkommen (nach Abzug der Abschreibungen) ist ein Ausdruck dafür, wie groß die Konsummöglichkeiten in einer Periode sind, nachdem für die Erhaltung des vorhandenen Kapitalstocks Vorsorge getroffen wurde.

Bewertung zu Marktpreisen

Der VGR liegt die Vorstellung zugrunde, dass die Konsumenten ihren Wohlstand selbst am besten beurteilen können (individualistisches Prinzip) und Marktpreise die Wertschätzung der Konsumenten richtig zum Ausdruck bringen. Aber auch wenn diese Annahmen akzeptiert werden, ist die Aussagefähigkeit der VGR über Größe und Veränderung des wirtschaftlichen Wohlstands eingeschränkt. Insbesondere werden Güter nicht erfasst bzw. nicht richtig bewertet, die nicht auf Märkten angeboten werden und für die deshalb keine Marktpreise existieren. Diese Probleme werden in Kap. 13 behandelt.

Der *Staat* finanziert seine Leistungen durch Zwangsabgaben wie Steuern, Gebühren, Zölle. Da es keine Marktpreise gibt (→ Kap. 13), wird der Wert staatlicher Leistungen in der VGR über den Wert der dafür eingesetzten Produktionsfaktoren ermittelt, das ist im wesentlichen die Summe der Löhne, Gehälter und Beamtenbezüge. Die Wertstellung staatlicher Leistungen richtet sich also nicht nach einer individuellen Zahlungsbereitschaft der Bürger - wie bei den Marktgütern -, sondern wird über den politischen Prozess bestimmt. Die Mitglieder einer Gesellschaft können aber indirekt, als Wähler, ihre Wertschätzung der staatlichen Leistungen zum Ausdruck bringen.

Die wirtschaftlichen Beziehungen zur übrigen Welt

Wirtschaftliche Beziehungen mit dem Ausland - in der Terminologie der VGR ist das die übrige Welt - werden wie folgt erfasst:

1. als Handelsbeziehungen für Waren und Dienstleistungen; der Saldo von *Exporten* und *Importen* ist der *Außenbeitrag* (zur Einkommensbildung im Inland). Der Außenbeitrag ist positiv, wenn der Wert der Exporte größer ist als der Wert der Importe. Im umgekehrten Fall ergibt sich ein negativer Außenbeitrag. Die Einkommenswirkungen des Außenbeitrags haben wir bereits am Beispiel des Konzepts der effektiven Nachfrage untersucht (→Kap. 2). In der VGR wird der Außenbeitrag wie eine Investition behandelt. Entsteht in einer offenen Volkswirtschaft ein Überschuss der Produktionsleistung über die Konsumausgaben, so kann die-

ser Überschuss sowohl als Investition als auch als Netto-Export (oder beides) verwendet werden. Dem Sparen der Haushalte steht also nicht nur die Investition sondern auch der Netto-Export gegenüber. Beide Verwendungen sind aus volkswirtschaftlicher Sicht Formen der Vermögensbildung. In Höhe des Netto-Exports erwirbt die Volkswirtschaft Forderungen gegenüber der übrigen Welt (siehe Punkt 4).

2. als *Saldo der Primäreinkommen* mit der übrigen Welt; hierbei handelt es sich um Einkommen, die im Inland entstehen, aber ins Ausland fließen ("geleistete Primäreinkommen") sowie um Einkommen, die umgekehrt als "empfangene Primäreinkommen" vom Ausland ins Inland fließen. Aus deutscher Sicht zählt die Europäische Union zur übrigen Welt. Das ist zweifellos trivial, was andere Mitgliedstaaten betrifft. So ist das Einkommen, das ein polnischer Wissenschaftler in Deutschland verdient, als „geleistetes Primäreinkommen" zu buchen. Deutschland leistet aber auch direkte Zahlungen in das EU-Budget und empfängt andererseits Subventionen der EU. Man hat sich darauf verständigt, diese Zahlungen (zum Teil) als Primäreinkommen zu betrachten. Die EU wird wie eine eigene Rechtspersönlichkeit behandelt. Sie bezieht einen Teil ihrer so genannten Eigenmittel (ihren Anteil an der Mehrwertsteuer, Zölle, Abschöpfungen und Währungsausgleiche der GAP) wie ein ihr zustehendes Primäreinkommen von den Mitgliedstaaten. Andererseits werden die Subventionen der EU von den Mitgliedstaaten als empfangene Primäreinkommen gebucht.

3. als *Saldo der Transfers* mit der übrigen Welt; wie bei den Primäreinkommen werden hier geleistete und empfangene Transferzahlungen mit der übrigen Welt saldiert. Im Unterschied zu den Einkommen stehen den Transfers keine Leistungen gegenüber. (Hier wird der Rest der EU-Eigenmittel gebucht.)

4. als *Saldo des Kapitalverkehrs* mit der übrigen Welt. Der internationale Kapitalverkehr erreicht in einer offenen Volkswirtschaft ein enormes Volumen, sowohl im Kreditgeschäft der Banken als auch durch Dispositionen an den internationalen Wertpapierbörsen, den Devisenbörsen und durch Direktinvestitionen der Unternehmen. Entscheidend für die VGR ist aber der Saldo, der sich in einer Periode ergibt. Dieser Saldo bringt zum Ausdruck, ob die Volkswirtschaft in der betrachteten Periode eine Forderungsposition gegenüber dem Rest der Welt erreicht hat oder ob sie in eine Schuldnerposition geraten ist. Eine kurze Überlegung zeigt uns, dass der Saldo im Kapitalverkehr den Salden der Leistungsströme und der Transferzahlungen (Positionen (1) – (3)) entsprechen muss. Nehmen wir an, die Ströme der Primäreinkommen und der Transferzahlungen zwischen Deutschland und der übrigen Welt seien ausgeglichen, aber Deutschland hat einen Exportüberschuss erzielt. In Höhe dieses Überschusses gibt es eine Nettoforderung an die übrige Welt. Selbst wenn der Exportüberschuss bezahlt wurde, besteht doch für die deutsche

Volkswirtschaft diese Nettoforderung, weil sich mit der Zahlung der Devisenbestand erhöht. Diese Forderung kann letztlich nur durch einen „Realtransfer", nämlich den Import von Gütern (oder Faktorleistungen) beglichen werden.

Die *Zahlungsbilanz* gliedert die wirtschaftlichen Transaktionen mit dem Ausland grundsätzlich in gleicher Weise wie die VGR. Im Detail ergeben sich aber Unterschiede: Die Deutsche Bundesbank, die die Zahlungsbilanz erstellt, verwendet anderes Datenmaterial als das Statistische Bundesamt, das die VGR erstellt. Daraus folgen unterschiedliche begriffliche Abgrenzungen, aber auch Unterschiede in der Qualität der Daten.

12.2 Die Entstehungsrechnung

Die Volkswirtschaftliche Gesamtrechnung entspricht in ihrem Aufbau der Buchführung eines Unternehmens. Durch Aggregation der Unternehmensdaten wird zunächst die Entstehung des Inlandsprodukts und seine Verwendung berechnet. Anschließend wird aus dem Inlandsprodukt das Nationaleinkommen und dessen Verteilung ermittelt. Die meisten Daten liefert die Unternehmensstatistik, nur ein Teil der benötigten Informationen wird auf der Grundlage anderer Statistiken geschätzt. Dabei besteht natürlich das Risiko, dass sich die Statistiker „verschätzen" und den Fehler von Jahr zu Jahr fortschreiben. Die Ergebnisse der VGR werden daher immer wieder auf der Grundlage neuerer Informationen, z.B. eines Zensus, revidiert.

Soll		Haben
Käufe	100	Verkäufe 200
Entgelte	50	
Saldo	50	

Abb. 12.1 Cash flow Rechnung eines Unternehmens. Das Unternehmen erzielt einen Einzahlungsüberschuss in Höhe von 50 (Geldeinheiten)

Das Schätzrisiko ist aber begrenzt, weil die Volkswirtschaftliche Gesamtrechnung wie die Buchführung eines Unternehmens ein in sich geschlossenes Rechenwerk ist. Die Statistiker können also immer einen Konsistenztest ihrer Schätzungen durchführen und prüfen, ob die Rechnung aufgeht. Abgesehen von den Schätzproblemen hängt die Aussagefähigkeit der VGR im Grunde davon ab, ob die Daten eindeutig zugeordnet werden können. Ist der Kauf eines Autos beispielsweise Konsum (eines privaten Haushalts) oder Investition (eines selbständigen Unternehmers)? Stellt der Kauf von Waren durch ein Unternehmen Verbrauch dar (d.h. gehen die Waren als Vorleistungen in der gleichen Periode in das Produkt ein) oder handelt es sich um eine Investition? Solche Fragen können oft nur durch Konventionen gelöst werden. Bei der Interpretation der Ergebnisse ist deshalb genau darauf zu achten, welche Abgrenzungen die VGR vornimmt.

Soll		Haben	
Käufe	100	Verkäufe	200
Entgelte	50	Saldo	250
Kauf eines Investitionsgutes	300		

Abb. 12.2 Cash flow Rechnung mit Investition. Der Kauf eines Investitionsgutes führt zu einem Auszahlungsüberschuss in Höhe von 250. Die wirtschaftliche Lage des Unternehmens hat sich aber nicht verschlechtert

Wir beginnen mit dem einfachsten Fall und erfassen den *cash flow* einer Unternehmung. In diesem Fall notiert der Buchhalter die Einzahlungen einer Periode und stellt ihnen die Auszahlungen des Unternehmens in derselben Periode gegenüber. Einzahlungen resultieren aus Verkäufen, Auszahlungen werden für Käufe und als Entgelt für Faktorleistungen (z.B. Löhne) getätigt.

Soll		Haben	
Käufe	100	Verkäufe	200
Löhne	50		
Abschreibung	30		
Gewinn	20		

Abb. 12.3 Leistungsrechnung eines Unternehmens. Unter der Annahme einer erwarteten Lebensdauer des Investitionsgutes von 10 Jahren wird in der Leistungsrechnung des Unternehmens in jeder Periode nur ein Zehntel der Investitionsausgaben als Abschreibung in Ansatz gebracht. Der so ermittelte Periodengewinn beträgt 20

Kauft das Unternehmen in der betrachteten Periode ein Investitionsgut, so ändert sich der Saldo des cash flow. Eine Investition ist dadurch gekennzeichnet, dass das Unternehmen in einer ersten Periode eine Auszahlung vornimmt, der in den folgenden Perioden ein Strom von Einzahlungen gegenübersteht. Das ist jedenfalls die Erwartung bei einer rentierlichen Investition. Bleibt das Unternehmen bei der cash flow Rechnung, so weist es unter Umständen einen Auszahlungsüberschuss aus (Abb. 12.2) obwohl sich seine wirtschaftliche Lage eigentlich nicht verschlechtert hat, im Gegenteil kann es aus der Investition künftig zusätzliche Einzahlungen erwarten. Die Unternehmensleitung muss also den Anteilseignern erklären, dass der Auszahlungsüberschuss durch die Investition bedingt ist. (Würde der

Fiskus die *cash flow* Rechnung akzeptieren, so wäre ein Unternehmen jeweils steuerfrei, wenn es den Einzahlungsüberschuss investiert. Es würde mit der Investition die Steuerzahlung auf die Zukunft verschieben.)

Unternehmen A				Unternehmen B			
Soll		Haben		Soll		Haben	
Käufe von B	50	Verkäufe an B	100	Käufe von A	100	Verkäufe an A	50
Käufe von der übrigen Welt	50	Verkäufe an die übrige Welt	100	Käufe von der übrigen Welt	100	Verkäufe an die übrige Welt	250
Saldo	100			Saldo	100		

Abb. 12.4 Eine konsolidierte *cash flow* Rechnung zweier Unternehmen A und B zeigt, dass sich die gegenseitigen Lieferungen der beiden Unternehmen aufheben. Das heißt, diese „Vorleistungen" haben keinen Einfluss auf den Saldo der Rechnung (Einzahlungsüberschuss)

Soll		Haben	
Vorleistungen von inländischen Unternehmen	150	Vorleistungen an inländische Unternehmen	150
Käufe von der übrigen Welt	150	Verkäufe an die übrige Welt	350
Saldo	200		

Abb. 12.5 Cash flow Rechnung einer Volkswirtschaft

Nach den Standards der Rechnungslegung wird deshalb die *cash flow* Rechnung korrigiert. Das Rechnungswesen eines Unternehmens verteilt die Auszahlungen für eine Investition entsprechend der erwarteten Lebensdauer des Investitionsgutes auf mehreren Perioden. Damit soll die „Leistung" des Unternehmens periodengerecht dargestellt werden. In der Leistungsrechnung des Unternehmens (Gewinn- und Verlustrechnung) wird also in jeder Periode nur ein Teil der Ausgaben für das Investitionsgut erfasst und als „Abschreibung" zu den Kosten gerechnet. Als Saldo dieser Leistungsrechnung ergibt sich dann der Gewinn. Auch der Fiskus verlangt bei der Unternehmensbesteuerung, der Gewinnermittlung eine entsprechende Leistungsrechnung zugrunde zu legen. Die Abschreibung als Teil der Kosten steht für die Wertminderung, die das Investitionsgut im Produktionsprozess erfährt. Diese Art der Kostenermittlung beruht also auf

Annahmen über den künftigen Wert eines Investitionsgutes. Sie ist schon auf der Unternehmensebene mit Unsicherheiten behaftet (vgl. hierzu den Begriff der *sunk cost*, →Kap. 11). Dies gilt umso mehr in der Volkswirtschaftlichen Gesamtrechnung. Aufgrund der Bewertungsprobleme sind die Abschreibungen die unsicherste Größe im System der VGR.

Soll	Haben
Käufe von anderen Unternehmen (Rohstoffe, Vorprodukte, Dienstleistungen usw.)	Verkäufe
Löhne und Gehälter Abschreibungen Gewinn	Vorratsveränderung selbst erstellte Anlagen

Abb. 12.6 Produktionskonto eines Unternehmens

Vorleistungen	Produktionswert
Bruttowertschöpfung	

Abb. 12.7 Produktionskonto eines Sektors der Gesamtwirtschaft. Die VGR ermittelt die Bruttowertschöpfung getrennt nach den Sektoren Nichtfinanzielle und Finanzielle Kapitalgesellschaften, Staat, Private Haushalte und Private Organisationen ohne Erwerbszweck. Zu den Kapitalgesellschaften zählen auch Personengesellschaften wie KG und OHG, während Einzelunternehmen und Selbständige (darunter Ärzte, Rechtsanwälte, Architekten) zu den Privaten Haushalten gerechnet werden. Der Sektor Private Haushalte leistet deshalb nach dem Sektor Nichtfinanzielle Kapitalgesellschaften den größten Beitrag zum Inlandsprodukt

Wir kennen nun das Verfahren für die Berechnung des Inlandsprodukts. Die Entstehungsrechnung ist eine aggregierte Leistungsrechnung für die Volkswirtschaft. Bei der Aggregation werden die Leistungsrechnungen der inländischen Unternehmen konsolidiert, d.h. Lieferungen von Waren und Dienstleistungen, die inländische Unternehmen untereinander tätigen, werden saldiert. Für eine Volkswirtschaft als Ganzes gilt also, dass sie Käufe nur von der übrigen Welt tätigt (Importe) und entsprechend Verkäufe an die übrige Welt leistet (Exporte). In Abb. 12.4 wird das Prinzip der Aggregation am einfachsten Fall einer Volkswirtschaft demonstriert, die aus zwei Unternehmen besteht.

Was die Leistungsrechnung betrifft, so wird sie in der VGR auf einem Produktionskonto erfasst. Der Produktionswert eines Unternehmens wird auf der Habenseite des Kontos dargestellt (Abb. 12.6.). Dieser Wert umfasst aber nicht nur die Verkäufe, sondern auch den Wert der Produkte, die hergestellt, aber nicht verkauft wurden (Vorratsveränderung) sowie den Wert selbst erstellter Anlagen. Auf der Sollseite des Produktionskontos werden die Käufe von anderen Unternehmen, die Entgelte für Faktordienste und die Abschreibungen erfasst. Der Gewinn ist in dieser Rechnung eine Bruttogröße („Rohgewinn"), d.h. darin ist auch die Verzinsung des eingesetzten Fremdkapitals enthalten. Die VGR unterscheidet nicht nach der Finanzierungsstruktur der Unternehmen und ermittelt deshalb in der Einkommensrechnung auch nur die Größe „Unternehmens- und Vermögenseinkommen".

Käufe von inländischen Unternehmen (Verbrauchsgüter, geringwertige Güter)	Verkäufe an private Haushalte
	Verkäufe an inländische Unternehmen (Verbrauchsgüter, geringwertige Güter, dauerhafte Produktionsmittel)
Käufe von der übrigen Welt	Verkäufe an die übrige Welt
	Vorratsveränderung
Bruttowertschöpfung	selbst erstellte Anlagen

Abb. 12.8 Produktionskonto eines Unternehmens

Das Produktionskonto eines Sektors der Volkswirtschaft (Abb. 12.7) fasst die Produktionskonten der Unternehmen zusammen.

Die Bruttowertschöpfung ist der Beitrag des Sektors zum Bruttoinlandsprodukt. Sie ergibt sich als Differenz von Produktionswert und Vorleistungen und enthält die Entgelte für Faktorleistungen, die Abschreibungen und den Gewinn. Damit wird deutlich, dass mit der Wertschöpfung im Produktionsprozess Einkommen gebildet werden. Sieht man von den Abschreibungen ab, so entspricht der Wert der (im Inland) geschaffenen Einkommen der Wertschöpfung einer Periode.

Die *Bruttowertschöpfung* der Sektoren wird zum *Bruttoinlandsprodukt* zusammengefasst, nach Hinzurechnung der *Gütersteuern* und Abzug der *Gütersubventionen*. Zu den Gütersteuern zählt die Mehrwertsteuer (nach Vorsteuer-Abzug), Verbrauchsteuern u.a. Das Bruttoinlandsprodukt wird also zu Marktpreisen bewertet, d.h. es ist um die Gütersteuern höher und um die Gütersubventionen niedriger als die Bruttowertschöpfung.

Entstehungsrechnung:

	Produktionswert
./.	Vorleistungen
=	Bruttowertschöpfung
+	Gütersteuern
./.	Gütersubventionen
=	Bruttoinlandsprodukt

Das Bruttoinlandsprodukt wird üblicherweise als der Indikator des wirtschaftlichen Wachstums verwendet. Es steht für die Bruttowertschöpfung der zusammengefassten Wirtschaftsbereiche des *Inlandes* und gilt daher im Ländervergleich als Maßstab der wirtschaftlichen Leistung. Das Inlandsprodukt wächst, wenn in einer Periode mehr Güter hergestellt werden als in der Vorperiode. Da es zu Marktpreisen bewertet wird, schlägt sich aber auch ein allgemeiner Preisanstieg in einer Erhöhung des Inlandsproduktes nieder. Um das *reale Wachstum* zu messen, wird deshalb im zeitlichen Vergleich das Inlandsprodukt mit konstanten Preisen bewertet. Das heißt, für jedes Berichtsjahr wird das Bruttoinlandsprodukt mit den Preisen eines Basisjahres bewertet. Die Wachstumsrate von Jahr zu Jahr zeigt dann die reale Leistungssteigerung an (vgl. Abb.1.3).

Vorleistungen von inländischen Unternehmen	Vorleistungen an inländische Unternehmen
Importe	Konsum
Bruttowertschöpfung	Brutto-Investitionen (Anlageinvestitionen, Vorratsveränderung)
Gütersteuern ./.Gütersubventionen	Exporte

Abb.12.9 Das zusammengefasste Produktionskonto der Gesamtwirtschaft. In der Verwendungsrechnung wird der Produktionswert zu Marktpreisen (einschl. Gütersteuern, abzgl. Gütersubventionen) bewertet

12.3 Die Verwendungsrechnung

Die Verwendungsstruktur des Bruttoinlandsprodukts wird ebenfalls über das Produktionskonto ermittelt. Dazu gliedern wir das Produktionskonto eines Unternehmens tiefer als unter 12.2. Auf diese Weise erhalten wir Aufschluss über die Bestimmung der Verkäufe und die Herkunft der Käufe (Abb. 12.8).

Das zusammengefasste Produktionskonto der Gesamtwirtschaft ergibt sich durch Aggregation (Abb. 12.9).

Verwendungsrechnung

	Private Konsumausgaben
+	Konsumausgaben des Staates
+	Bruttoanlageinvestitionen
±	Saldo der Vorratsveränderungen
+	Export von Waren und Dienstleistungen
./.	Importe von Waren und Dienstleistungen
=	Bruttoinlandsprodukt

Die Verwendungsgleichung ist uns aus der Theorie der Einkommensbildung (→Kap. 9) bekannt. Sie erfasst einerseits Komponenten der aggregierten Nachfrage (Konsum, Brutto-Investitionen und Exporte) andererseits die Komponenten des aggregierten Angebots (Bruttoinlandsprodukt und Importe), jeweils zu Marktpreisen bewertet. Während aber der Ausgleich von aggregierter Nachfrage und aggregiertem Angebot ein makroökonomisches Gleichgewicht definiert, handelt es sich in der Volkswirtschaftlichen Gesamtrechnung um eine buchhalterische Identität, die immer erfüllt sein muss. Denn die VGR erfasst (*ex post*) die tatsächlichen Werte, nicht (*ex ante*) die geplanten Werte. Ein Ungleichgewicht kommt darin zum Ausdruck, dass die tatsächlichen Werte eine andere Größe annehmen als von den Marktakteuren geplant. So kann zum Beispiel ein Nachfragerückgang zu einer ungeplanten Aufstockung der Vorräte führen. Das Einkommen kann in diesem Fall sogar die geplante Höhe erreichen, aber die ungeplanten Vorräte werden mit Sicherheit zu einer Revision der Produktionspläne in der nächsten Periode führen.

12.4 Die Verteilungsrechnung

Die Verteilungsrechnung wird in drei Schritten durchgeführt:
In einem ersten Schritt transformieren wir das im *Inland* gebildete Einkommen in das Einkommen der *Inländer*.
In einem zweiten Schritt teilen wir das Primäreinkommen, das sich am Markt gebildet hat, nach den Funktionen im Produktionsprozess auf die Produktionsfaktoren auf. Die VGR unterscheidet dabei nur zwischen den Faktoren Arbeit und Kapital, wobei die Unternehmensleitung dem Faktor Kapital zugerechnet wird (funktionelle Einkommensverteilung).
In einem dritten Schritt wird der Prozess der Umverteilung durch den Staat abgebildet. Im Hinblick auf das Ziel der Verteilungsgerechtigkeit und der sozialen Sicherung, greift der Staat massiv in die Verteilung der

172 Inlandsprodukt und Nationaleinkommen

Primäreinkommen ein. Er greift einerseits in Form einer progressiven direkten Besteuerung (Einkommensteuer) und in Form der Beiträge zur sozialen Sicherung auf das Einkommen zu und er leistet andererseits Transferzahlungen an private Haushalte. Die Verteilung des *verfügbaren Einkommens*, die sich dabei in den einzelnen Sektoren und in der Volkswirtschaft insgesamt ergibt, kann jedoch nichts darüber aussagen, ob die verteilungspolitischen und sozialpolitischen Ziele dieser Umverteilung erreicht worden sind. Dazu bedarf es mikroökonomischer Analysen der Verteilungswirkungen für einzelne Haushalte oder Haushaltsgruppen (personelle Verteilung). Die VGR benutzt das verfügbare Einkommen vielmehr als eine Bezugsgröße, um die Verwendung des Einkommens für Konsum und Sparen darzustellen.

1. Korrigiert man das Bruttoinlandsprodukt um den Saldo der Primäreinkommen mit der übrigen Welt, so ergibt sich das *Bruttonationaleinkommen* der Inländer sowie - nach Abzug der Abschreibungen - das *Nettonationaleinkommen*.

Vom Bruttoinlandsprodukt zum Primäreinkommen der Inländer:

	Bruttoinlandsprodukt
./.	Saldo der Primäreinkommen mit der übrigen Welt
./.	Abschreibungen
=	Nettonationaleinkommen (Primäreinkommen)

Das Primäreinkommen ist wie das Bruttoinlandsprodukt zu Marktpreisen bewertet, d.h. es ist um die Gütersteuern höher und die Gütersubventionen geringer als die Entgelte der Faktorleistungen und der Gewinn, d.h. die (Netto-)Wertschöpfung der Inländer. Das Primäreinkommen wird daher in der Verteilungsrechnung auf Herstellungspreise umgerechnet.

Vom Primäreinkommen zum Volkseinkommen:

	Nettonationaleinkommen (Primäreinkommen)
./.	Produktions- und Importabgaben an den Staat
+	Subventionen vom Staat
=	Volkseinkommen
./.	Arbeitnehmerentgelt
=	Unternehmens- und Vermögenseinkommen

2. Im zweiten Schritt teilt die VGR das Volkseinkommen entsprechend der Vorstellung von einer Produktionswirtschaft auf die Faktoren Arbeit und Kapital auf. Die VGR ermittelt dazu das Arbeitseinkommen der ab-

hängig Beschäftigten („Arbeitnehmerentgelt") und berechnet die „Unternehmens- und Vermögenseinkommen" als Restgröße.

Die Verteilung der Einkommen nach den Funktionen im Produktionsprozess ("funktionelle Einkommensverteilung") ist für gesamtwirtschaftliche Analysen, insbesondere zur Lohnpolitik (→ 11.4) hilfreich. Sie sagt aber nichts darüber aus, welche Einkommen den privaten Haushalten (für Konsumzwecke) zufließen. Private Haushalte können sowohl Arbeitnehmerentgelte als auch Unternehmens- und Vermögenseinkommen beziehen.

3. Das *verfügbare* Einkommen der Gesamtwirtschaft ergibt sich, indem man vom *Primäreinkommen* die geleisteten laufenden Transfers an die übrige Welt abzieht und die von der übrigen Welt empfangenen laufenden Transfers hinzu rechnet. Das resultierende verfügbare Einkommen steht aber nicht nur den privaten Haushalten, sondern auch den Unternehmen oder dem Staat "zur Verfügung". Es wird im Ganzen für Konsumzwecke ausgegeben oder gespart. Um das verfügbare Einkommen der privaten Haushalte zu ermitteln, muss noch eine Verteilungsrechnung nach Sektoren durchgeführt werden, d.h. es muss berechnet werden, welche Einkommen im Unternehmenssektor verbleiben und welche Einkommen der Staat (per Saldo) beansprucht. (Bei dieser Rechnung wird der Saldo der Transfers mit dem Ausland nicht getrennt ausgewiesen).

Vom Volkeinkommen zum zum verfügbaren Einkommen der privaten Haushalte:

	Volkseinkommen
./.	Nicht entnommene Gewinne aus Kapitalgesellschaften
./.	Direkte Unternehmensteuern (z.B. Körperschaftsteuer)
./.	Sozialbeiträge (soweit von den Arbeitgebern entrichtet)
+	Transfers
=	Einkommen der Haushalte
./.	Direkte Steuern
./.	Sozialbeiträge (soweit von den Arbeitnehmern entrichtet)
=	Verfügbares Einkommen der privaten Haushalte

Kontrollfragen

1. Welcher Zusammenhang besteht zwischen dem Produktionswert und dem Bruttoinlandsprodukt?
2. Wie wird das Primäreinkommen berechnet?
3. Welche Komponenten der gesamtwirtschaftlichen Nachfrage gehen in die Verwendungsrechnung ein?

4. Wie kommt man vom Nationaleinkommen zum Volkseinkommen?
5. Wie wird das verfügbare Einkommen der privaten Haushalte verwendet?

13 Wohlfahrtsmessung (2): Öffentliche Güter und externe Effekte

Die Volkswirtschaftliche Gesamtrechnung misst den wirtschaftlichen Wohlstand und seine Veränderung an der im Produktionsprozess geleisteten Wertschöpfung bzw. den dabei erzielten Primäreinkommen. Weder wird dabei das Vermögen erfasst noch die Leistungen, für die keine Einkommen gezahlt werden. So werden z.B. die Leistungen der Hausfrauen / Hausmänner nicht als Marktleistungen gebucht. Nehmen wir an, zwei Frauen haben bislang ihre Zeit der Erziehung ihrer Kinder gewidmet. Nun entschließe sich die eine, einen Job anzunehmen und die andere (sozialversicherungspflichtig) als Hausmutter zu beschäftigen. Beide erzielen damit ein Einkommen und das Primäreinkommen in der Volkswirtschaft steigt. Vermutlich steigt damit auch der wirtschaftliche Wohlstand, denn die beiden treffen ihre Entscheidung freiwillig und die Arbeitsteilung zwischen ihnen und der damit verbundene Produktivitätseffekt dürfte beide besser stellen. Über das Ausmaß dieser Wohlstandssteigerung sagt der Indikator der VGR aber nichts aus. In die entgegen gesetzte Richtung wirkt die Do-it-yourself-Bewegung, die aus ökonomischer Sicht eine Reaktion auf den überdurchschnittlich hohen Anstieg der Dienstleistungspreise darstellt. Dieser Trend verringert zwar den Grad der Arbeitsteilung in der Volkswirtschaft, und die im Bruttoinlandsprodukt erfasste Wertschöpfung sinkt. Aber damit wird auch der Kostenanstieg im Dienstleistungsbereich gedämpft mit der Folge, dass ein gegebenes Einkommen eine höhere reale Kaufkraft hat als sonst. Da sich solche Effekte nur schwer herausrechnen lassen, ist es zweckmäßig, die Ergebnisse der Volkswirtschaftlichen Gesamtrechnung nur als Aussagen über die *relative* Wohlfahrt zu verstehen. Mit dieser Einschränkung können wir also darauf schließen, dass sich das Wohlbefinden der Menschen vergrößert, wenn das reale Bruttoinlandsprodukt im Vergleich zum Vorjahr zunimmt oder im internationalen Vergleich größer ist als anderswo.

Abgesehen von diesen Unschärfen in der Erfassung der Wertschöpfung gibt es aber drei grundsätzliche Probleme, die in der VGR nicht gelöst werden. Der Grund dafür liegt nicht in der Methode der VGR selbst. Hier stoßen wir vielmehr auf die Grenzen der Leistungsfähigkeit von Märkten. Diese Grenzen sollen im Folgenden aus einer markttheoretischen Sicht dargestellt werden.

13.1 Drei Gründe für Marktversagen

Die moderne Volkswirtschaftslehre kennt verschiedene Fälle von Marktversagen. Den Fall der Marktbeherrschung haben wir bereits behandelt (→ Kap. 8). Im Folgenden greifen wir drei weitere heraus, denen gemeinsam ist, dass sie das Grundprinzip der Volkswirtschaftlichen Gesamtrechnung, den Wert eines Gutes oder einer Faktorleistung am Marktpreis zu messen, in Frage stellen.

Ein Marktpreis kommt nicht zustande

Für manche Güter besteht ein Bedarf, aber es bildet sich kein Markt heraus, auf dem sie bereit gestellt werden und nachgefragt werden können. Ein Marktpreis als Bewertungsmaßstab fehlt also. Bereits die klassische Politische Ökonomie erklärt dieses Phänomen. Sie unterscheidet *freie Güter*, die zur Produktion genutzt werden, aber unerschöpflich und für jedermann verfügbar sind und deshalb keinen Preis erzielen (Wasser, Luft); und andererseits *knappe Güter*, die man sich aneignen kann und die eine Rente abwerfen (Boden) *(David Ricardo)*, mit Bezug auf *Jean Baptiste Say; vgl. 11.5)*. Die moderne Volkswirtschaftslehre fasst diese Abgrenzung präziser und unterscheidet einerseits private Güter und andererseits öffentliche Güter.

Private Güter sind Güter, für die ein Markt organisiert werden kann (Marktgüter). D.h. private Eigentumsrechte sind definiert, ein Marktpreis ist durchsetzbar und diese Güter werden auf Märkten angeboten. Das Preissystem reguliert die Allokation dieser Güter nach dem Prinzip der Knappheit. Öffentliche Güter (Nicht-Marktgüter) sind dagegen Güter, für die Knappheit nicht organisiert werden kann. Über ihre Produktion und Verteilung wird in der Regel im politischen Prozess entschieden ("Politische Güter"/Kollektivgüter).

Ein Marktergebnis wird vom Staat nicht akzeptiert

Wir kennen bereits den Fall, dass der Staat ein Marktergebnis nachträglich korrigiert und damit verteilungspolitische und sozialpolitische Ziele verfolgt. Diese Intervention hat jedoch auf die Entstehung des Primäreinkommens keinen Einfluss. Sie findet erst in der Verteilungsrechnung ihren Niederschlag. Anders liegt der Fall, wenn der Staat aus einer meritorischen Zielsetzung heraus (*merit,* das Verdienst) ein Marktergebnis nicht zulässt und stattdessen das Güterangebot selbst übernimmt. Dies geschieht mit der Begründung, die Menschen würden sich nicht im wünschenswerten Maß mit diesen Gütern versorgen, wenn sie sich von ihrem Eigeninteresse leiten lassen. Das typische Beispiel ist die Impfpflicht. Die Frage stellt sich, wie ein solches Güterangebot zu bewerten ist, das auf einem Markt nicht oder nicht in entsprechendem Umfang nachgefragt würde.

Marktpreise signalisieren nicht die volkswirtschaftlichen Kosten eines Gutes

Eine Grundannahme der Volkswirtschaftlichen Gesamtrechung ist, dass in den Marktpreisen für Güter und Faktorleistungen die Opportunitätskosten zum Ausdruck kommen. Aus volkswirtschaftlicher Sicht soll der Marktpreis zum Ausdruck bringen, worauf die Gesellschaft mit dem Kauf eines Gutes oder der Nutzung einer Faktorleistung verzichtet. Wir wissen zwar, dass nur ein Gleichgewichtspreis (im Konkurrenzmarkt) diese Eigenschaft hat und dass entsprechend des Marginalprinzips der Marktpreis nur die Opportunitätskosten der letzten verkauften Einheit eines Gutes bzw. der letzten eingesetzten Einheit einer Faktorleistung spiegelt. Dennoch ist der Marktpreis ein zuverlässiger Wertmaßstab, denn er signalisiert mit der Zahlungsbereitschaft der Käufer eines Gutes, dass ihre Wertschätzung für das Gut mindestens dem Marktpreis entspricht; und er signalisiert als Faktorpreis, dass die Anbieter von Faktorleistungen mindestens ein Einkommen erzielen, das auf der Höhe ihrer Opportunitätskosten ist. Dieses Prinzip wird verletzt, wenn mit der Nutzung einer Faktorleistung, der Produktion eines Gutes oder dem Konsum des Gutes Kosten oder Nutzen verbunden sind, die bei Dritten entstehen. Diese „externen" Kosten und Nutzen gehören aus Volkswirtschaftlicher Sicht zu den Opportunitätskosten, sie gehen aber nicht in den Marktpreis ein und beeinflussen das Verhalten der Marktakteure nicht. Der typische Fall ist die mit der Produktion eines Gutes verbundene Umweltverschmutzung. Die Frage ist also, ob die Volkswirtschaftliche Gesamtrechnung falsch rechnet, wenn sie bei der Berechnung der Wertschöpfung Marktpreise zugrunde legt.

13.2 Theorie des öffentlichen Gutes

Die ökonomische Theorie hat zwei Kriterien für die Definition eines öffentlichen Gutes entwickelt. Beide Kriterien geben eine Begründung dafür, warum sich kein Markt bildet, auf dem ein öffentliches Gut nachgefragt werden könnte.

Nicht-rivalisierende Nutzung

Nach diesem Kriterium handelt es sich um ein öffentliches Gut, wenn das Gut von mehreren oder vielen gemeinsam genutzt werden kann. Genauer gesagt gibt es keine Rivalität in der Nutzung bzw. im Konsum. Ein typisches öffentliches Gut ist demnach ein Fernsehprogramm. Mein Genuss von Thomas Gottschalks „Wetten, dass..." wird nicht dadurch gemindert, dass Millionen andere dasselbe Programm eingeschaltet haben. Ein privates Gut kann dagegen nur einmal konsumiert werden (*you can't have the cake* and *eat it*). Einige Güter, die vom Staat bereitgestellt werden, erfüllen das Kriterium der nicht-rivalisierenden Nutzung, so die Landesverteidigung, die öffentliche Sicherheit oder die Geldwertstabilität. Andere entsprechen weitgehend diesem Kriterium, wie Parks, Museen, das Straßennetz. Weitgehend heißt, dass sich die Qualität des Gutes für den Einzelnen doch mindert, sobald die Anzahl der Nutzer zu groß wird. In einem Verkehrsstau beispielsweise verlängert jeder weitere Verkehrsteilnehmer die Stauzeit für alle übrigen. In diesem Fall verliert die Straße ihre Eigenschaft als öffentliches Gut und wird zu einem privaten Gut, das rivalisierend genutzt wird.

Erfüllt ein Gut das Kriterium der nicht-rivalisierenden Nutzung, so wird es in der ökonomischen Theorie als reines öffentliches Gut bezeichnet. Denn unter dieser Bedingung führt uns das Marginalprinzip zu der Schlussfolgerung, dass die Opportunitätskosten der Nutzung Null sind. Da der marginale Nutzer, der hinzukommt, den Nutzen der anderen nicht mindert, muss niemand in der Volkswirtschaft auf etwas verzichten, wenn das öffentliche Gut zusätzlich genutzt wird. Die ökonomische Theorie leitet aus diesem Zusammenhang ein Gleichgewichtspreis von Null ab. Folglich sollte für dieses Gut, sofern es bereit gestellt wird, kein Preis genommen werden. Daraus ergeben sich zwei Konsequenzen. Die erste Frage ist, wie zu entscheiden ist, ob ein öffentliches Gut bereit gestellt werden soll und wer die Kosten der Bereitstellung trägt (→ 13.5.). Die zweite Konsequenz ist, dass bei vielen Gütern, die nur in beschränktem Umfang die Eigenschaft eines öffentlichen Gutes haben, ein Preis doch eine Lenkungsfunktion ausübt. Obwohl der Gleichgewichtspreis bei öffentlichen Gütern Null ist, wäre es ökonomisch rational, beispielsweise für die Straßenbenutzung in der Innenstadt während der täglichen *rush hour* ein Nutzungsentgelt zu nehmen. Dieser Preis würde jene davon abhalten, die Straßen der Innenstadt zu benutzen, die nicht unbedingt während der *rush hour* fahren müssen (deren Nachfrage elastisch ist), und würde die Staukosten für alle anderen senken.

Auf anderer Leute Kosten leben

Warum bildet sich für öffentliche Güter, die nicht-rivalisierend genutzt werden, kein Markt? Hier versagt das individuelle Rationalkalkül. Jeder Einzelne darf erwarten, dass das Angebot des Gutes nicht von seinem individuellen Leistungsbeitrag abhängt. Er wird deshalb seine individuelle Zahlungsbereitschaft verweigern und das Gut umsonst nutzen ("Trittbrettfahrer" – Straßenbahnen waren früher mit einem fest stehenden Trittbrett ausgestattet, auf das man aufspringen und so ohne zu zahlen mitfahren konnte). Für solche Güter müssen daher entweder durchsetzbare Nutzungsrechte zugeteilt werden, oder es muss kollektiv über ihre Nutzung entschieden werden (→13.5).

Kann man Nichtzahler ausschließen?

Das Trittbrettfahren führt uns zu einem zweiten Kriterium für die Definition öffentlicher Güter. Danach ist ein öffentliches Gut dadurch charakterisiert, dass es nicht möglich ist, jemanden von der Nutzung des Gutes auszuschließen. Gute Luftqualität etwa kommt allen zugute, Zahlern wie Nicht-Zahlern. Das Kriterium der Ausschließbarkeit definiert, streng genommen, ein privates Gut und gibt uns eine Erklärung dafür, unter welcher Bedingung sich ein Markt bildet. Es muss möglich sein, Eigentumsrechte an einem Gut zu definieren und auch durchzusetzen, so dass der Anbieter eines Gutes erwarten kann, dafür einen Preis zu erhalten. Nach diesem Kriterium ist beispielsweise die Fauna der Weltmeere ein öffentliches Gut. Dieses so genannte Allmende-Gut wird rivalisierend genutzt, aber das Ausschlussprinzip ist nicht anwendbar, d.h. der Zugang zu den Weltmeeren kann nicht kontrolliert werden. Das Problem der Allmende ist folglich eine übermäßige Nutzung und eine Dezimierung der Ressource („Überfischen"). Private Eigentumsrechte an der Ressource und die Durchsetzung eines Nutzungsentgelts würden die Nutzungsrate so weit reduzieren können, dass der Fischbestand erhalten bleibt. Da dies aber nicht möglich ist, muss über Allmende-Güter kollektiv entschieden werden (→13.5).

Wir haben bereits gesehen, dass die beiden Kriterien für ein öffentliches Gut nicht gleichzeitig erfüllt sein müssen. Bei einem Allmende-Gut, beispielsweise, ist das Kriterium der Ausschließbarkeit nicht anwendbar – und insofern handelt es sich um ein öffentliches Gut -, aber es wird rivalisierend genutzt. Ebenso wäre der Verkehrsraum in der City zur *rush hour* einzuschätzen. Umgekehrt erfüllen ein Park, ein Museum oder ein Theater das Kriterium der nicht-rivalisierenden Nutzung, aber das Ausschlussprinzip ist anwendbar. Nur wenige Güter, z.B. de öffentliche Sicherheit, haben nach beiden Kriterien die Eigenschaft eines öffentlichen Gutes.

13.3 Meritorische Güter

Meritorische Güter verteilt der Staat wie ein Verdienst (*merit*). Man muss aber bedenken, dass er damit das individualistische Prinzip außer Kraft setzt, wonach die Menschen selbst am besten wissen, was gut für sie ist. Es stellt sich deshalb nicht nur die Frage, wie solche Güter zu bewerten sind, sondern mehr noch, welche Gründe der Staat dafür hat, das Angebot dieser Güter zu regulieren. Schließlich ist das Angebot meritorischer Güter in der Regel mit einer Abnahmepflicht verbunden.

Dies bereits erwähnte Impfpflicht hat ihre Begründung darin, dass damit ansteckende Krankheiten bekämpft werden und der Erfolg dieser Operation davon abhängt, dass möglichst viele Mitglieder der Gesellschaft geimpft werden. Der Impfschutz hat die Eigenschaften eines öffentlichen Gutes. Würde man die Entscheidung darüber dem Einzelnen überlassen, so würde er die Schutzwirkung, die seine Impfung für andere hat, nicht ins Kalkül ziehen. Es würden sich also sehr viel weniger Menschen impfen lassen, vermutlich zu wenige um den Erfolg der Maßnahmen zu sichern.

Andere Beispiele für meritorische Güter sind die gesetzliche Sozialversicherung oder das Verbot von Rauschgift. Hier wird die Abweichung vom individualistischen Prinzip damit begründet, dass die Menschen einen zu kurzen Zeithorizont haben (Myopie) und künftige Risiken sowie künftige Folgen ihres heutigen Verhaltens nicht richtig einschätzen. Sie leisten deshalb aus eigenem Antrieb zu wenig Vorsorge für die Zukunft mit der Folge, später der allgemeinen Wohlfahrt zur Last zu fallen. Dies mag bei Suchtkranken begründet sein. Als Begründung eines allgemeinen Wohlfahrtsstaates liefert das Argument indessen nur eine schwache Legitimation. Es ist nicht auszuschließen, dass der Staat jene Kurzsichtigkeit erst befördert, die er als Anlass für sein meritorisches Angebot nimmt. Die Widerstände gegen eine Reform des Wohlfahrtsstaates, die in Deutschland in den vergangenen Jahren begonnen wurde, zeigen, welche Anspruchshaltungen der Sozialstaat hervorgebracht hat, auch bei jenen, die nicht im engeren Sinne bedürftig und deshalb auf die Unterstützung der Allgemeinheit angewiesen sind.

Schließlich sind auch Sozialwohnungen ein Beispiel für meritorische Güter. Hier ist der meritorische Aspekt offensichtlich und es besteht auch kein Zwang, dieses Angebot anzunehmen. Aber eine Sozialwohnung muss bestimmte Mindeststandards erfüllen, beispielsweise eine bestimmte Mindestgröße in Abhängigkeit von der Anzahl der Personen eines Haushalts. Das macht die Sozialwohnung teuer, zwar nicht für den Sozialmieter, aber für die Allgemeinheit. So kann man sich vorstellen, dass ein Sozialmieter, als Vorstand eines 4-Personen-Haushalts, auch mit einer 3-Zimmer-Wohnung vorlieb nehmen würde; er muss aber – wenn er eine Sozialwohnung haben will – eine 4-Zimmerwohnung beziehen. Hier stellt sich insbesondere die Frage nach dem Wert eines meritorischen Gutes. Ist die Sozialwohnung nach der Zahlungsbereitschaft des Mieters zu bewerten oder nach ihren Herstellungskosten? Da es keine Marktpreise gibt, wird das Angebot öffentlicher Güter in der VGR generell nach den Kosten gebucht.[1] Das Beispiel der Sozialwohnung zeigt, dass die öffentlichen Leistungen damit tendenziell überbewertet werden.

---

[1] Im Europäischen System Volkswirtschaftlicher Gesamtrechnungen wird die Produktion in den Sektoren „Staat" und „Private Organisationen ohne Erwerbszwecke" nur noch teilweise mit ihren Kosten bewertet. Sobald in einem Bereich, z.B. einem öffentlichen Eigenbetrieb, die Produktionskosten überwiegend aus Verkaufserlösen gedeckt werden, gilt dieser Betrieb als ein Marktproduzent. Die Wertschöpfung wird dann, wie bei den Unternehmen, als Differenz zwischen Produktionswert und Vorleistungen ermittelt. Dadurch kann auch eine geringere Wertschöpfung ausgewiesen werden als dem Kostenansatz, der Summe der Arbeitnehmerentgelte und der Netto-Produktionssteuern, entsprochen hätte.

13.4 Externe Effekte

Das Marktergebnis, das sich auf Konkurrenzmärkten einstellt, ist nicht immer das aus volkswirtschaftlicher Sicht wünschenswerte Ergebnis. Ein Fall von "Marktversagen" in diesem Sinne sind externe Effekte: Die Produktions- oder Konsumentscheidungen eines Individuums können eine unmittelbare - d.h. nicht über Marktpreise vermittelte - Wirkung auf die Wohlfahrt unbeteiligter Dritter haben und diese "externe Wirkung" wird bei der Entscheidung nicht berücksichtigt. Die ökonomische Theorie erfasst die externen Effekte, indem sie sie als zusätzliche Erträge (im Fall positiver externer Effekte) oder als zusätzliche Kosten (im Fall negativer externer Effekte) bewertet. Während die Marktakteure ihren Produktions- und Konsumentscheidungen nur die privaten Kosten und Erträge zugrunde legen, sind die externen Zusatzkosten (und Erträge) aus volkswirtschaftlicher Sicht zu berücksichtigen. Wir sprechen deshalb auch von sozialen Zusatzkosten (bzw. Erträgen).

Nehmen wir den Fall eines Unternehmens der Stahlindustrie, das bei der Stahlproduktion Schadstoffe in die Luft emittiert[2]. Wir können die Produktionsfunktion (7.3) des Unternehmens schreiben als

$$x = x(y_1, y_2, ..., y_n, z) ; \qquad (13.1)$$

wobei z für die emittierte Schadstoffmenge steht. Wir behandeln Luft also nicht mehr als ein freies Gut, wie bei den Klassikern, sondern als Faktoreinsatz, wobei die Schadstoffmenge den Verbrauch dieses Faktors angibt. Die sozialen Zusatzkosten erhalten wir durch Bewertung der Schadstoffemission. Hier gibt es ein Problem, weil kein Marktpreis für diesen Faktor existiert. Wir kommen darauf zurück (→ 13.5). Entsprechend der erweiterten Produktionsfunktion nehmen wir aber an, dass die Schadstoffemissionen mit dem Produktionsniveau variieren und die marginalen sozialen Zusatzkosten

$$q_z \cdot \frac{dz}{dx} > 0 ;$$

positiv sind (der Wert einer Schadstoffeinheit sei q_z). Nehmen wir weiter an, dass Stahl unter Konkurrenzbedingungen angeboten wird (also auf dem Weltmarkt; in Europa wird der Stahlmarkt durch die Europäische Kommission reguliert). Das Marktgleichgewicht zeigt dann, wieviel Tonnen Stahl zu welchem Preis verkauft werden, wenn jedes Unternehmen die gewinnmaximale Ausbringungsmenge wählt (→ Kap. 7). Im Marktgleich-

---

[2] Die Stahlindustrie war noch in den sechziger Jahren des vergangenen Jahrhunderts einer der größten Luftverschmutzer. Bekannt wurde der Slogan „Blauer Himmel über der Ruhr", mit dem Willy Brandt 1965 für die SPD in den Wahlkampf zog.

gewicht sind die Opportunitätskosten der Stahlproduktion aber höher als die Zahlungsbereitschaft der Nachfrager (der Marktpreis). Aus volkswirtschaftlicher Sicht kann die Wohlfahrt durch eine Einschränkung der Stahlproduktion verbessert werden. Eine volkswirtschaftlich effiziente Situation wird erreicht, wenn die Stahlproduktion so weit eingeschränkt wird bis die Zahlungsbereitschaft für die zuletzt produzierte Tonne Stahl, der Marktpreis, ebenso hoch ist wie die Opportunitätskosten der Stahlproduktion (die sozialen Zusatzkosten eingerechnet).

Bevor wir uns mit der Frage beschäftigen, wie die volkswirtschaftlich wünschenswerte Produktionseinschränkung am besten erreicht werden kann (→13.5), wenden wird uns der Aussagefähigkeit der Volkswirtschaftlichen Gesamtrechnung zu. Die beiden Marktergebnisse in unserem Beispiel, das Marktgleichgewicht ($p_o x_o$) und das Ergebnis bei Produktionseinschränkung ($p_1 x_1$), sind auf den ersten Blick nicht eindeutig zu unterscheiden. Nehmen wir eine Preis-Elastizität der Nachfrage nach Stahl von 1 an, so erhalten wir in beiden Fällen den gleichen Produktionswert, so dass auch die berechnete Wertschöpfung vergleichbar sein dürfte. Wir wissen jedoch, dass das Marktgleichgewicht wegen der (höheren) Schadstoffemission eine geringere Wohlfahrt impliziert. Die Unternehmen produzieren zwar mehr Stahl, aber per Saldo geht es den Menschen schlechter. Wir müssten also in der VGR einen Korrekturposten für den Verbrauch an Umweltqualität buchen. Das könnte geschehen, indem wir die sozialen Zusatzkosten der Schadstoffemission wie eine Vorleistung i Abzug bringen. Bei gegebenem Produktionswert würde die VGR dann eine geringere Wertschöpfung ausweisen. Oder wir behandeln die Umwelt wie ein Kapitalgut und setzen für den Verbrauch dieses Kapitals Abschreibungen an. Dann würde die VGR die Minderung an Umweltqualität als Differenz zwischen der Bruttowertschöpfung und der Nettowertschöpfung zum Ausdruck bringen. Für die Gegenbuchung müsste jeweils ein Umweltkonto eingerichtet werden. Wir wollen diese Fragen einer ökologischen Buchführung nicht weiter vertiefen, da das Hauptproblem in der ökonomischen Bewertung der Schadstoffemission liegt. Betrachten wir aber noch einmal die Situation, die sich auf dem Stahlmarkt nach einer Produktionseinschränkung ergibt. Dieses Ergebnis haben wir als effizient bezeichnet, weil der Marktpreis den Opportunitätskosten der Stahlproduktion entspricht. Die Produktionseinschränkung kann einerseits verordnet worden sein. Andererseits kann es aber auch zu einer Produktionseinschränkung kommen, weil die Umweltpolitik den Stahlproduzenten die Auflage macht, Staubfilter und Entschwefelungsanlagen einzubauen, so dass sich die Schadstoffemissionen vermindern. Die Kosten dieser Maßnahmen treiben aber den Angebotspreis für Stahl in die Höhe: $x_1 p_1$ ist jetzt das neue Marktgleichgewicht, weil die sozialen Zusatzkosten nun von den Stahlproduzenten getragen werden, sie werden sozusagen „internalisiert". Beide Fälle werden von der VGR in gleicher Weise gebucht. In beiden Fällen werden x_1 Tonnen Stahl zu einem Preis von p_1 verkauft. Beide Lösungen sind ökonomisch effizient und wir haben keinen Anlass, die VGR zu korrigieren. Der Unterschied liegt nur darin, dass die sozialen Zusatzkosten der Schadstoffemissionen im einen Fall von der Allgemeinheit getragen werden, im anderen Fall aber internalisiert worden sind. Die VGR bucht daher im einen Fall eine Rente der Stahlproduzenten, im anderen Fall die Wertschöpfung der neu entstandenen Industrie für Staubfilter und Entschwefelungsanlagen. Daraus können wir den Schluss ziehen, dass die Volkswirtschaftliche Gesamtrechnung zwar an Aussagekraft über die Wohlfahrtseffekte der wirtschaftlichen Aktivität verliert, wenn Umweltverschmutzung unkontrolliert zugelassen wird. Sie gewinnt aber ihre Aussagekraft in dem Maße zurück, wie die Umweltpolitik Standards vorgibt und in der einen oder anderen Weise durchsetzt.

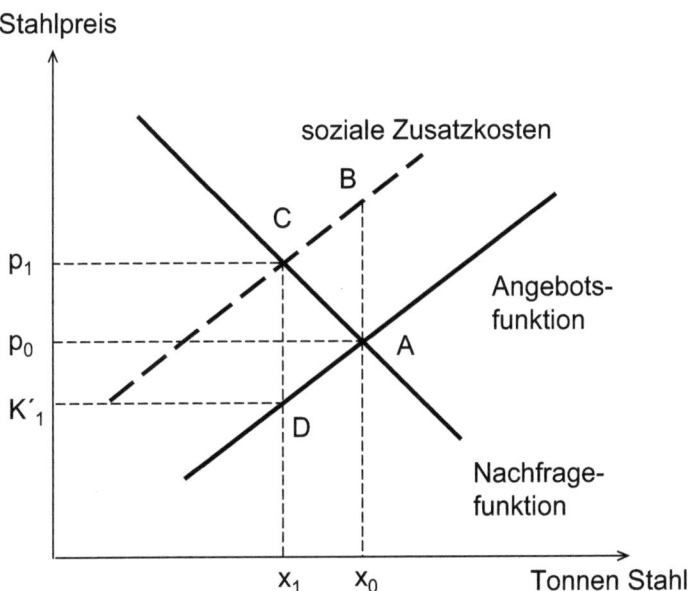

Abb. 13.1 Im Marktgleichgewicht wird zwar die gewinnmaximale Produktmenge erreicht (x_0), aber das Marktergebnis ist nicht effizient. Die effiziente Produktmenge x_1 wird zu einem Preis p_1 verkauft, der nicht nur die privaten Grenzkosten deckt (K'_1) sondern auch die sozialen Zusatzkosten der Schadstoffemission ($p_1-K'_1$). Soll der Effizienzverlust im Marktgleichgewicht in der VGR gebucht werden, so muss ein Betrag entsprechend dem Dreieck ABC geschätzt werden

13.5 Verfahren zur Entscheidung über Nicht-Marktgüter

Wir müssen uns nun noch der Frage zuwenden, wie über die Bereitstellung von Gütern zu entscheiden ist, für die ein Marktpreis nicht existiert. Diese Frage stellt sich in vergleichbarer Weise für öffentliche Güter und externe Effekte, zumal letztere i mancher Hinsicht auch den Charakter eines öffentlichen Gutes annehmen. Fehlen Marktpreise, so bieten sich grundsätzlich drei Verfahren an:

Kosten-Nutzen-Analyse

Die Kosten-Nutzen-Analyse ist ein Bewertungsverfahren, das die ökonomischen Bewertungen des Marktes simuliert. Geht es um die Bereitstellung eines öffentlichen Gutes, so werden die Gesamtkosten ermittelt und mit den zu erwartenden gesamten Nutzen verglichen. Nehmen wir an, der Gemeinderat eines Ortes hat über die Erneuerung der Straßenbeleuchtung zu entscheiden. Die Kosten der Investition und die laufenden Betriebskosten sind leicht zu ermitteln. Wie bewertet man aber den Nutzen der neuen Straßenbeleuchtung? Eine Möglichkeit ist, die Einwohner des Ortes zu befragen, was ihnen die Maßnahme wert ist. Da es sich um ein öffentliches Gut handelt, ergibt sich der Nutzen als Summe der individuellen Wertangaben. Das Kosten-Nutzen-Kriterium ist also

$$K \leq \sum_i w_i \, ;$$

Dabei steht K für die Kosten, w_i für die Wertschätzung durch den i-ten Einwohner.

Die Maßnahme sollte nach diesem Kriterium durchgeführt werden, wenn der gesamte Nutzen die Kosten übersteigt. Das Problem liegt darin, die Befragung so z organisieren, dass die Einwohner des Ortes ihre wahren Präferenzen für dieses Gut offenbaren. Ihre Antwort wird aber davon beeinflusst, wie die Kosten verteilt werden. Wenn sie einen Kostenanteil entsprechend ihrer Wertangabe zu tragen haben, ist zu vermuten, dass sie eher einen zu geringen Wert angeben, zumal sie von der Nutzung des Gutes, wenn es bereit gestellt wird, nicht ausgeschlossen werden können. Sie verhalten sich also als Trittbrettfahrer. Umgekehrt werden sie eher einen zu hohen Wert angeben, wenn die Kosten unabhängig von den Wertangaben verteilt werden. Entsprechend könnte der Nutzen einer Verbesserung der Luftqualität durch eine Befragung der Bevölkerung ermittelt werden. Aber auch hier muss damit gerechnet werden, dass die wahren Präferenzen in einer Befragung nur verzerrt wiedergegeben werden.

Demokratische Abstimmung

Aufgrund dieser Probleme, den Nutzen eines öffentlichen Gutes zu bewerten, bietet es sich an, auf ein ökonomisches Entscheidungskriterium zu verzichten und über öffentliche Güter durch Mehrheitsbeschluss zu entscheiden.

Bei demokratischer Abstimmung entscheiden die Individuen zwar nach Maßgabe ihrer persönlichen Präferenzen, aber die Intensität ihrer Präferenz findet im Abstimmungsergebnis keinen Niederschlag. Es handelt sich um ein kollektives Entscheidungsverfahren, bei dem die Präferenz des so genannten Medianwählers den Ausschlag gibt (Mehrheitsbeschaffer).

Das demokratische Entscheidungsverfahren ist geeignet, Verteilungsnormen zur Korrektur von Verteilungsergebnissen des Marktes festzulegen (Minderheitenschutz durch Mehrheitsbeschluss). Ebenso können Mindeststandards der Umweltqualität im Interesse der Allgemeinheit oder zum Schutz von Minderheiten durch demokratische Abstimmung vorgegeben werden.

Wird im demokratischen Abstimmungsprozess über die Bereitstellung öffentlicher Güter entschieden, so muss immer auch über die Kosten und die Kostenverteilung beschlossen werden. So trifft im demokratischen Staat Entscheidungen über Höhe und Struktur des Staatsbudgets das Parlament (Budgethoheit des Parlaments).

Auch im demokratischen Entscheidungsprozess besteht die Gefahr, dass die wahren Präferenzen nicht offenbart, sondern durch „strategisches Wählen" verzerrt werden. Durch Stimmentausch wird versucht, spezifischen Interessen Geltung zu verschaffen, Insbesondere gut organisierte Interessen von Minderheiten können sich auf diese Weise durchsetzen (Lobbyismus).

Für komplexe Entscheidungssituationen ist die demokratische Abstimmung wenig geeignet:

- Die Schwerfälligkeit des Abstimmungsprozesses macht es praktisch unmöglich, über eine Vielzahl von Alternativen simultan zu entscheiden,
- Bei nur geringer persönlicher Betroffenheit betreibt der Wähler rationale Informationsbeschränkung.

Verhandlungen zwischen den Betroffenen

Sind nur wenige betroffen, so bietet sich das Verhandlungsmodell das Entscheidungsverfahren bei öffentlichen Gütern an (→ Kap. 8). Das Verhandlungsmodell ist besonders geeignet, wenn es keine klar definierten, durchsetzbaren Eigentumsrechte gibt, so dass nur eine vertragliche Lösung in Frage kommt. Das ist in der Regel auf der internationalen Ebene der Fall. Umweltschutzverträge wie das Kyoto-Protokoll zum Klimaschutz sind hier das Musterbeispiel. Auch über die Sanierung des Kernkraftwerks Tschernobyl ist zwischen der Ukraine und den OECD-Staaten verhandelt worden – mit einem Finanzierungsangebot durch die OECD. In diesen Fällen ist zwar das Interesse der Allgemeinheit an der Umweltqualität Verhandlungsgegenstand, aber es gibt eine kleine Gruppe legitimierter Verhandlungspartner, die Regierungsvertreter. Damit wird der hauptsächliche Kritikpunkt am Verhandlungsmodell, dass sich das Interesse der Allgemeinheit nur schwer organisieren lässt, eingeschränkt.

Die dargestellten Entscheidungsverfahren haben eines gemeinsam: Ihre Ergebnis lässt sich nicht mehr nach dem Kriterium der ökonomischen Rationalität als effizient oder ineffizient bewerten. Wir haben jetzt die Spielregeln geändert: wir fragen, welches ist das rationale Verfahren, um über öffentliche Güter zu entscheiden? (Verfahrens-Rationalität). Wenn es aber rational ist, diese Entscheidungen im politischen Prozess zu treffen, sei es durch demokratische Abstimmung oder Verhandlungen, dann können wir auch darauf vertrauen, dass das Ergebnis dieser Entscheidungen diese Menschen besser stellt.

Kontrollfragen

1. Was unterscheidet "private Güter" und "öffentliche Güter"? Geben Sie zwei verschiedene Kriterien an!
2. Wie hoch ist aus volkswirtschaftlicher Sicht der Preis für ein Gut, das nicht-rivalisierend genutzt werden kann? Welche Probleme ergeben sich, wenn das Gut zu diesem Preis angeboten wird?
3. Erklären Sie den Unterschied zwischen positiven und negativen externen Effekten!
4. Diskutieren Sie an Beispielen verschiedene Möglichkeiten, externer Effekte zu internalisieren!
5. Welche Wirkungen ergeben sich vermutlich für die Bruttowertschöpfung der Automobilindustrie und das Bruttoinlandsprodukt, wenn Rußfilter (zum Stückpreis von € 500) in neue Diesel-PKW eingebaut werden müssen? Was sagt die VGR über die dadurch bewirkte Wohlfahrtsänderung aus?
6. Wie wirkt sich die nachträgliche Asbestsanierung von öffentlichen Gebäuden in der VGR aus? Welche Wohlfahrtsänderung wird damit zum Ausdruck gebracht?
7. Diskutieren Sie verschiedene Verfahren über das Angebot von Nicht-Marktgütern zu entscheiden!

Sachverzeichnis

A

Abschreibung	167
Agrarpolitik	78
Arbeitskoeffizient	37
Arbeitslosenquote	17
Arbeitslosigkeit	26, 145
Mangel an effektiver Nachfrage	145
Mindestlohn-Arbeitslosigkeit	144
unfreiwillige	26
Arbeitsproduktivität	37
Arbeitswertlehre	83
Auktion	48
Außenbeitrag	163

B

Basar-Ökonomie	69
Bruttoinlandsprodukt	170
Bruttowertschöpfung	169

C

cash flow	166
ceteris-paribus-Klausel	22
Cobweb-Theorem	67
crowding out	137

D

deficit spending	123
Differentialrente	152

E

effektive Nachfrage	27
Effizienz	25
Einkommen	
permanentes Einkommen	121
verfügbares Einkommen	120
Einkommenselastizität	68
Elastizität	55
Kreuz-Preis-Elastizität	61
Preiselastizität der Nachfrage	56
externe Effekte	181

G

Gedankenexperiment	19
Gefangenen-Dilemma	105
Geldangebot	126
Geldnachfrage	126
Geldschöpfung	128
Geldwirtschaft	2
Gewinnmaximierung	84
Gleichgewichtspreis	48
Globalisierung	7
Grenzerlös	95
Grenzproduktivität der Arbeit	141
Grundrente	151
Güter	
Allmende-Güter	179
freie Güter	176
knappe Güter	176
meritorische Güter	179
öffentliches Gut	177
private Güter	176

H

Handelsbilanz	33
Höchstpreise	74
Homogenität	51

K

Knappheit	9
Kollusion	107
komparative Kosten	35
Konkurrenz	
potenzielle Konkurrenz	94
Substitutionskonkurrenz	103
Kosten	87
Durchschnittskosten	100
fixe Kosten	87
variable Kosten	88
Kosten-Nutzen-Analyse	184
Krise	11

L

Lageparameter	46
Liquiditätsfalle	134
Liquiditätspräferenz	126
Lohnpolitik	148

M

Marginalprinzip	1

Sachverzeichnis

Marktbeherrschung	104
Marktkonformität	74
Marktmacht	93
Markttransparenz	51
Marktversagen	175
Merkantilismus	6
Mietzinsbindung	74
Mindestlohn-Arbeitslosigkeit	144
Mindestpreise	78
Monopol	93
monopolistische Konkurrenz	108
Monopolpreis	100
Monopolrente	100
Multiplikator	124

O

ökonomische Rente	154
ökonomisches Prinzip	1
Oligopol	105
Opportunitätskosten	1

P

Paradigma	20
Preis-Absatz-Funktion	95
Preiselastizität	
Preiselastizität des Angebots	63
Preisführerschaft	107
Preiskämpfe	106
Preisnehmer	43
Primäreinkommen	172
Produktdifferenzierung	108
Produktionsfunktion	86
Produktionswert	168

R

Rationalität	
ökonomische Rationalität	186
Verfahrens-Rationalität	186
Reallohn	142
Realtransfer	165

S

Say'sches Gesetz	116
soziale Zusatzkosten	181
Spekulationskasse	126
Stagflation	123
Strukturwandel	11
Subsistenzwirtschaft	161
sunk cost	90

T

Tarifautonomie	10
Tauschwirtschaft	2
Technischer Fortschritt	25
Tender	49
Transaktionskasse	126
Transformationskurve	24
Trittbrettfahrer	178

V

Verbrauchsfunktion	88
Verteilung	147
Grenzproduktivitätstheorie der Verteilung	147
Kreislauftheorie der Verteilung	149
Volkseinkommen	172

W

Werturteile	29
Wettbewerbsprinzip	5
Wirtschaftswachstum	13

Z

Zahlungsbilanz	165
Zinselastizität	131

MIX
Papier aus verantwortungsvollen Quellen
Paper from responsible sources
FSC® C105338

If you have any concerns about our products,
you can contact us on
ProductSafety@springernature.com

In case Publisher is established outside the EU,
the EU authorized representative is:
**Springer Nature Customer Service Center GmbH
Europaplatz 3, 69115 Heidelberg, Germany**

Printed by Libri Plureos GmbH
in Hamburg, Germany